凝铸精魂

大通电气AFC防水布线系统发展历程

吴永锋 卢国平 著

同济大学出版社
TONGJI UNIVERSITY PRESS

《中国轨道交通 AFC 行业里的追梦者》丛书

主　编	陈凤敏　杜　潜
统　筹	郑志涛　邓　艳
编　委	邓　伟　郭　庆　黄宁宅　曾　浪　王建强
	吴永锋　蔡中兴　罗洪元　杨　波　李道全
	郭晓栋　吴海峰　解永生　胡　军　陆　斌
	韦　强　秦树睿
审　校	李宇轩

凝铸精魂：大通电气 AFC 防水布线系统发展历程

吴永锋　卢国平　著

丛书总序

陈凤敏

高级工程师，“城市轨道交通自动售检票系统工程质量验收规范”国家标准管理组组长，中国信息产业商会理事，中国信息产业商会自动收费系统专业委员会名誉理事长。

中国信息产业商会自动收费系统专业委员会经过两年多（2017 年 8 月—2019 年 10 月）的筹划，终于隆重推出了《中国轨道交通 AFC 行业里的追梦者》丛书，共计八本，将在两年内陆续出版。序齿列锦：

1. 初创篇：《兰蕙痴情》
2. 方正篇：《方行正远》
3. 熊猫篇：《引石琢玉》
4. 中软篇：《潜心笃志》
5. 普天轨道篇：《前世今生》
6. 大通电气篇：《凝铸精魂》
7. 苏州雷格特篇：《素履向前》
8. 摩莎篇：《明道正心》

遗憾的是，因为时间的关系，还有几本暂不能如愿编入本丛书，希望有后续的机会。

《中国轨道交通 AFC 行业里的追梦者》丛书涵盖了 1988 年以来，我国轨道交通 AFC 行业从无到有、从小到大、从弱到强、从简到新，不断成长、发展、壮大的全过程。这些著作除了本身各有其独立的价值之外，合在一起，堪称我国轨道交通建设和运营中，AFC——这个乘客自助式操作最多、自主化程度最高的弱电专业——全体从业人员不断学习实践的创新发展史。

“盛世修志”是我们中国优秀的文化传统。处在当今这样一个瞬息万变的信息化时代，我们有责任为后人、为年轻一代留下系统、翔实的 AFC 行业发展史料，从而为现今乃至将来交通行业的建设运营提供借鉴；为关心和热爱 AFC 行业的人士熟悉、了解收费系统及其技术提供帮助；也为更好地服务于广大乘客、加快建设交通强国、实现中华民族伟大复兴的中国梦，做出 AFC 人的一份贡献。

令人倍感欣慰的是，可以相信，未来会有更多的有识之士如我们一样，从这套近百万字的丛书中获取有用的信息。

就此机会，谨向付出了艰辛劳动的全体编写人员致以崇高的敬意，向为丛书提供资料的各界人士表示衷心的感谢。

2019 年 12 月 9 日

出版说明

为宣传数十年来我国轨道交通 AFC 行业里众多企业及从业人士在开创和实施 AFC 系统项目过程中刻苦钻研、潜心服务、敢于创新、勇于进取的精神，总结提升我国轨道交通 AFC 系统的专业技术水平和服务保障能力，充分发挥 AFC 系统在轨道交通中的“脸面”作用，推动我国轨道交通事业持续发展，特编写出版《中国轨道交通 AFC 行业里的追梦者》丛书。

“一家一传记，一人一故事。”丛书从业主、集成商、设备制造商、模块供应商、设计院及工程施工单位等多个视角，通过丰富的案例和故事，加上一些珍贵的历史资料，讲述了我国轨道交通 AFC 系统行业三十多年来虽历经艰难却不断前行的发展历程。

在当前“一带一路”倡议的大背景下，结合国家轨道交通“十三五”规划，通过丛书的介绍，可以使业内决策者和具体工作人员更进一步了解和熟悉轨道交通 AFC 系统——这一轨道交通行业里唯一涉及运营收费的专业领域——的作用。

《凝铸精魂：大通电气 AFC 防水布线系统发展历程》是丛书分册之一。本书不仅完整记录了防水连接器和分隔式防水地面线槽的研发过程，也详细展现了大通电气的发展历程。从几个乡村少年到创业猛将，从一个偏居一隅的乡村企业到一个行业的领军者，从一项发明开创一个崭新行业，大通电气十几年来走过的艰难历程完整呈现出来。在目前这样一个处处充斥着金融投资狂热的时代，专注实业的中小型企业还有没有成功的可能？大通电气十几年来的发展经历给出了一个肯定的答案。

本书在编写过程中，先后采访了大通电气创始人团队的各位成员。书中讲述了他们个人成长经历，讲述了大通电气在创业过程中很多真实精彩的故事。如怎样市场调研，怎样抓住市场机遇，怎样开发有市场需求的产品，怎样市场推广，怎样保护知识产权等。本书采用较大篇幅描述了怎样开发“地铁 AFC 防水管槽”，阐述了具体的技术方案、安装方法、测试方法等。书中选用了大通电气相关资质性资料、知识产权证书等真实拍摄的图片，也展示了一批产品及工程案例图片，以供对此方面感兴趣的同行及相关人士参考。

“地铁 AFC 防水管槽”初期的研制与推广要感谢王建、毛建的大力支持。本书的写作过程离不开陈凤敏老师的关心和支持，在此深表感谢。

前言

进入 21 世纪以来，随着我国城市规模的迅猛发展，城市轨道交通线路也得以突飞猛进。作为重要的客运服务设备， AFC 系统承担着越来越重要的任务。AFC 系统从无到有，从引进到国产化，运作模式不断丰富，尤其是当下互联网 + 等多元化新型支付方式的助力使我国城市轨道交通走在前列。

在整个 AFC 系统中，地面布线系统是重要的组成部分，完善的电路系统为保障地铁系统的安全运营起着重要的作用。然而，在长期的建设、使用过程中，AFC 地面线槽的防水问题一直没能解决，地铁运营存在极大的安全隐患。面对这种困境，大通电气迎难而上，攻坚克难，创造性地发明了防水连接器和分隔式防水地面线槽，为整个地铁系统提供了安全保障。

这个新产品开拓了一个新的行业。大通电气也因此成为《城市轨道交通自动售检票系统工程质量验收标准》（GB/T 50381—2018）中《线缆管槽安装验收》一章的撰写单位，为本行业的健康发展提供了样本。

在中国经济技术蓬勃发展的时代，大通电气创始人及时抓住机遇，建立团队凝聚精英，不忘初心，不断发扬艰苦创业的精神，排除万难。通过对产品的持续创新，不断开拓市场，从十几万元起步，经过十多年的努力，开发出两个专、精、特产品，并在市场上推广成功， 目前已形成产业规模，大通电气被称为“行业的领头羊”。

书名“凝铸精魂”的“凝铸”意指大通电气初创者，善于把各有所长的人才凝聚起来，组成精明强干的团队，发挥各自所长完成创业使命。“精魂”是指大通电气创始人吴永锋，将技术和市场开拓相结合，把技术创新作为打开市场大门的敲门砖，“没有产品，创造产品；没有市场，用创造出来的产品开拓市场”，把持续创新作为企业发展的“精魂”，引领大通电气走向成功之路。

目前，整个世界经济原有的秩序正在改变。未来的世界，工匠精神和技术创新将成为一个企业发展的最主要推动力。尤其是在互联网+时代，工匠精神和创新精神被反复提及。以大通电气为代表的一批埋头苦干的创新型企业，将会越走越远。

目录

第1章
凝聚团队 铸就精魂

左右公司命运的决定因素是企业领导人的领导能力，没有具体、细致和强有力的领导，即使引进新的经营管理模式和生产组织形式也不会收到较好的效果。

——占部都美（日本现代经营管理学家）

厚积薄发：记大通电气创始人吴永锋

企业家是影响企业成长的决定因素，企业家的优质素养是推动企业优质发展的根本。优秀的企业家才能带领出优秀的企业。杰出的企业家在企业中既是企业各项工作的领导者，更是员工的精神领袖，他们用自己的新思想、新观念、新思维来统率企业前行。同样，大通电气的发展、壮大也离不开一群优秀企业家的带领。

什么是企业家？很多人会回答：企业家就是拥有一家企业的人。事实上，一个合格的企业家，首先应该是一个具有创新精神的人，他不仅仅是企业的领导者，更应该是技术的创新者，是技术进步的组织者和推动者。企业家是一个企业的灵魂。他的智慧、性格和好恶都会成为影响企业决策和发展的关键因素，他的素质对企业的兴衰成败起着决定性的作用。

对大通电气来说，吴永锋就是这样的精神领袖。凭借着与时俱进、敢为人先的创新精神，他以变应变、变中求异，带领大通电气从零开始，将一家苏中小城的普通民营小厂发展成为享誉业内的标杆型企业，吴永锋个人也从一名普通的农家少年成长为一位业内知名的创新型企业家，以一己之力创造出一个年销售额达到数亿元的新兴市场。

筚路蓝缕，以启山林。这一路走来，不知经历了多少风雨，吴永锋早已把自己和大通电气紧紧捆绑在了一起（图 1-1）。回望他走过的路，也就是对大通电气从无到有发展历程的总结。

乡村少年练成“童子功”

1978 年，16 岁的少年吴永锋高中毕业回到老家南通县横港公社（今通州区兴仁镇），开启了面朝黄土背朝天的耕作生活（图

图 1-1　吴永锋在大通电气车间一角

图 1-2 吴永锋高中毕业照

1-2）。日出而作日落而息，上山下地挑担挥锄，他学会了不少田间地头的庄稼把式，日复一日地重复着祖祖辈辈土里刨食的生活。吴永锋对这样的生活并不适应。他身体单薄，对繁重的体力劳动明显力不从心，即使用尽全力，也始终无法达到壮劳力的程度。那个时代并没有给年轻人更多的人生选择，能上大学的人寥寥无几，生活范围只限乡间一隅的吴永锋也无法知道外界翻天覆地的变化。他只是不甘心，不服输，不愿意就这样平庸地生活下去。

幸好，吴永锋是个爱读书的人。从少年时代开始，他既不好烟酒不打牌，也没有什么其他不良嗜好，所有的业余时间都用来看书。读书是他天生的一种爱好，不是为了装门面，不是为了炫耀，而是希望能从书中学到知识，获得对未来的指引。每天繁重的劳动结束，他都在读书中思考自己的人生：我该如何走接下来的路？该如何改变目前的状态？时间久了，吴永锋爱读书、学习的名声也传到了当地领导的耳中。当时“文化大革命”结束不久，许多事情面临拨乱反正，农村里一项重要的工作就是对那些“地、富、反、坏、右”进行甄别、摘帽。这些工作需要有文化、心眼细、有耐心的人去做。吴永锋这个高中生被领导看中，抽调到大队参与走访记录、整理材料等工作。

机会总是在不经意间来临，甚至改变一个人一生的生活轨迹。在实际工作中，吴永锋一直抱着学习的态度，从被走访者的丰富人生经历中获得很多启迪。有一次吴永锋在工作中，经过邻村一位在当地颇有名气的画师家门口，那天画师不在家，吴永锋通过他家窗户看见墙面挂满了画作，画台上也摆满了好多没有画完的作品，于是被吸引，想拜师学艺。原来，吴永锋从小喜欢绘画，美术课是他读书时最喜欢的课程，每次作业都是优。在上初中时，他甚至将图画引入了其他科目的学习。语文课老师教有关农具的生字时，他就在每组农具文字的旁边画上相应的农具图形以帮助记忆。老师发现后，还狠狠批评了他一顿，认为他上课开小差，不好好听讲。画师被他的天赋和真诚所打动，欣然同意收他为徒。

当时的横港公社有一家工艺美术厂，有很多这样的乡村画工，他们中的很多人没有接受过正规的美术教育和训练，却凭着对生活的热爱和对美的追求，创造出独一无二的艺术品。他们主要从事山水、花鸟、人物等古典风格的工笔画册的绘制。这种具有中国特色的艺术品，在改革开放之初赢得很多来中国旅行的外宾的喜爱。

吴永锋对绘画有兴趣，也有天赋，拜师后，他把所有的业余精力都投入学习绘画中。因为还要在大队工作挣工分糊口，吴永锋只能利用工余时间夜以继日地“补课”。白天劳动的疲惫和晚上蚊虫的叮咬从没能动摇他的信念，沉浸在绘画世界中的吴永锋满心是得偿所愿的喜悦。

别人睡觉的时间，他在练习绘画；别人玩耍的时间，他在练习绘画；连吃饭干活的时间，他都在心里琢磨绘画技巧。没有专业的画纸，他就找来各种旧报纸练习，平时更是顺手捡个树枝也在地上画几笔。尤其是一些画龙点睛的部位，如人物的眼睛、眉毛、嘴唇，风景画中的树叶、花朵、乱石，他一遍一遍地琢磨，不知道在心里、在纸上画了多少遍，经常练画练到手都麻木了。苦心人，天不负。三四个月之后，他就掌握了绘画的基本技术要领，绘出的初级产品可以当成商品放到旅游景点卖钱。那时，画一幅小册页 6 角钱，大册页 8 角钱，对当时的他来说是一笔不小的收入。

画画这个爱好从此伴随他一生，工作再繁忙也没有放下手里的画笔。直到今天，他依然很得意地说：我勾勒的仕女脸型漂亮呐，栩栩如生的。吴永锋学习绘画是出于兴趣爱好，却没想到有一天会在自己的生活与工作中发挥极大的作用。不久后，他表姐所在的四安公社工艺美术制品厂要建个绘画车间。吴永锋信心十足地去应试，果然以第一名的成绩被该厂录取。农民吴永锋成了一名靠技术吃饭的工人。

别的工人刚进厂都要从学徒开始做起，常常要跟着师父学习几个月甚至更长时间才能出师，而有着深厚绘画基础的吴永锋进厂就当了师父。新的工作岗位，让他将工作和爱好“合二为一”了，他把所有的精力都投入绘画中，绘画技艺突飞猛进，工作起来得心应手。很快，吴永锋就在厂子里脱颖而出，还当起了别人的师父。不久，他就不做普通画工了，专门从事绘画创作工作，那时的吴永锋才 19 岁。深厚的绘画功底，也为他后来转行业工作带来很大帮助，直到现在，大通电气的很多产品图册、产品展示图、公司宣传资料中的插图都是他亲手绘制的（图 1-3 ～图 1-8）。

时间进入 80 年代，改革开放的春潮汹涌澎湃，猛烈地冲击着人们的思想观念，整个中国大地像刚面世的彩色电视画面一样绚丽多彩。然而，这一切和当时的吴永锋似乎没有太大的关系。他没有看过政府的文件，没有学过改革开放的理论，更没有见识过后来见过的那么多的世面，他每天想的是能不能换个

图 1-3 吴永锋设计的地面插座产品样本

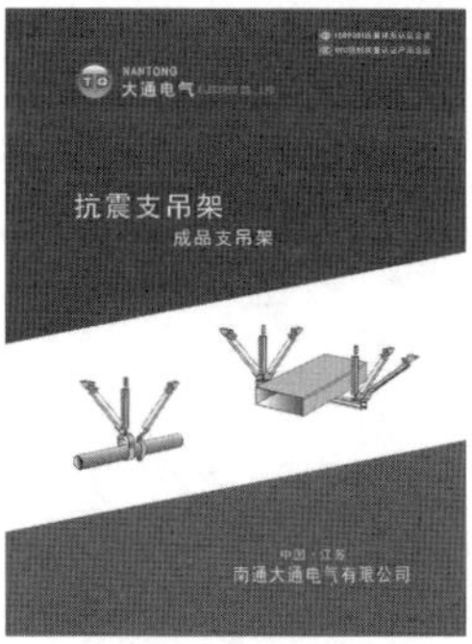

图 1-4 吴永锋设计的抗震支吊架产品样本

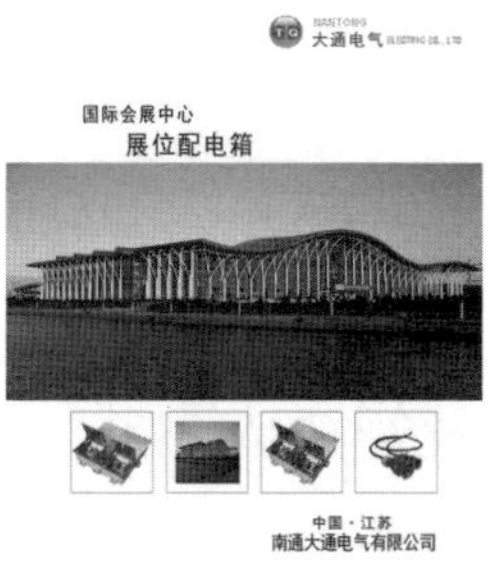

图 1-5 吴永锋设计的展位配电箱产品样本

图 1-6 吴永锋设计的展位配电箱产品样本

图 1-7 吴永锋设计的 AFC 管槽产品样本

图 1-8 吴永锋设计的 AFC 管槽产品样本

离家近点的工作。绘画的工作他虽然很喜欢，但工艺美术制品厂离家至少 20 千米，每天骑自行车往返很是辛苦，尤其是遇到下雨天，农村土路更是泥泞难走。如果有份工作离家又近又能满足自己的兴趣特长就好了。吴永锋是个兴趣爱好很广泛的人，也舍得投入全部的精力去研究自己感兴趣的事情。除了绘画，他还非常喜欢阅读电子技术书籍，动手能力也很强，在小学五年级时就自己做小喇叭，接入农村的有线广播听新闻和音乐。上高中时就自己制作变压器及整流电路。高中毕业后就自己组装收音机。天长日久，他对电子技术产生了浓厚的兴趣。那时，人们业余时间唯一的精神生活几乎只有收听收音机，收音机有了毛病就自己动手修。在没有进入电子仪器厂之前，吴永锋不但组装和修理自己的收音机，还为同事、朋友、邻居修过不少。

爱好变成职业

1981 年，他终于等到了这机会——家门口的横港公社电子仪器厂招人。吴永锋费尽周折，如愿进入了电子仪器厂，并被分配到测试室。因为有过修理无线电的基础，在别人工作还摸不着头绪的时候，他就已经驾轻就熟地进入了角色。但吴永锋并不满足，他想在电子技术上有所突破。于是上班时，他忙完自己的工作就去别的岗位“偷师”，看看其他同事如何工作，遇到不懂的环节就反复琢磨，或者向同事请教。很快，他就和厂子里的同事熟络起来，对全厂的工作流程也有了比较全面的了解。

搞无线电没有理论知识可不行。吴永锋利用一切可以利用的时间阅读和研究电子方面的书籍。平日里生活节俭的吴永锋买起书来却异常大方，从基础理论专著到行业杂志，无所不读。当别人在打牌、喝酒、看小说的时候，他却沉浸在电子技术的海洋中，常常为有了新的发现而兴奋不已。

除了学习理论外，吴永锋还坚持实践和理论相结合，常常用自己的理论知识和平时积累的操作经验为身边的同事们修理各种家用电器。从收音机到电视机，别人修不好的都来找他。但凡能叫得出名字的家电，经他一摆弄，该响的响，该亮的亮，马上完好如初。在业余时间里，吴永锋手上就没有闲过，为周围的群众维修了成百上千台家用电器，而且分文不收，成了远近闻名的“活雷锋”。吴永锋 20 岁时就会组装电视机，甚至连结婚时新房里的电视机也是他自己装配的。

勤于自学，勤于思考，勤于实践，加上参加了不少短期培训班和进修班，吴永锋短时间内已经具备了相当高的电子技术水平，进厂没几年，他就当上了技术科长。

这时候的吴永锋遇到两个选择。一方面，工厂搞车间内部经济承包制，技术娴熟、群众基础好的吴永锋无疑成为最合适的人选之一；另一方面，有个去上海教育学院进修的名额，单位推荐吴永锋去。如果选择内部承包，无疑可以多挣不少钱。但当时高中生接受高等教育的机会不多，之前当地政府虽然为了提高乡镇企业技术骨干的业务理论水平，也组织他们参加过进修班的学习，但都是一些短期培训，并不系统。这次为期一年多的脱产学习，无疑是提高自身能力的最好机会。吴永锋没有太多的犹豫。他认为，进修的机会难得，只要技术扎实了、水平提高了，以后就不怕无用武之地。

与以往参加的培训班相比，这次进修对吴永锋最大的影响是让他发现了更为广阔的天地。以前他在工厂里一直是技术上的尖子，到这里才发现自己还是技术上的“矮子”。同学中有不少是正规学校毕业的中专生甚至是大学生，方方面面的素质都比自己高。吴永锋受到很大震动，原来一直待在自己的小天地里，现在才发现天外有天、人外有人。他学习起来就更起劲了。一年多既有理论学习又有模拟实践的系统化培训，让吴永锋的电子技术能力上了新台阶，开始从“野路子”转为“正规军”。吴永锋后来总结说，这是他收获最大、印象最深的一次培训。此后，再遇到类似进修机会，他都尽量推掉其他事务，尽力提高自己。

吴永锋当时所在企业的主产品是漏电保护开关。因为特殊产品的管辖关系，他与南通供电局农电科打上了交道。农电科担负着对辖区内各地农电站技术人员进行培训的职能。在多次接触合作后，农电科人员非常认可吴永锋的专业技术能力，邀请他作为培训教师给学员授课。

才二十四五岁的吴永锋初生牛犊不怕虎，勇敢地登上了讲台。他清楚地记得，第一次的培训地点在如东县农场，参训的学员来自南通地区各县的供电局、农电站。虽然平时并不善言辞，但一讲起技术来，吴永锋就头头是道，有条有理。某些学员有点不服气：我们是科班出身，你一个没有受过正规高等教育的小子有什么能耐，还给我们上课？课后他们就拿一些问题来“请教请教吴老师”。当时的吴永锋虽然年龄不大，但在专业电子技术里浸润已久，理论知识和实践经验兼备，对“求教”的问题都能娓娓道来，让那些好事学员心悦诚服。

这样的培训班先后举办了五六年，吴永锋将南通市六县一市农电口子的技术人员轮训了个遍，共计有数百人之多，其中很多学员到现在还是他的好朋友。对于这段“讲师”生涯，吴永锋觉得受益匪浅。之前虽说肚子里有货，但要想有条理地讲出来并让人接受，也需要一个整理、归类、辨析的过程。在这几年的教授轮训中，吴永锋从组织教材，到备课讲授，再到解答问题，一次次整理、检视自己的知识结构，并不断查缺补漏、不断完善，他的交际能力和语言表达能力也在无形中得到很大提高。

经过几年讲台上的锻炼，吴永锋掌握的电子技术知识越来越系统、精深，同时也一直没有落下对新技术的钻研。1989 年，才 27 岁的吴永锋研制成功“平衡式漏电保护器”和“全集成电路漏电保护器”并获得国家专利。后来南通县电子电器设备厂生产电视机，吴永锋担任整个流水线的技术负责人，不久后升任该厂的技术厂长（图 1-9，图 1-10）。

1993 年，乡镇企业还是集体所有制，吴永锋在电子技术上的能力被公社领导看中，调他到另一家刚成立的自动化工程公司任副总经理，随后带队到北京，进行锅炉燃烧控制工程的施工，从事自动化系统的安装调试。那时，北方的冬天取暖离不开燃煤锅炉，而燃煤锅炉存在的最大问题是冒黑烟，污染环境。从此，吴永锋研究和实践的重点正式进入电脑和自动化控制领域，以期通过自动化控制技术使黑烟变白烟，减少对大气的污染。在北京的数年中，吴永锋负责现场指导安装，调试了数十台套大型锅炉微机自动控制系统，解决了工程施工中产生的各种技术问题，数个工程都获得成功。他还多次受工程方邀请，帮助维修其他控制中心的自动化仪表，

南通供电局

证明

兹有南通县电子电器设备厂吴永锋同志，在1987—1990年中，先后五次被聘为我单位举办的“漏电保护修理培训班”主要教员，课程讲学深度相当于中专以上水平，累计讲学时间为三百课时；该同志还参加了“漏（触）电保护器培训讲义”的编写工作；特此证明。

图 1-9 被聘为南通供电局电子技术培训班教员证明

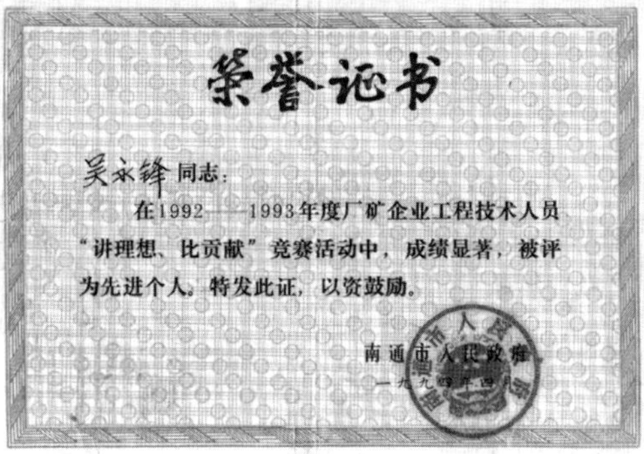
荣誉证书

吴永锋同志：

在1992——1993年度厂矿企业工程技术人员“讲理想、比贡献”竞赛活动中，成绩显著，被评为先进个人。特发此证，以资鼓励。

南通市人民政府

一九九四年四月

图 1-10 被评为 1992—1993 年度南通市技术人员先进个人

成为工程方不可或缺的人才，同时为所在单位赢得了经济效益和信誉。此外，他还独立研制成功了氧量分析仪、锅炉连续给水自动控制仪等电子产品。

至此，吴永锋不知不觉已涉猎美术、电子技术、自动化控制等诸多领域并有了相当造诣，一个乡村少年已然练成浑厚的“童子功”，就像学子精通了诗词歌赋，武士学成了刀枪剑戟，艺人娴熟了吹拉弹唱……只等待着出山的机会，等待着更大的舞台。

千锤百炼

1995 年，我国的社会主义市场经济体制已深入人心，国家鼓励多种经济成分一起发展。经历了多个岗位、多家企业历练的吴永锋已经是行业内远近闻名的技术能手，是很多企业竞相争夺的人才。在众多选择中，他最终选择了太平电器厂。这家成立于 1994 年的乡镇企业，最初生产灯具和地面插座。吴永锋受聘担任生产厂长，全权负责技术开发和产品生产。一年后，该厂的年产值从最初的 300 万元提升到了 800 万元。这一提升的原因，一方面是因为企业的业务拓展，另一方面得益于在吴永锋领导下进行的技术改革、新品研发、服务提前。

吴永锋进入太平电器厂后，企业曾多次更名，并进行了股份制改革。吴永锋占较大的股份，成为实际上的企业创始人之一。在这里，他辛勤工作 11 年，和该公司的总经理、同事们结下了深厚的友谊，在职业生涯中留下很多难忘的故事。其间，吴永锋发明了约十几项国家专利，为企业创造了巨大效益，赢得了广大市场。

那年，公司得知北京的中国银行某工程需要使用“地板终端母线槽”的信息。因为该产品在国内没有厂家生产，公司领导层决定由吴永锋带领团队进行技术研发。在没有任何技术资料的情况下，吴永锋凭着自己的智慧，克服了许多技术难题，经过3个月通宵达旦的奋战，“地板终端母线槽”终于研发成功。无论是在外形上，还是在技术性能上都达到了预期的优良效果。这款产品拥有自主知识产权并获得了国家专利，同时通过了国家技术监督中心的检测，符合IEC及国家标准。

对于信息点稠密的办公室、计算机房、营业厅柜台、实验室等场所来说，如何科学合理地布线是很关键的问题，一旦设计不慎，很容易使地板下布线杂乱无章。吴永锋开发的“终端母线槽”具备优良的性能及灵活方便的布线方式，只要地板下有6cm深的有限空间，就能顺利敷设，使地板下的布线井井有条。

这款“终端母线槽”运用接插件的方式进行连接和分解，所有的配件都具备了良好的互换性。一旦安装了这一布电系统，将来便可根据发展需要，用简单的方法更改布电走向，从而实现使用中的灵活多变性。它和地板盒、弱电电缆托盘配套使用，成为当时地面布线系统最科学、最有发展前途的布线方法。它的外壳采用两层防护：第一层为热镀锌板，作为机械和接地保护，更起到对电源的有效屏蔽，杜绝了干扰的产生；第二层阻燃PVC塑料槽，作为绝缘保护，外壳防护等级达IP54（国外同类产品防护等级一般只有IP40以下）。为了使产品适应地板下潮湿、通风不良的恶劣环境，吴永锋在设计时加大了电气间隙及爬电距离的余量，导体采用上海铜材厂生产的优质铜排，外表进行了镀锡锑合金处理；插口设置有保护门，取电插头一旦插入母线槽后，锁扣将插头锁住，不会在使用中脱落；解除锁扣后，可安全方便地拔出。“终端母线槽”的导体与直接接触的绝缘件选用耐高温电器专用材料，改性 PBT 塑料（耐温高达 200℃），不易造成绝缘件热变形现象，提高了产品的稳定性和可靠性。绝缘部件各种标志简单、清晰，非常方便一线施工工人使用（图 1-11）。

“终端母线槽”技术的关键在于插接装置，它直接影响系统的可靠性、安全性。这一技术的突破，是吴永锋吸取了国外同行的经验教训，在设计时增大了插接件接触面积，表面都进行了镀银处理，减小了接触电阻。取电插头内设 16A 熔断器，对母线槽至终端回路进行了必要的短路保护。插头配置优质软电缆，既可跟地面插座盒配接，也可直接接入组合插座。“终端母线槽”所有跟电缆连接的接线端子都采用双螺栓压接，接触效果好，不会因过热烧坏接线端子。整个系统的安装，无需特殊的工具和设备，一般的电工常用工具就可操作，安装简单、快捷、效率高。最终，“终端母线槽”通过国家低压电器质量

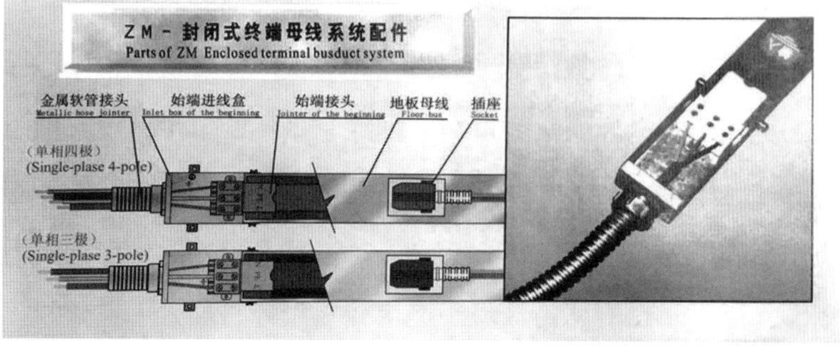

图 1-11 吴永锋设计的“终端母线槽”产品

监督检测中心的型式试验，认为它无论是在技术指标，还是安全性能上，都优于国外同类产品，并获得“建设部工程标准化协会”推荐使用的证书。

当年 8 月，北京中银工程就此项目进行了国际招标。吴永锋接到招标通知后，投入到紧张的投标文件的编写工作中，接连 12 天每天只睡两三个小时，终于准确地统计出了图纸上需求产品的数量、准备好了技术标书的应答内容。当时参与投标的国外公司有三家，国内只他们一家。吴永锋信心十足地参加了招标会，与英国、美国几家著名公司同台竞争。在产品设计过程中，吴永锋充分掌握了客户的技术要求，严格按标准设计，其产品的防护等级及其他性能都超过了国外同类产品。在招标现场技术答疑会上，他更是凭借深厚的技术底蕴和丰富的实践经验，回答了专家提出的各种技术问题，并且提出了工程布线的合理化方案和建议，在场的专家都赞不绝口。评审专家共有 12 名，吴永锋设计的产品获得了 11 票，以绝对优势的技术力量和优良的产品性能、低于国外同类产品的价格一举中标，获得了近 1600 万元的产品订单。这款产品也成为公司当年开发、当年就产生了高额经济效益的典型。

因为对事业的执著追求，因为对产品研发的热爱，也因为自我的责任和使命感，吴永锋一直坚持在技术研发第一线，他研制和开发的新产品、新技术不断涌现。在公司从事技术研发和生产管理多年，吴永锋不仅重视自己的进步，还注重公司技术水平的整体提升。他经常对销售人员进行技术培训，让他们充分了解产品的性能特点，学会捕捉客户的不同需求信息。他特别强调协作互助精神，将自己掌握的知识毫无保留地传授给其他技术人员，用自己的实际行动积极引导技术人员发挥自己的技术特长，成功组建了技术团队和质量管理团队，确保公司可持续地向上发展，以期永葆企业旺盛的生命力。在直接为业主提供技术服务的前提下，吴永锋不断扩大对外技术服务范围，免费为很多没有实践经验的设计院提供设计服务。他往往先期主动深入目标工程，综合考虑，周密布置，确保了产品供应合同在签订时水到渠成。仅在该公司任职期间，他就为上海同济建筑设计院、上海华东建筑设计院、北京建筑设计研究院、华南理工大学建筑设计院等多家设计院提供了帮助，使该公司成为国内同行业中大力采用技术服务来引导产品销售的领先者。多年来，在他的主持下，这个方法获得了丰硕的成果，成为该公司生存和发展的制胜法宝。

初创大通 负重前行

进入 21 世纪，整个中国大地进入第三次自主创业高潮。自主创业的想法也开始在吴永锋脑海中萌芽、生根。但这时候的吴永锋，已经是所在公司的常务副总经理，还兼任公司管理总监与质量管理体系的管理者代表。在这样重要的岗位辞职，意味着一切从零开始，未来将面临更多的压力和风险。

在从事技术研发和生产管理工作的过程中，吴永锋始终踏实稳重、做事从来不喜欢冒险，但多年闯荡，让他积累了丰富的工作经验，打下了扎实的技术基础。他渴望独立自主地开辟一片新天地，他相信自己一身的技术依旧会得到市场的认可。他知道，虽然经验不断地丰富但年龄也在增长，留给他闯荡的时间已经越来越少，如果再不将梦想付诸实践，可能将成为无法弥补的遗憾。成功了，闯出自己的一番天地，实现自我人生最大价值；失败了，也能认识到自己的不足，大不了重找工作，再无遗憾。

2005 年，吴永锋主动选择成为一名“失业人员”。这一年他已 43 岁。“失业”是为了创业。他组建了自己的小团队，和李进一道带着 16 万元和背水一战的豪气，开始“闯荡江湖”。“开始的几年确实很艰难。”吴永锋现在回想起来，心中仍带着无奈和凄凉。当时，他们在朋友的一个公司里租了间房子，买了一台小冲床和一台铣床，到旧货市场买回来一只小烘箱，进行维修和改装，加上台钻等工具，总共投入才数万元，这就算创业起步了。

吴永锋长期从事一线技术研发和产品生产管理工作，有执行力，有领导力。更重要的是，他熟悉市场需求，知道客户的痛点在哪里，设计生产的产品非常务实，能够有针对性地解决用户的实际需求。他坚信，凭借自己的技术和努力，如果能够顺利把产品推向市场，就一定能取得成功。创业初期，吴永锋身兼数职，既要负责厂里的员工管理和财务管理，又要负责产品设计、开发生产和销售。他顾不上心苦身累，因为他相信只要造出好产品，就一定能被市场认可。没有开张仪式，没有亲朋道贺，研制产品、寻找产品销路成为吴永锋创业初期生活的全部内容。

他同时也知道，跑市场是他的弱项，于是他决心寻找几名销售精英一起合作。当时他的好朋友李进是前公司驻北京办事处的主任，由于身体原因，赋闲多日。吴永锋提出合作创业的想法后，李进有些犹豫，在三个月后终于下定决心，正式加入大通电气。

后来，吴永锋还邀请了擅长销售业务的朋友陆如金和表弟徐锦荣加入自己的团队。吴永锋回忆，当时还有一些人很信任自己，也想加入他的创业队伍，但因前途未卜，考虑到要对他们负责，吴永锋不能拉着他们一起冒险，暂时婉拒了他们的请求。

创业初期的种种困难是吴永锋没有预料到的，但正是因为他们之前产品积累的品牌及口碑，在创业伊始赢得了很多人及政府的帮助。先是要租厂房，他和李进骑着摩托车找遍了能找到的地方，一直都不满意。他们最初想租一幢楼，但是一打听，一幢楼的年租金至少七八万元，吴永锋当时根本支付不起。没办法，只能继续寻找。终于，他们找到唐闸附近的大通电梯厂时，打听到有一间空厂房，老板张祖均听说过吴永锋的名字，了解他的为人，当得知他租房子是为自主创业时，豪爽的张总连房租也没提，直接把厂房租给了他。而吴永锋也觉得自己和这个工厂很有缘分，便将自己的公司取名为“大通电气”。所有的生产型企业都要求先做环境评估，其中涉及的方面很多，幸福乡乡政府主动出面，多方面协调，帮助大通电气用最短的时间拿到了环评报告。公司注册，要求注册资本直接打到银行账户，才能拿到验资报告。得到多方帮助的大通电气，验资报告也顺利办成。

在大家及政府部门的帮助下，开业前的所有手续得以顺利完成，大通电气开始正式投入生产。

出于职业素养，吴永锋从原单位出来是一种完完全全的裸辞，没有带走任何一单业务。大通电气营业初始，没有产品，没有订单，吴永锋只能先应用自己熟悉的技术，试着生产地面线槽和自动化仪表。

当时，他朋友的锅炉厂在生产锅炉电气控制箱。为了先把自己的生产运转起来，吴永锋和他合作生产锅炉电气控制箱中的“高精尖”部分——水位自动控制仪。锅炉在工业生产中运用非常广泛，但传统的技术无法控制水位精度，系统的稳定性差，液位控制的自动化程度低，一旦操作不慎，就会直接影响到操作工人自身和设备的安全。随着科学技术的不断进步，被控对象越来越复杂，人们对锅炉控制精度的要求越来越高，单靠人工操作已经不能适应控制系统改造的需要。大通电气设计生产的是一种由自动控制发挥作用的水位自动控制仪。锅炉在被烧过程中一直在产生水蒸气，水分会一直变少，需要不断地补水。但是补充太多，无法产生蒸汽；补充太少，又容易把锅炉烧干。大通电气发明的自动控制仪可以随时监测水位，使之始终保持在合理的位置。原来的锅炉是用指针指示水位，吴永锋将其变成数码显示，可以更加直观地看到水位的变化。

电路设计对吴永锋来说不是太难的事情，但为把这个新产品做精、做优，他花费了极大的精力。想做出合适的产品，首先要有设计电路、原理图，然后将其变成电路板图（也称安装图），然后委托专业厂家做成电路板，再焊接电阻、电容、小变压器等元器件、组装外壳、进行调试。长期从事电子产品的研究，吴永锋练出一门绝技。别人是先有电路图，然后根据电路图做出电路板，而吴永锋可以根据电路板倒推出电路原理图（图 1-12 ～图 1-14）。他每天工作到半夜，反复推敲琢磨，只为确保电路图万无一失。

只靠一间厂房起步的大通电气，最开始甚至没有固定的工人。吴永锋只能自己焊接，他的妻子和合作伙伴李进的父亲都

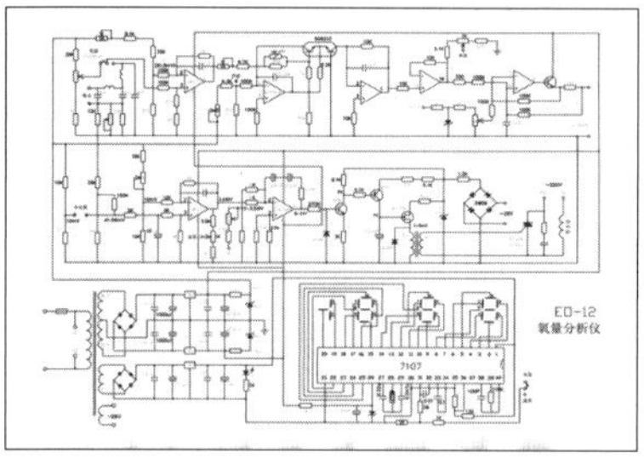

图 1-12　1993 年吴永锋研制的“锅炉排烟氧量分析仪”原理图

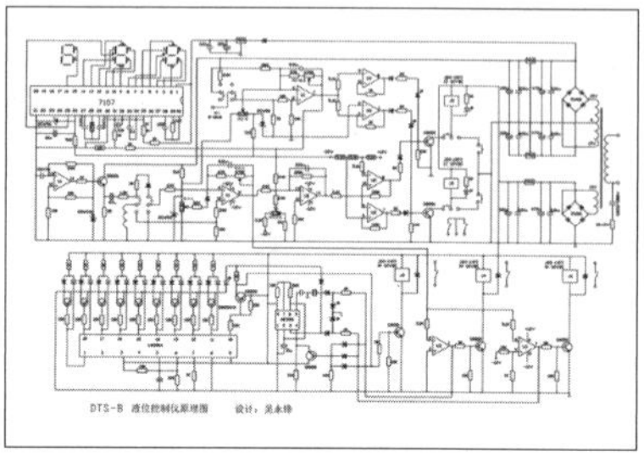

图 1-13　2005 年吴永锋研制的“锅炉连续给水控制仪” 原理图

图 1-14　2005 年吴永锋研制的自动化控制仪表

是熟练的技术工，也一起过来帮忙，大家不怕苦与累，齐心协力，终于确保了生产线的运行。就在如此艰苦的条件下，忙碌了些日子，终于生产出几百台有质量保证的产品。可是，产品出来了，需方却一直没有付货款，几番讨要才收回了一小部分，连成本也不够。吴永锋和李进在此番忙碌之后冷静分析，觉察到这个产品市场需求窄、产品冷僻，开拓可能性不大。虽然付出了几个月的努力，但还是决定放弃此产品，重新定位，回到他们熟悉的领域，继续创新。可以说，大通电气创业后的这第一笔业务是亏损的，吴永锋刚“下海”就呛了一口水。

吴永锋开始研发生产新型地面插座。为了更好地推广产品，大通电气建设了自己的网站，零零星星也有电话打来询问，但都是“小鱼”，标的只有几千元，很少过万元。

同年，李进接到了北京图书大厦一份 9 万元的订单，吴永锋立即开始了紧张的技术研发。这个地面插座上有个很薄的铜面板，面板上有个铰链。这个铰链很难制作，相当于手表带和手表链接的地方有个小槽，需要设计一个特殊的打眼工具来完成这道工序。这种夹具产品其实是一种机械产品，对学电子的吴永锋来说也有一定难度。他仔细琢磨，反复试验，终于把打眼工具做出来了。没想到，他解决这个难题的消息被竞争对手知道了，趁着大通电气的厂房没人看守，他们偷偷进入大通电气的厂房，学到了这个关键技术。后来，这个技术被竞争对手公司用在了国内某机场的供货上。

当年济南有个会展中心建设项目，需要价值 30 多万元的地面插座。他们对大通电气的产品很满意，千里迢迢来南通考察。可是，当看到大通电气仅有的一间简陋的租赁厂房时，不放心地摇摇头走了。

创业这第一年，大通电气一共只接到几个小订单，合同额加起来也不到 15 万元。

这一年，大通电气甚至没有固定的工人，很多时候都是吴永锋和李进两人自己上阵干活。

这一年，大通电气费尽千辛万苦终于拿下了东北的订单。不过，这笔订单后来被赖账，最终通过法律途径才拿回尾款。

这一年，吴永锋每天早上出门时，在家门口的早餐摊上买份饭团。早饭吃一半，另一半是午餐。

这一年，大通电气虽然经历了很多困难，遭遇很多次失败和欺骗，却始终没有改变他们做人做事的初衷，吴永锋一直坚持在自主创业、创新的路上走下去。这种破釜沉舟的勇气激发出他无穷的潜能，如此的坚持忍耐也激发出他无穷的智慧。他知道，所谓“困难”，困在当时就是难，走出去就有运。在家里看到的只能是家，走出去才能看到全世界。

次年开始，吴永锋着重推广他发明的专利产品——展位配电箱。他们得知烟台建设展览中心的消息后，立即派推销人员前往。尽管当时的大通公司仍然没有实力，经不住来客考察，幸运的是，对方看重的是产品本身，且正是他们需求的对口产品。看过样品后，直接免掉了实地考察环节，一次性签定了300多万元的订单（图1-15～图1-17）。

图1-15　吴永锋设计的烟台国际会展中心产品——展位配电箱

图1-16　大通电气展位配电箱发货中

图 1-17　烟台国际会展中心

久旱逢甘霖。这第一笔大订单让吴永锋缓过了神，心里也有了底气。有了前车之鉴，大通电气有了搬家的想法，仅一间厂房，连公司标牌都无法安放的公司确实经不起客户考察，最重要的是，不能再满足生产的需要。正好此时吴永锋的老家乡镇合并，横港乡政府的大楼空了出来，被吴永锋的朋友买到了，吴永锋找到朋友以 5 万元一年的价格租了下来。这幢楼房原来是一间一间的小办公室，不适合做厂房，吴永锋亲自设计，对厂房进行了改造，旧大楼改头换面，成了适合生产的独门独院的厂区。大通电气终于挂起了自己的牌子。

厂房搬迁后，大通电气得知西安曲江国际会展中心正在建设，吴永锋和李进就立刻赶到西安。到了之后才发现，竞争对手的销售员也在现场推广他们的产品。展位配电箱是吴永锋在前公司的时候研制开发并获得发明专利的产品，虽然他已经离开了，但依然是前公司的主打产品。这项工程由深圳的一家公司负责招标，吴永锋闻讯后立刻带人赶到该公司深圳总部，诚恳地介绍自己的公司和产品。通过双方对产品的深入交谈及探讨，工程负责人黎总给予了很高的评价，加之大通电气给出的报价比较合理，吴永锋笑眯眯地把合同拿回了南通。

合同签订后，黎总带队来大通电气考察。回忆起当初，黎总说："我一看到样品、一听到你们的介绍，我就决定要和你们合作。你们一看就是搞技术的，内行，人也诚实本分，让人放心。"虽然当时的大通电气条件还是比较简陋，很多安装工作需要外包，但是黎总看完了厂区，发现大通电气组织生产规范、产品组装到位，可以有效确保产品质量，就大为放心（图1-18 ～图 1-21）。

大通电气没有辜负客户的期望，最终保质保量地完成了生产任务。这是一次双赢的合作，对方拿到了质量更好、价格更

图 1-18　西安曲江国际会展中心展位配电箱卸货现场

图 1-19　西安曲江国际会展中心展厅待装的展位配电箱

图 1-20　西安曲江国际会展中心展厅地面的展位配电箱

图 1-21　西安曲江国际会展中心

优惠的产品；大通电气也薄利多销，充实了家底。这笔大订单完成后，大通电气好像一棵新植的树苗长出了根须，吸收到了大地的养分，有了生机，有了活力。他们添置了剪板机、冲床、折弯机等设备，完全可以满足生产的需求，准备大展身手了。

随着订单越来越多，大通电气开始组建自己的生产队伍。他们招聘了一些经验丰富的老师傅，也招聘了一些新工人，吴永锋和李进亲自培训，让他们能尽快适应生产的需要。2006 年，大通电气的产值从创业第一年的 15 万元跃升到了 800 万元，并且开始参与大工程的竞争。

此后，上海世博会主题馆、福州海峡国际会展中心、天津滨海国际会展中心、无锡太湖国际博览中心等全国各地的几十家会展中心都选择使用吴永锋发明的这款展位配电箱（图 1-22 ～图 1-24）。在现阶段，展位配电箱产品在国内已经得到了全面推广，每一名设计师在会展工程设计中，地面布电都会选用展位配电箱，在行业内已基本形成共识。

图 1-22 无锡太湖国际博览中心

图 1-23 西安绿地笔克国际会展中心

图 1-24 曲阜孔子文化会展中心

一个市场犹如一块蛋糕，如果只是分割别人的蛋糕，毕竟有限。只有成为做蛋糕的人，才能得到最多。吴永锋就是那个做蛋糕的人。他不仅带着自己的公司渡过了初创时的难关，更做出了新的“蛋糕”，极大推动了移动式展位箱这个行业的进步和发展。据不完全统计，如今该产业已经形成年销售几十亿元的产业规模。

很多人说，大通电气的成功是因为赶上了好时候，得益于“天时、地利、人和”。但是，更多的是因为他们能吃苦，他们有技术，才能抓住这些机遇。如果没有这样的能力，就算是再好的机会放在面前也会浪费。“机会总是留给有准备的人”，没有能力的人就算是看到机会，也只能眼睁睁地看着它擦肩而过。大通人就是始终力争抓住机会的人。人生的每一条道路都不是通天大道，只要坚信，只要坚持，只要不停下脚步，总有一个方向通向成功。大通人坚信，不管做什么，都要有坚韧不拔的精神，要脚踏实地，一步一个脚印地往前走。恪守本职，不忘初心，把别人的嘲笑和不屑屏蔽掉，默默坚持自己的梦想，最后才会赢得别人的认可与赞赏。吴永锋是个闲不住的人。展位箱的市场打开了，生产红红火火地搞起来了，但是他并没有躺在功劳簿上睡大觉，他始终关注着市场的需求。

吴永锋佩服那些心无旁骛、一生只专注于某种职业、某个领域而取得成就的人，比如古代工匠，一生只做一件事，于是出现了“庖丁解牛”中的庖丁、《核舟记》中的奇巧人这些传奇人物。吴永锋说，那些专注一件事、以长期的实践一点一滴地去积累实力、磨炼技艺的人，总是特别有魅力。努力追求某一种技能的人，也可以成为他那个行业的专家，照样实现自己的人生价值。即使现在创业成功了，吴永锋也没有什么不良嗜好，他唯一感兴趣的就是技术研究、产品开发。吴永锋现在一共拥有 50 多个发明和新型实用专利，其中创建大通电气后获得的专利就有 30 多项，移动式展位箱和 AFC 防水线管是江苏省科技厅认定的高新技术产品。2005 年，吴永锋被评为南通市港闸区第一届优秀科技工作者，当选为港闸区第五届政协常委、港闸区科协委员。2007 年，吴永锋成为南通市“266 高层次人才培养工程”中青年科学技术带头人（图 1-25 ～图 1-30）。吴永锋

图 1-25 吴永锋获得的专利证书达 40 项

图 1-26 2002—2003 年度吴永锋[1]被南通市科学技术协会评为技术人员先进个人

图 1-27 2004 年吴永锋被南通市港闸区人民政府评为第一届优秀科技工作者

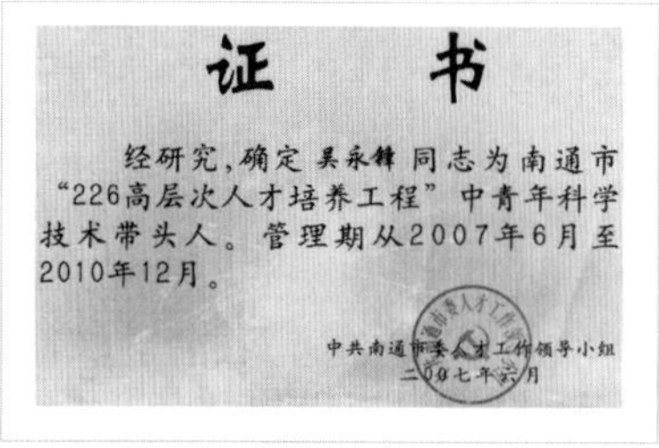

图 1-28 2007 年被南通市确定为中青年科学技术带头人

图 1-29 吴永锋参与 GB/T50381—2018 修编证书

---

1. “峰”误写为“锋”，图 1-30 与此同。

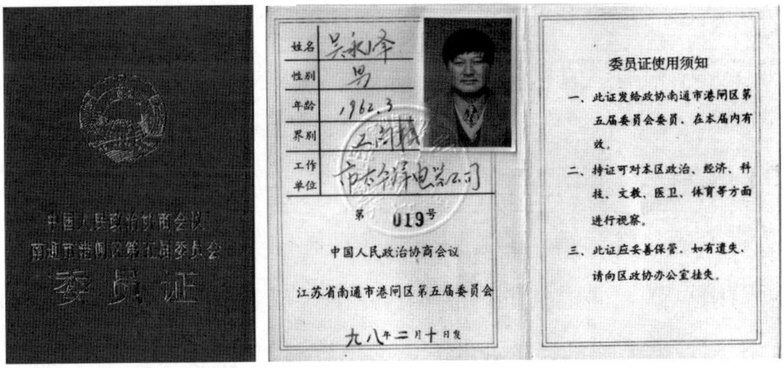

图 1-30　吴永锋南通市港闸区第五届政协委员证

为大通电气确立的“立身之本”就是“人无我有，人有我精”，用具有自己特色的拳头产品去打开市场、占领市场。

在创立大通电气之前，吴永锋是个一心投入技术研究的人，但他现在发现，产品最大的价值是使用，产品最终要面向市场。最好的产品背后不一定是最好的技术，却一定是最符合市场要求的技术，用户的满意度才是一项技术生命力和价值的最终“考分”。技术本身的突破固然重要，对市场进行分析、发现市场需要什么、让别人主动购买自己的技术更重要。所以，好的技术一定要把握进入产品的最佳时期，实现超前和实用的结合。吴永锋站在企业的角度先看市场，根据市场需求制定战略，之后再进行技术研究。

他的另一项发明专利，也是大通电气打进市场的另一只拳头——地铁自动售检票系统（Automatic Fare Collection system, AFC）所使用的“地面防水管槽”，就是他深挖市场需求、以市场需求为导向进行技术研发的成果。

对很多人来说，一生能研发一种新的产品、创造一个新的市场就已经很不容易了，而吴永锋创造了两个。一个是展位配电箱，从吴永锋研发这个产品到现在已经将近 20 年，为国内带来了一个年产值几十亿元的新产业；二是“AFC 地面防水管槽”，在国内相关行业树立了一个标杆，使大家达成了“不防水的管槽就不是合格管槽”的共识。现在，国内虽有多个厂家生产防水管槽，但大通电气的产品专利在手，覆盖了国内 70% ～ 80% 的市场，为中国地铁事业的发展做出了重要贡献。

从做企业的第一天开始，吴永锋就非常重视研发产品的市场转化。在他看来，再好的产品如果没法推向市场、获得利润，对一个企业来说是没有意义的。科学技术是第一生产力，但是在科学技术没有走出试验室之前，它只在科学技术领域发生影响和作用，是潜在的生产力，还不是现实的生产力。科学技术只有通过技术标准提供的统一平台，迅速快捷地投入生产领域，向现实的生产力转化，才能产生应有的经济效益和社会效益。标准化与科技进步有着十分密切的关系，两者相辅相成、互相促进。标准化是科技成果转化为生产力的重要“桥梁”，先进的科技成果可以通过标准化手段，转化为生产力，推动社会的进步。

大通电气始终坚持将技术和市场相结合，从最基础的工艺开始，根据市场需求重新定义，明确概念，为市场和客户提供新的价值。中国的市场这么大，创新无处不在，只要认真去做，就能满足客户的需求。新时代的大幕已然开启，新征程的号角已经吹响。大通电气，一直坚持并将继续走在创新的道路上。

吴永锋无疑是大通电气的领路人，一个成功的企业创始人、管理者。他说，我们都是想要做些事的一群人。什么样的人才能做好企业？他们有自己的认识。企业的管理者自然要带着企业盈利，但只会赚钱，只能叫商人。挣钱是企业的初级阶段，成熟的企业要做行业的领跑者。不仅要开创一个企业，更要将其做好、做大。企业还要有社会责任，要找到除赚钱之外的意义。企业发展、壮大了，是社会、人民、消费者对你的认同，所以要把有限的收益投到创造更多的社会价值中去，为社会创造财富，这才是一个企业家应该有的情怀。有了这样的情怀，才能在遇到困难的时候坚持下去。企业家要敢于失败和冒险，要有英雄气概，有明确的事业目标，勇于把事业做大，并有不断推进目标的能力，争取更上高峰。一个企业家自身不一定要什么都懂，但要对接受新事物有非常开阔的胸怀和敏锐眼光，能够引领企业按照正确的方向坚定地走下去。成熟的企业家才能引领成熟的企业，一个企业能走多远，很大程度上还要看领导者的能力。

路在脚下：记大通电气李进

吴永锋创建大通电气时想到的第一个合作者就是李进。2005 年，大通电气创建不久，李进就加入团队。16 年艰辛创业的岁月里，他与吴永锋同甘共苦、并肩协力，两人一个主内，一个主外，互相信任，协调合作，将一个名不见经传的小工厂发展成今天业内赫赫有名的企业。直到今天，两人依然是并肩的战友、亲密的伙伴、亲爱的弟兄。

初入社会

李进比吴永锋小几岁。与那个时代的同龄人一样，李进年轻时也经历了很多曲折。李进的老家距离吴永锋的老家不远，两个人算是同乡，都是农民的儿子。高中毕业后，李进也回到了老家。为了生活，他决定去学门手艺，思来想去，选择了当时的年轻人最常入门的行当之一——建筑业。

建筑是个工作很辛苦、对技术要求也很高的行业。李进脑子灵活，又肯下功夫钻研，不久就成为学徒中的佼佼者。之后，他参加了所在乡“首届瓦工技术培训班”，不仅学会了砌墙、粉刷等技术，还得到了领导和老师们的赏识，他们觉得十八九岁的李进聪明、勤奋，提拔他当了班长。不久，年轻的李进开始带领学员们在唐闸盖起了宿舍楼。

李进干得不错，但是每日早出晚归，很是辛苦。家人看着身材瘦削的李进这么拼命，心里怜惜，纷纷建议他改行，换个裁缝之类轻松点的行当。但是李进不喜欢，他觉得裁缝每天和针头线脑、花花绿绿的布料打交道，那是女孩子干的活。他想干点属于小伙子干的技术活。后来，家里一名在乡建筑站工作的亲戚找到李进家，说建筑站在外地有个工程正在施工。李进和家里一商量，决定去外地学电工。这是个技术活，体力劳动的强度不太大，关键是有技术含量，今后也有发展前途。为了学技术，李进第一次离开家乡，来到黑龙江省的大庆建筑工地，拜师学艺。他一边帮忙，一边学习，不到半年就考出了县建筑公司颁发的“电工任用证”，这样，就有资格在师傅带领下布电线、架电杆、装电灯了……相当于“助理电工”。但是，“助理电工”不能独立施工操作，李进并不满足这一成绩，他希望在最短时间内能够独立工作，这就需要获得县供电局颁发的“电工证”。在当时，这个考试难度比“电工任用证”要大得多。李进参加了单位组织的为期一周的强化培训。一周后，16 名考生走进考场，只有 8 人顺利过关，其中就有李进。自此，李进正式获得电工资格。但是，按照规定，工地上还有些高难度的供电作业，比如塔吊的配线，仅有电工证还不够，必须同时具备“电工证”和“特种作业操作证”，只有两证俱备，才能承担一座大楼内所有电工活的操作。

为了完成这次“特种作业操作证”考试，有关方面组织了半个月的封闭培训。这场考试的难度一点不比考大学低，而且规定，考试通过了，培训费用由所在单位报销；通不过，自己负担。这对当时收入不高的参训学员来说，是个不小的压力，但同时也是不小的动力。不巧的是，这半个月封闭培训期间正值李进姐姐家建楼房。李进白天参加培训，晚上骑一个多小时自行车赶到姐姐家，拉线、布杆、装灯，安排工人次日施工计划，然后再连夜赶回培训地点。所有复习都只能见缝插针地进行。为了节省时间，李进连吃饭时手里都拿着书，晚上大家都熄灯休息了，李进一个人打着手电复习白天的知识点，甚至在来回姐姐家的路上，他都一边骑自行车一边思考电路问题。半个月的集训结束，李进信心十足地去参加考试。这一次，全班 22 个人只通过了十三四个，李进毫无疑问又是其中之一。李进读书的时候成绩就很好，只是在当时的社会形势下，没能在学历上更进一步。但在这段时间的多次培训考试中，他逐渐显露出善于学习的特点和在电力电路方面的天赋。世界上没有任何一种才能不需要后天的学习。所谓天才，是付出了别人所看不到的刻苦努力。

李进开始参与大型的工程建设。考试已然很难，但实践起来更难。现实情况千差万别，各种突发状况层出不穷。随着科学技术的不断发展，一天不学就可能落后，特别是电力电气这一领域，没有任何人敢说已经百分之百地精通，就像电脑软件一样，它总是在不断更新和发展。李进坚持着只要有时间就多看专业书籍的习惯，不断地充实自己，不断地掌握新知识，不仅拓宽了知识面，还在很大程度上提高了他的技术水平，让他对更高层次的理论及技术知识的学习产生了浓厚的兴趣。

他跟着老师傅熟悉工作环境，熟悉各种设备，短时间内就了解了各种设备的功能和作用。电工工作除了掌握好理论知识外，主要的是要不断实践，积累大量的工作经验。有了丰富的实践经验，再加上扎实的理论知识，检修起故障来才能得心应手。每次老师傅有维修任务，李进都主动跟到维修现场，通过观察和参与老师傅维修的过程，了解他如何询问现场人员，如何查找故障原因，又是如何排除故障。通过做老师傅的维修副手，李进锻炼自己的维修能力，掌握维修方法和技巧。还想方设法找一些东西来自主维修。办公室里有一些损坏了的电路电器，有时间他就拿来拆解、分析，查找故障原因并设法维修。虽然有时候修不好，但通过实践，积累了维修经验。有时候老师傅因事没来上班，工作中有了维修任务，尽管自己经验不是很足，维修技术也不是很熟，李进还是积极申请去独立维修，抓住一切机会锻炼自己，从实践中摸索方法并提高自己。

李进为人热情、开朗，喜欢交朋友，与工程建设单位（甲方）的人处得比较熟。当时，他所在的工程队正好需要一个与甲方对接的角色，看这个小伙子要强、聪明、开朗，就把七八名电工召集起来组成了一个电工班，提拔李进当了电工班的班长，以便与甲方联络。

这个时候的李进，已经对电工工作有了更深的认识。他接触了一个大型工程中所能涉及的所有的机电事务，包括所有基建时期的安全和质量的监督巡查。他深知机电管理工作在建设期间的重要性，特别是含有大部分隐形电器基础设施的工程，要随时监督检查，发现问题就必须马上解决，决不能敷衍了事，否则后患无穷。这是机电管理人员的责任。作为电工班班长，李进的身上担负了更多的责任。在平时的工作中，他要求自己的班组成员在监督巡查时认真仔细，做到一丝不苟。他深知打铁还须自身硬，对自己提出了更严格的要求，遇到脏、累、苦、险的工作时抢在前头干，遇到技术性难题时挺身而出，遇到失败时主动承担。他经常与其他同事一起进行技术探讨与交流，把自己学到的知识与大家共享，毫无保留地将所学技术和生产实践中积累的知识、技能传授给同事。机会总是留给那些认真工作和生活的人。后来，水暖班班长被调去当材料收发员。领导将水暖班与电工班合并，成立了水电队，并让李进当了队长。从此，李进带起了 30 多人的队伍。这时候的队伍，已经可以承担比较重要的任务。有一次，工程队承接了一个工程，其中一座楼是大庆某单位的磁带库，用于存放油井勘探、开发的录音带等档案材料。这个磁带库对用电要求非常高，必须安排两路电源，确保在任何条件下都不停电。同时，这个工程对烟雾报警的灵敏度要求也极高，一旦出现烟雾，必须第一时间让值班人员看到具体的点位，要具体到哪一层的哪一格。这个工程对李进来说是个比较大的挑战。电路分为强电和弱电，强电用作动力能源，一般为高电压；弱电是一种信号电，一般电压在36V以下，可用于家用电器中的电话机、电视机、音响的信号传输，而烟雾报警器用电就属于弱电。这么多年来，李进学习的都是强电，他的优势也是处理强电故障，没有接触过弱电。但是，遇到困难就后退从来都不是李进的做事风格。没学过可以现学，接个工程很不容易。而且，甲方也下了“命令”：你们什么时候漂漂亮亮地干完活，什么时候才可以回家过年。东北的冬天来得早，一般建筑工人老乡十月中下旬就回家了。提到东北的冬天，李进也是心有余悸，东北的寒冷刺骨激髓，在室外待上一会就浑身冻得没有知觉。从小生活在南方的李进就有了冻疮，手脚、耳朵都又痒又疼，一到冬天就全是红肿。为了尽快完成工程，留给李进攻坚克难的时间并不多。李进相信，虽然强弱有别，但都是电，原理是相通的。他和一帮小伙伴反复研究、试验，经常夜里十点多还把图纸摊在地上看。当时，李进有个好朋友白师傅，是八级电工，电工中的最高级别。李进请来白师傅指点，一起讨论、商量，最终圆满完成了这栋大楼的电力装配任务。李进在这个岗位上做了五六年的时间。这段不算短的时间里，他学会了如何做一个领导者，这些经验为他以后加入大通电气，跟随吴永锋一起创业打下了坚实的基础。这段时光，还培养了李进放大格局、深谋远虑的能力。不同的人，对事物的认知范围、认知程度和切入角度不一样，从较高的视角切入，就能看得更宽广、更远大，能看到别人看不到的东西，能够透过表面看到骨子里去。

走上领导岗位后，李进的管理能力也随着自身格局的提升而提高。他开始站在更高、更远的角度来对待今天的工作，开始试着从整体上来把握事业发展的方向。

兄弟携手

时间进入 1989 年，李进在东北发展得顺风顺水，也有了在大庆开花结果的想法。这一年，李进老家村里的一家电器厂改制，老板和李进是多年的朋友，深知他在电力电路方面的造诣和突出的社交能力，便力邀他加盟。村支书也希望能早日让这个昔日的烂摊子焕发生机，同样找到李进，劝说他为老家做贡献。

思来想去，李进辞掉在大庆收入颇丰的工作，回到了老家。在这家电器厂，李进和厂里的吴永锋成了同事。两个人都是做事踏实、待人真诚的年轻人，很快就成了好朋友，工作关系和私人感情都处得很好。

在这家电器厂，李进开始转行做销售，负责打开北方市场。深厚的电气知识在李进打开市场时发挥了很大的作用。他介绍产品时可以直接讲解相关原理，当场解答客户提出的各种问题，加上他待人真诚，善于处理各方面关系，很快打开了局面，为工厂的发展做出了突出的贡献。电器厂后来乔迁到市区时，李进一次从北京请来 150 多位嘉宾，其中包括多位区级领导。工厂也给了李进很高的待遇。“大哥大”才出来时，单价一万六七千元，工厂就给李进配了一只。后来，厂里还给他配了汽车，是全厂唯一的一辆。但是，因为对公司发展理念、管理方式的认识不同，李进有了离开的想法。2005 年，吴永锋创建大通电气后，邀请李进加入。李进终于决定离开供职多年的公司，与吴永锋携手另辟一片天地。

创业是件孤独、艰辛的事，如果能与一个信得过的伙伴一起创业，道路可能会好走很多。幸运的是，吴永锋和李进遇到了彼此，他们对对方知之甚深，了解彼此的长处和短处。创业伊始，二人就分配了角色和职责：吴永锋专注科研，负责大通电气的产品研发和生产管理；李进善于交际，负责大通电气的市场推广和营销。他们专注于不同的领域，分头参加不同的活动，为大通电气的发展壮大扩展不同的“朋友圈”。他们有着共同的目标和努力方向，彼此商量，彼此尊重，肝胆相照，十几年的发展过程中即便遇到失败，也未曾埋怨过对方。他们的和谐合作也奠定了大通电气良好的企业文化基础。

开拓市场

李进记得，2005 年和 2006 年连续两年的正月初一，别人都是轻轻松松回家，一家人团团圆圆过年，而他和吴永锋一直都在车间里埋头工作。

2005 年春节前，他们接到了四川一个客户的地面插座小订单，而且正月初八客户单位开工就要用。这个订单很小，时间要求又紧张，但对于当时的大通电气来说，有订单就已经很不错了，根本没有挑拣的余地。他们咬牙接下了这个单子，没有时间就加班加点，请不起工人就自己上。两个人大年初一就赶到车间，轮流干活，夜以继日地赶工，终于在正月初五完工。自己没有车，就借了辆小货车，把成品拉到常州。为了省钱，自己装卸，最终通过铁路运输，及时将产品送到了用户的手中。

2006 年，大通已经开始研制并销售展位箱，李进四处关注哪里有合适的市场。春节前，他得知黑龙江省内的一个城市正在筹建会展中心，需要展位箱。李进和吴永锋两人一商量，决心拿下公司成立以来的第一个展位箱订单。

辗转多次，终于和对方取得了联络，介绍了自己的产品。对方要求带样品去面谈，而且要求用不锈钢材料制作。在当时，买一整块 6m 长、1.5m 宽、8mm 厚的不锈钢材料，价格上万元，对当时的大通电气来说是笔巨款。李进和吴永锋只能到附近的金属市场里淘宝。不知道跑了多少地方，终于找到一块适用的不锈钢板。买来的不锈钢板表面有各种锈蚀、划痕、坑洼，必须用拉丝工序让其焕发新面貌。为了节省费用，他们买了一台手动拉丝机，先将不锈钢板切割，李进再用拉丝机手动操作，使其焕新，晚上回家，手臂酸胀得连筷子都夹不起来了。

这年的正月初一，他们依然是在车间里度过的。李进主外，在打开市场、产品销售方面，付出了许多心血。正月初七，李进带着赶制好的展位箱样品去东北。李进和吴永锋把样品当成宝贝，很珍惜地用铁皮包好四个角，装箱，通过铁路托运。一位大庆时期的老兄弟乘火车赶到车站为李进接站，一是会会老友，二是帮帮忙。此时的东北冰天雪地，李进心里却热乎乎的。李进和他朋友协力从铁皮中慢慢提起样品时，一不小心，两只手背都刮到铁皮上，被像刀一样锋利的铁皮各削掉一块皮肉。刚开始时，肉上一片惨白，随后大量的血涌出来，用整卷的卫生纸都压不住。李进不敢休息，简单包扎伤口后，马上带着样品找到了之前联系过的业主单位负责展位材料采买的项目经理。最开始的接触非常顺利，对方爽快地留下样品，告诉李进需要试用一下。没想到，留下样品后，对方却迟迟不与他进行实质性商谈。李进几次联络未果，只能先打道回府。之后的联络也不顺畅，拖拖拉拉快三个月，对方终于来联系大通订货了。

后来，李进和吴永锋才了解到，项目经理留下他们的样品后，也觉得这是个好产品，但他有他的路子，想着“肥水不流外人田”，把样品交给了他一个做开关箱的“老铁”。不争气的是，虽然花费了很长时间，对方还是只能做出个“李鬼”，从外观到性能，都登不了大雅之堂，建设单位不同意使用，到头来，还只得找大通公司买正版“李逵”。

在很多外行看来，移动式展位箱没什么技术含量，只不过是将电子元器件放在一个金属的箱子里。大通电气的产品一进入市场，就引来诸多模仿，但是成功者却很少，外形像了内在却不像，有的甚至连外形都模仿不出来。其实，展位箱还是很有讲究的（图1-31）。如何将众多的电子元器件科学合理地排列进狭窄的展位箱内，并且实现水、电、气等的分离，对电子知识的要求很高。在外箱体的制作上，如何实现防水防尘防碾压，对机械制作方面的要求也很高。这就要求研发和制造人员既要熟悉电子知识又要熟悉机械制作。大通电气始终坚持把简单的产品做到极致，对加

图 1-31 李进在烟台国际会展中心指导安装

工的要求极高，确保每一台展位箱制作精细，并不断根据市场的需求研发新的产品式样，满足各种施工现场不同的需求，只有这样才能一直在激烈的市场竞争中保持领先地位。

这一次，虽然经过了一些波折，大通电气还是依靠自己产品的实力拿下了订单。五十几万元的订单对当时的大通来说可是笔大生意。大通电气详细了解对方的场馆建设情况和对方的需求，根据对方的需求对产品作了相应的改动，并从自己的经验出发，给对方提出了很多建议。开拓市场的过程中总是充满各种陷阱，虽然订单签下了，但是后面的过程并不顺利。供货结束了，施工结束了，会展中心开门了……尾款 18 万元却迟迟不到账。电话打过去，对方爱理不理，后来甚至连电话都不接，“赖账”的迹象很明显。尾款 18 万元相当于这笔订单的所有利润，大通电气还得靠这笔钱活下去。几次讨债无果，无奈之下，李进和吴永锋只能通过法律途径解决。细致的做事方式和丰富的销售经验在关键时刻发挥了作用。当初签订合同时，李进留了个心眼，在“纠纷诉讼受理地”上填的是“南通”。能在本地起诉，自然好处大于弊端，可以省去不必要的差旅费，与法院和律师的会面沟通也比较便利。万一进入诉讼程序，成为拉锯战，在本地“主场作战”会更加经济。又是一年大寒时，吴永锋、李进和法官一起赶赴北国。法官依法查封了对方账户，对方这才知道赖不过去，不得不如数支付了拖欠的尾款。创业之初真难啊。第一笔生意就被赖账，产品被模仿，被逼得简直没有办法。好在他们都挺过来了。这样的经历反而起到了警示作用，让他们认识到创业的艰难、商海的复杂，以后更能稳扎稳打地发展。事后，吴永锋、李进反复品味、分析最初在商海“呛”的这杯

“酸酒”。这件事情在李进心里留下了很深刻的印象，让他更加感到创业的不易。做生意有太多的辛酸苦辣和不确定性，也面临着各种想象不到的风险。如果生意好，赚的钱比普通工作要高很多，但这并不代表马上可以变成现金装进口袋。遇到喜欢欠账的单位，一拖三五个月，甚至三五年都有可能。每天面对形形色色的人，李进遇到过各种压价、随意变卦，还遇到过因为自己使用不当导致产品损害却推诿为产品质量问题的情况。经过自己的努力，迈过了这一道道的坎，他也从中总结经验，告诫自己不要成为对方那样的人。

李进说，“生意万万千，信义上上签”。做生意最重要的就是“诚信致利”，就像做人，求的是一个“真”字。做生意，想要把生意做大，诚信是万万不能丢的。如果说在不远的过去，在商业规则还不是太完善的年代，做生意靠一些诡道，还能偶有所获；那么，在市场经济越来越成熟，在客户和消费者的自我保护意识越来越强烈的当下，还靠欺骗失信的行为来赚钱，其结果只能是让自己走上绝路。奸商或许能赚到蝇头小利，但绝对成不了大气候，更重要的是，绝对不可能长久。只有诚信经商，才能最终赚到安全、长远而稳定的“大钱”。

这也是大通电气越做越大的重要原因吧。

大通电气成立后的很长一段时间，都是李进主跑销售。有一次，他得知西安正在进行一个会展中心建设的项目，但是知道得有点晚。虽然他及时赶到了西安，可竞争对手早就到了，而且已经与建设方进行了深度接触。很多公司的销售人员面对这种情况都会打退堂鼓，但是李进没有退缩。公司刚刚起步，到处都要用钱，每一个订单都非常重要，都要尽力争取。

每天一早起来，李进草草吃点早饭就赶到会展中心的施工现场。见不到负责人，他就留在施工现场。工人们忙碌时，他就四处走走看看，发现能帮上忙的地方就帮一把；工人们休息时，他就主动上前搭话，了解工程的进展情况。作为有着丰富经验的电工高人，李进在现场不主动提展位箱的事情，更多时候是帮助现场工人解决施工中的难题。有一次，现场的线路施工遇到障碍，工人们排查很久都没找到症结。李进主动留下来，和大家一起寻找解决问题的办法。这一天，他连晚饭都没顾上吃，一边看图纸一边走现场，忙到半夜，现场的灯光终于亮了起来。这次之后，李进凭借热情、实在的人品和高超的技术赢得了大家的信任，被大家尊称呼为"李老师"。"李老师"每天自费来工地帮忙，中午就自己出去吃点东西填饱肚子，下午开工再回来帮忙。后来，工人们开始主动留他，帮他一起订盒饭，"李老师"成了工地上的自己人。其中有一位管机电的经理和李进最熟，他为李进介绍了这个工程采购方负责人的情况。得知这位工程采购方的负责人回了深圳的家，李进约上吴永锋马上赶往深圳会合。没有卧铺，他直接买了张站票就上车了。在这个会展中心的工地，李进风雨无阻地坚持了 22 天。他说："那 22 天不好过啊，所有的心思，就是发愁怎么拿下这份订单。"就是这一次，他第一次发现自己鬓角出现了白发。因为机电经理的帮助，李进在深圳没费多少周折就找到了那位负责人。惺惺惜惺惺，都是干事业的人，一接触就彼此赢得了尊重。大通电气的产品质量过硬，两位创始人又懂技术并且产品介绍到位，对方很快就对产品产生了浓厚的兴趣。最终，大通电气成功拿下了这份 300 多万元的订单。也正是因为拿下这个"山头"，大通电气在"江湖"才有了立足之本，才有了足够的资金购买设备、招收工人和扩大生产。

李进说，做销售的人很多，但做销售能赚到钱的是少数。很多人没有耐性，大部分人都熬不出来。就像这一次，他在工地呆了 22 天，没有一次看到他的竞争对手。对方的销售人员出的是“公差”，联系上负责人就以为已经成功了，住在宾馆难得出来。而李进干的是“私活”，尽心尽力，一门心思扑在订单上。李进订单到手，他的“对手”还在宾馆里没露面。等对方反应过来，李进已经拿到订单回南通组织生产了。

不忘初心

从一个工厂的工友开始，李进和吴永锋已经相识、相知了二十几年。他们彼此都很了解、信任、尊重，在合作伊始就决定为共同的目标而努力。目标既定，他们就共同遵守、执行和维护，在最困难的时候彼此也没有任何怨言、猜疑。随着大通电气一步步地发展，吴永锋和李进也在一步步地调整他们共同的目标，确保两人始终协同合作，在工作中形成合力。他们是风险分担、利益共享的合作者。

他们始终坚持账务明晰，不藏私心。在合作之初就签订了相关协议，明确利益分配的方式，坚持每个月结账，把钱算明白；他们小问题谦让，大问题商量，通过讨论沟通解决问题。他们包容对方的缺点，放大对方的优点，发挥各自优势，明确具体工作要求，做到有分有合，各司其职，有条不紊。他们都是很优秀的企业家，但一个人的能力不足以成大事，两个人合作的力量始终要大于一个人。因为从内心深处接受了对方，他们始终敞开心胸容纳彼此。

创业是为了什么？是什么让自己一直坚持下去？走过十几年的创业路，李进经常这么问自己。为了赚取名誉？为了改变命运？为了积累财富？好像都是，但好像又不全是。李进想，应该是为了理想吧，想要用自己的奋斗为自己挣一个不一样的明天。

很多创业伙伴都无法度过最初那段不盈利的日子。最开始创业时信心十足，一年不盈利，两年不盈利，又有多少人能坚持下去？创业的每个阶段都会面临不同的困难和问题，失败后又有多少人能继续坚持前进？李进说，压力大是因为自己在走上坡路，只要一直坚持下去，就一定能爬上山顶，看到最美丽的风景。他很庆幸自己遇到了吴永锋，遇到了大通电气，选择了一个有前景的行业，然后一直认真地做下去。李进说，这个世界是每个人的银行，需要不断地往里储存，储存你的汗水，储存你的泪水……不用管你今天或明天能取出多少，今年或明年能取出多少，你只需要不断地往里面储存，总会有一天，你能把本钱和盈利统统都取出来（图 1-32）。

图 1-32 李进在 AFC 年会上介绍防水线槽

思变：记大通电气左彬

机遇从这里开始

一人的命运转折点，很多时候都是在不经意间到来的。在当时，你以为那只是生命中很普通的一天，很多年后再回头看，才发现那是你生命中非同寻常的一天。

2013 年的一天，正是左彬的职业生涯中当时看来很普通却影响了他此后命运的日子。那一天，他走进了大通电气的大门。走进大通电气很偶然。他本来是去丈母娘家，途经大通电气的门口，不经意间看到招聘销售人员的启事。左彬想：有鱼没鱼打一网，去看看也没什么损失。这么想着，他就走进了大通电气的大门。当时的左彬已经在南通市的国企干了 20 年，一路走来，他基本上做遍了企业里所有的工序，从车床、磨床、钳工，到数控、装配，从产品的毛坯到出厂的各个环节，他在几乎所有的工序上都积累了丰富的经验，成为专家级的人才，在企业中如鱼得水。在很多人的眼里，这已经是很不错的状态，工作比较轻松，收入也不算差，就这么轻轻松松地干到退休也是很不错的选择。左彬身边的大部分人都过着这样的生活。

但是，左彬对这样的生活越来越不满意。生活安逸舒适，吃喝不愁，但也没有更大的发展可能性，一眼就能看到退休的生活。这样的生活，左彬不甘心。他相信自己的能力，也想通过自己的努力，寻找另外一条职业道路，努力增加收入，拓展自己的发展空间。

他为自己选择的路是做销售。虽然没有做过销售，但是他对自己有信心。当时，他的第一选择是留在自己工作的国企里做销售，毕竟“大树底下好乘凉”，借助国企这棵大树，销售的压力也小一点。

但是，从大通电气走出来，左彬的想法发生了一些变化。在大通电气，左彬见到了吴永锋和李进。他们交流得很顺畅。左彬介绍了自己的情况，虽然他很想做销售工作，但是事实上，并没有从事过任何与销售有关的工作。吴永锋和李进依然很热情地接待了他，详细给他介绍了公司的情况，并带他参观车间、介绍产品和工序。

左彬的心里开始纠结。大通电气的劣势很明显，只是一个不起眼的私企，规模不大，没有什么强势背景，全公司只有两名销售人员。从当时工作的大型国企跳槽到这里，左彬面对的各方面的压力不可谓不大。家人和朋友不理解，左彬自己也很犹豫。一家小企业的产品推广销售并不好做，如果不顺利，自己的收入和家庭生活势必受到影响。好多个夜晚，左彬辗转反侧，彻夜难眠。但是，大通电气的优势也很明显。尽管交流的时间不多，但是左彬敏锐地感觉到吴永锋和李进都是实实在在干事业的人，大通电气的产品更是实在，专利产品人无我有，而且应用的行业是朝阳的会展工程和地铁工程，可以说是人好货硬。这对于想做一番事业的左彬来说，有着非常大的吸引力。犹豫了几个月后，左彬毅然作出了选择。

几年后，左彬回想那段日子时说：“当时在国企，你就算愿意付出一辈子的心血，比你的同事付出百倍的努力，你还是只能得到这么多。当时的工作体制和状态，决定了我的生活状况和预期完全不一样。我希望能够花比其他的人多一倍的时间、多一倍的精力和辛苦，去获得更多的收入，来改善我的生活状况。但是在那种体制下，我没法实现。所以，当我遇到大通电气时，我看到了一种新的生活状态，可以凭借付出更多的努力，获得更好的职业发展的机会。”当然，新的职业也意味着新的困难：要离开家庭常年出差，要和一些可能自己不喜欢的人打交道……

左彬开始了新的工作。下车间熟悉产品、跟着销售前辈熟悉市场……不久，左彬就可以“单飞”了，当年他就独立拿下了苏北一座城市会展中心的展位箱订单。

后来，左彬的销售成绩越来越好，大家都称他为“销售天才”，只有左彬自己知道他曾经付出了什么样的努力。左彬有着非常强烈的成功愿望。在他看来，一个成功的销售固然需要一些方法，但其实没有一个销售的方法可以拷贝。能不能成为一个好销售，首先是内心有没有改变自己生活命运的渴望。

唯有努力才会成功

销售人员的压力是公认的：需要和各种各样的人打交道，工作地点不固定，需要随时待命解决客户遇到的问题，尤其是在努力之外还要面对不可预知的变数——今天看上去很有机会的一个合同，明天可能就签给了竞争对手。如果仅仅是把销售当作一种工作，而不是改变命运的途径，就很难获得大的成功。更为重要的是，销售是个很难一下子就能看到成果的工作。缺乏成就感，很容易让人产生放弃的念头。尤其是大通电气的产品供应的都是会展和地铁这样的大工程，其行业内早已经有了约定俗成的工作流程和基本固定的供货商，一个名不见经传的私企开发的产品想对整个行业产生影响更是难上加难。有的单子一跟几个月都没什么效果，经常是有的销售单子开始很乐观，最后却因为种种原因功亏一篑。没有一颗耐得住寂寞而又对未来怀有强大信念的心，是坚持不下去的。事实也证明，左彬最初的担忧不是没有道理。某种程度上说，销售是一个有点看运气的工作，而刚刚进入大通电气的左彬明显运气差了一点。

第一年，他北上联系苏北某城的订单，在公司的支持和个人的努力下，顺利拿下项目，签订了合同，没想到后面的进展却并不顺利。当时，该城想要开发一个大型的运河城项目，其中包括一家会展中心，整个工程被一家浙江公司承包。左彬拿下的就是这个会展中心的展位箱订单。没想到是，运河城项目建成一半，承包的公司老板却又去云南开发工程，此后运营出现又了一些问题，再也没有能力继续运河城项目，包括会展中心在内，都成为烂尾工程。但是，大通电气按照合同的要求，产品已经陆续生产到位，摆满整个厂区。工程一烂尾，产品全部积压下来。对左彬来说，虽然合同签订得比较顺利，但是因为没有在规定时间内完成出货，所以他当年没有拿到销售提成，收入受到了很大影响。直到两三年之后，该工程得以继续，产品顺利销售、资金回笼，左彬才拿到这笔收入。

还有一次，左彬得知山东某地一个铝合金公司内部要建一个会展中心，他立刻启程去参与跟踪。去了很多次，做了很多方案，也进行了报价，眼看一切顺利，可以马上签合同。可是，该公司内部却认为，如果使用展位箱，将增加投入。为了控制投入，决定砍掉这部分费用。投入了大量精力和财力的左彬又空手而归。

多次的失败没有打败左彬。他始终认为，一个人的成功不可能完全靠运气，否则即使偶尔成功一次，也不可能长久。只有靠努力，靠毫不气馁、持之以恒地跑市场，才能取得长期和最后的成功。左彬对自己很有信心，对大通电气的产品更有信心。对产品的了解越多，他的这种信心就越充足。他相信，只要销售人员的努力到位，大通电气的产品就一定有足够的市场空间。在吴永锋和李进的帮助下，他积极参与产品的研发，深入车间了解每一道生产工序，以求对产品有更深入的认识。左彬知道，对一个销售人员来说，想要做好销售工作，产品介绍是一个重要的环节。你的产品是否能够得到客户的认可，他们是否愿意掏钱来购买，第一步就在于你对产品的介绍是否能打动人心。如果一个销售人员对产品的介绍能让客户留下深刻印象，那么就已经为成交打下坚实的基础了。左彬一开始就努力要做个专家型的销售人员。他把自己定位为用产品和服务来帮客户解决问题，而不仅仅是个推销员。因此，他要求自己对产品及其相关知识了如指掌、烂熟于心，以求通过自己的介绍就能让客户认同产品并能帮助他们解决相关问题。

左彬自己有个小本子，密密麻麻地记录着大通电气各个产品的详细特点，他把这个本子叫做自己的“销售秘籍”。产品叫什么名字，有什么基本特征，有什么特殊性能，技术含量有多少，关键技术点在哪里，都记录得清清楚楚。他对产品的物理特性包括产品的规格、型号、材料、质地、美感、包装、保养方法等也都总结得非常完整，便于在对客户进行介绍时，引导客户对产品产生正面的认知。左彬重视从客户的角度去介绍产品，在最短时间内缩短与客户的心理距离。他还注意根据具体的行业变化和需求，不断为产品介绍注入新的内容，从而保证在向客户宣传时有的放矢，将产品说明得更具个性。

对产品有细致的了解，这只是做销售的第一步，是“万里长征”的开始。了解客户心态、学习跟客户沟通、分析市场需求……左彬像学生一样一点点地学习这些之前都不曾重视过的知识。他花大量的时间读书，学习各种销售的知识。在阅读过程中，他发现，在传统行业里，70% 的 CEO 都是销售出身，某种程度上可以说，销售是通向 CEO 的阶梯，是一个普通人走上职业巅峰的有效途径。他对未来的信心越来越足。

左彬重视客户关系的维护，在很多拜访过的客户中都不经意留下了自己的“线人”。因为对产品的了解专业、到位，他和客户的沟通比较畅通，在很多施工现场，甚至可以给施工队伍做一些指导。做这些的时候，他没有想过要得到什么回报，即使最后拿不到订单也不耽误他乐于助人。时间久了，为人大方又待人真诚的左彬有了很多朋友，很多施工队伍都和他建立了很好的关系，经常给他提供一些信息或者市场需求，左彬的工作越做越顺手。他的积累很快发挥了作用。2014 年，左彬成功开拓了广东某市的市场。有一天，左彬在网上浏览信息时发现了广东某市筹建地铁的消息。有着敏锐的销售敏感性的左彬立刻看到了这个潜在的市场。

但是，那是个只耳闻而从未眼见过的城市，地处祖国大陆南端，左彬和身边的人从来都没有去过，更没有一个熟人，可谓“两眼一抹黑”。而且网上的信息只说地铁开始筹建，现在工程进展到哪一步、已经有了哪些合作方和供货方、需不需要应用 AFC 防水线槽，这些都不知道，自己贸然去会不会无功而返？左彬忽然想起自己进入这个行业的初衷。销售是一个必须不断面对挑战的岗位，不仅要面对业绩的挑战，面对客户的挑战，更要面对自己能力的挑战。一个成功的销售人员必须要在这种种的挑战中去锻炼自己、成就自己。这是销售人成功的必经之路，拒绝挑战就等于拒绝成功。试一下，成功和失败的概率各是50%，但如果连试都不试一下，那成功的可能就只能是0。

虽然没有任何目标，左彬还是踏上了南下的征程。左彬一开始只能依靠网络来获得信息。他先找到了设计院。因为当地从来没有用过大通电气的产品，自然也就不了解大通电气。左彬自报家门也没有起到太大的作用。几经辗转，左彬终于联系到了一名负责人，开始努力和负责人联络感情、获取信息。

南下之时，左彬就为自己定下了目标：此行最好是能拿下订单，如果不能，也要和客户建立起良好的关系，给客户留下良好的印象，为日后合作打下基础。所以在和客户联络的时候，他始终抱着“合作关系”而不是“买卖关系”的心态。他和客户在一起从茶经聊到钓鱼，从唱歌聊到足球，其间有机会介绍自己的产品时也不仅仅是推销，而是站在对方的角度去一起考虑这样的产品是否符合对方的要求、这个合作是否对客户有利。这样的真诚最终打动了那名负责人，让他对大通电气的产品有了一定的了解。几次接触下来，该负责人主动给左彬介绍了工程的进展情况，并且给了左彬下一步要找的业主方地铁公司经办负责人的联系方式。

电话打过去，对方却直接回答没有时间。对此，左彬早有思想准备，比这更让人尴尬的回答，甚至冷言冷语，他已经历了太多次，见怪不怪了。从走上销售岗位的第一天开始，左彬就认识到，销售是一项充满渴望和梦想的职业，也是挑战和机遇并存的事业，同时更是一个要不断面对拒绝的职业，尤其是面对客户的拒绝。当对方从来没有接触过你和你的产品时，很容易会产生拒绝心理。很多销售人员遇到这种情况就会产生挫败感，踌躇不前，害怕再受到客户的冷遇。但是左彬说，做销售最重要的是不能有逃避的心理，一旦有了这种心理，就会千方百计地为自己寻找借口。成功的人寻找原因，失败的人寻找借口。在遭到拒绝的时候，最重要的是能迅速调整自己的心态。面对失败敢于奋斗不息，及时找到失败的原因并不断改进，才能走出一条完美的销售之路。

被拒绝之后的左彬没有时间失落。对方拒绝自己，很大可能是因为不了解自己的产品，如果对方能了解自己产品和工程的匹配性，那选择自己的机会就大了很多。左彬留在这个南海边的城市，尽自己最大的努力争取这份订单。他每日早出晚归，奔波于各个联络方，详细了解了工程的情况，从客户的立场设想自己的产品与工程的契合点。几天后，左彬对这个城市的情况和工程的情况都有了一定的了解，对自己的产品能发挥什么样的作用也心中有数。他又打电话给对方，对方惊奇地问："你没有回去？还在这里啊？"对方被左彬的坚持和真诚打动，终于同意与之见面。一聊，还是江苏老乡。"君是故乡人，应知故乡事。"两个人一下子亲近起来。对方听取了左彬最近一段时间的研究成果，觉得非常有意义，于是详细地给他介绍了工程目前整体的情况。顺藤摸瓜，左彬下一步开始联系设备采购方。但是，对方已经有了合作多年的老朋友，不太愿意接纳新伙伴，但又无法不让左彬投标。于是提出让左彬先报价。这是一项"不平等条约”。按照“低价中标”的原则，先报价就意味着价格这个关键机密可能外泄，被后报价者利用。左彬反复思考这件事，认为大通的产品胜在产品质量好，但是单纯的比价格并不占优势。于是他又想尽办法去做设计、业主和监理方的工作，反复跟他们强调产品质量对工程的重要性，希望得到支持。最终，各方面达成一致看法：只要产品好，做出来的工程质量好，用谁的产品都可以，“低价”不再是决定性因素。

大通电气的产品赢得了“面试”的机会。

左彬知道，对防水线槽这种新产品，现有的专家也没有接触过，并不知道如何评判其优劣。他主动提议，所有投标单位不要带组装好的 AFC 线槽成品，而是带配件到现场，让设计、业主、施工采购和监理部门的所有人看清配件结构，然后当面组装，当场灌水，看看是否真的防漏，当场得出结果，质优者中标。

这个提议得到了各方面的一致同意。

到了规定的组装时刻，虽有多个厂家到了投标现场，但一看要来真的，马上就有几家像南郭先生一样找借口溜走了。也有两家在现场组装起来，但是，水一灌进去接头处都漏水，地上湿得一片。左彬不慌不忙地组装完成，提桶灌水，涓滴不漏。拿卫生纸在外面擦，都不见水印。高下立判，优劣分明，大通产品成功中标。

这一战，左彬顺利拿下了订单，并且和各个方面都建立了良好的合作关系。目前，该城市的地铁 2 号线也已动工，其 AFC 线槽供应合同早就被左彬收入囊中。

左彬从事销售多年，和很多合作伙伴都保持着长期的良好关系，他将自己和客户定位为“长期合作者”。不管是仅仅通过短时间电话的客户，还是长期联系的客户，左彬都与他们保持着良好的感情。有些工程纵然短期内得不到订单，左彬也依然坚持给予他们力所能及的帮助。对于稳固的客户，除了卖给他们商品，左彬更是致力于有效地解决客户的问题，并做一切自己能做的事来提高客户的满意度。他说，他的目标是自己和客户一起努力，让大家的产品更加成功。

对客户，左彬一直十分真诚。他说，只有以真诚的态度与客户接触，才能让顾客对你产生信赖。靠夸大事实、故弄玄虚进行推销，靠贬低其他公司的推销人员，不可能得到顾客的信赖，即使一时成功也不可能长久。尤其是大通电气的产品，专业性较强，一旦在行业内坏了名声就会招来灭顶之灾。左彬说，只想到一时的顺利推销而想不到长远的人，永远不可能成为优秀的推销人员。

左彬始终坚持为客户着想。他坚持用心做好每一件事。在和用户接触前，他都做好功课，详细了解客户的信息，进行大量的调查访问，阅读大量的资料，寻找产品和客户需求之间的契合点，以求第一时间吸引客户的目光，赢得人心。

很多人问左彬，离开国企走到今天后不后悔。左彬偶尔也会问自己这个问题。进入大通多年，他身处商海，无时无刻不在校正自己的航向。他紧盯市场，高度警觉，不断武装自己的头脑，从未停止过前进的脚步。兢兢业业的销售工作，培养了他敏锐的嗅觉和市场洞察力，培养了与人沟通协调的能力，更练就了他坚韧不拔、百折不挠的斗志。而销售工作做得好，也为他带来了不错的收入。左彬觉得，他在大通电气实现了自己的梦想。

现在的左彬，在大通公司数十名专职销售员中，多年的合同订单额、货款到账额都是第一名。至 2019 年年底，他到大通后的订单总额达到 1 亿元。吴永锋称他为大通公司自己培训出来的“销售天才”，也将他提拔为唯一的“销售副总经理”。大通电气给了左彬极大的信任和支持，支持他放心大胆地进行市场推广，对他的推广费用从未有过质疑。而左彬也始终与企业志同道合，从未为拿到订单而置整个大通电气的利益于不顾（图 1-33 ～图 1-34）。

对销售人员来说，如何报价是个很敏感的问题。如果只为了尽快将产品推销出去，报个比较低的价格，自然可以比较顺利地拿到订单。但这样的做法无疑损害了企业的利益。左彬始终将大通电气的利益放在第一位。他知道，个人的利益始终和大通电气联系在一起，只有大通电气发展了，他个人才能有长久的发展。而且，大通电气的产品质量过硬，根本没有必要低价倾销。多年的推广生涯中，他一直坚守着对大通电气的信赖和忠诚。回首这些年的人生时光，左彬对大通电气充满感激。因为有了大通电气，有了这么好的平台，这么好的产品，才让他有了发挥自己天赋的机会；他也从心里认可自己，当初的他

证书

南通大通电气有限公司左彬同志，在 2015 年 7 月至 2018 年 4 月参加了国家标准《城市轨道交通自动售检票系统工程质量验收标准》(GB/T 50381-2018) 的修订编制工作，特此证明。

《城市轨道交通自动售检票系统工程质量验收规范》

图 1-33 左彬参与修编国家标准证书

图 1-34 呼和浩特 AFC 年会参观活动（左一为左彬）

勇敢地走进了大通，也由此改变了自己的命运，取得了职业上梦寐以求的成功。

曾经有位大师说过，人的一生中有 7 次机会，只要你选择 1 次并把握住这次机会，成功就离你很近了，再加上自身的勤奋和执著，成功就必然属于你。很多人也说，销售改变命运。不只是因为这个行业能够赚钱，而是一个好的销售人员身上一定有很多亮点，有“狼性”，有自信，不畏前方的困难重重，而且不过度在意他人的目光。这些亮点会改变他的思想，思想改变他的行为，而行为改变人生。销售工作使人直面欲望，这种欲望激励着人们前进，不断完善自己，去成为更好的人。人生，说到底其实也是销售自己的过程。

第 2 章
市场需求 就是创新的源泉

可持续竞争的唯一优势，来自于超过竞争对手的创新能力。

——詹姆斯 · 莫尔斯（英国经济学家）

国内 AFC 布线概况

地铁自动售检票系统，即 AFC，是基于计算机、通信、网络、自动控制等技术实现轨道交通售票、检票、计费、收费、统计、清分、管理等全过程的自动化系统，它是城市信息化的标志之一，更使地铁设备的技术水平跃上一个新台阶。我国的 AFC 产业起步虽然较晚，但在短时间内取得了飞速发展。表面看来，AFC 系统只是一个售检票系统，但是从技术上讲，AFC 系统是一个非常强调综合技术的领域。

我国 AFC 领域的先行者、权威专家陈凤敏女士曾经提出过，AFC 集光、机、电、磁、计算机和无线通信等多项专业技术于一身。如果把每一个技术单拿出来看，并不见得多么高深，但是要把这些专业技术很好地综合起来，捏合成一个高效产品，就不是很容易的事情，难度很大。她打比方说，AFC 系统就是一个机器人，因为它像人一样站在那里，它要识别，要用“脑”计算，发现“可疑对象”，它会“伸手”把你挡住，不让通过，这就是一个机器人的功能。所以，AFC 系统就是一个机器人的系统，它特别强调技术的综合性。

此外，这个系统如果要运转得好，还要强调经验，有应对突发事件的策略。这就要求参与 AFC 系统供货的企业不仅要有产品，而且要经过长时间的实际线路上的试用，知道自身产品有可能存在的问题，并有成熟的解决办法。AFC 系统在招、评标的过程中都十分强调有没有成功案例。可以说，所有参与 AFC 系统的产品都是经过千锤百炼、接受过市场的严格考核的。

1988 年，上海地铁凭借在国外收集到的资料，艰难地开始了 AFC 系统和设备的试制。经过三年的努力，研制出了 6 台样机（2 台检票机、2 台售票机、1 台补票机和 1 台分拣机），并在上海地铁 1 号线南段五座车站试用，实现了该项目的扩大试验。但从功能样机到产品，还必须经过至少四五年的时间，而当时上海地铁 1 号线已全线开通运营，2 号线也已经开工建设，对 AFC 样机设备没有更多时间再做进一步的研究。于是 1、2 号线花了近 2800 万美元，购买了美国寇比克公司的 AFC 设备。同期开工建设的广州地铁 1 号线也是全套引进美国寇比克的系统。之后的上海明珠线、北京地铁 13 号线等也采用的国外技术。全盘引进的国外系统，其技术成熟、稳定，但造价昂贵、运营费用高、技术上对外方的依赖性强，还存在产品功能与国内运营和管理要求匹配度低等问题。地铁建设急需要低成本、更适应出本土化的公司提供 AFC 系统产品。随着潜在需求市场的扩大，一大批高科技企业被吸引过来，纷纷加入研发。他们积极与国外厂家合作，引进消化国外先进技术，探索和拓宽了国内企业与外国企业合作的道路，使国内企业在实际项目实施上得到锻炼，加快了对国外 AFC 技术的转化和吸收。

也就是在这个过程中，AFC 行业的从业者们，不管是业主还是供货商，都在总结经验和教训，逐渐形成共识——必须建立统一的 AFC 系统规范和标准，才能避免在轨道交通大建设的高潮中出现新旧线路不兼容或者建新线改旧线的情况出现，这就需要 AFC 的更新、改造、健康发展。2003 年，国家发布了《地铁设计规范》（GB 50157—2003），其中第十八章就是“自动售检票系统”，明确规定了 AFC 系统的功能和接口要求；2006 年发布了《城市轨道交通自动售检票系统工程质量验收规范》（GB 50381—2006），明确了 AFC 系统的工程质量规范以及验收流程和标准；2007 年发布了《城市轨道交通自动售检票系统技术条件》（GB/T 20907—2007），明确了 AFC 系统的五层架构体系以及各层架构的技术条件和接口要求；2011 年发布了《城市轨道交通自动售检票系统检测技术规程》（CJJ/T 162—2011），明确了五层架构体系下 AFC 设备单机测试和联机测试的规程。

上述这些规范的制定，使 AFC 系统在国家层面上形成了一套涵盖设计、建造、检测和验收全过程的标准体系。此外，北京、上海等城市还发布了有关 AFC 系统的地方标准；广州、深圳等城市的轨道公司也制定了有关 AFC 系统的企业标准，规定和统一了 AFC 系统、设备的功能需求、技术标准和数据接口规范，使 AFC 系统设备成为相对标准化的产品。

在这样的环境下，国内的 AFC 生产企业蓬勃发展。它们凭借着与外国 AFC 厂商合作的经验以及在金融、公交等领域的技术积累，快速崛起，打破了外国厂商的垄断，并逐步从市场的配角变成主角。在 AFC 系统的国产化过程中，政府起到了积极的主导作用，通过强化产业政策的导向作用，制定产业发展规划、提供研发资金、出台优惠的税收政策等一系列措施，给国内企业以大力扶持。城市轨道交通项目业主单位积极为国内企业创造条件，提供参与建设的机会，促成其与国外企业合作，学习国外的成熟技术和先进经验，进而开展自主研发工作，以尽快提高国产化产品质量。经过了十余年的发展，国内 AFC 企业已经掌握了 AFC 系统的核心技术，能够自主开发全套应用软件，具备专用设备的整机与模块的设计和生产能力。

进入“互联网 +”阶段后，国内业主单位和供货商也将互联网等新技术运用到 AFC 系统上。2015 年年底，广州和深圳两个城市先后上线了基于互联网支付技术的云售取票机设备。仅在 2016—2017 年，就有上海、北京、深圳、苏州、宁波、长沙、南宁等 20 多个城市地铁陆续开通了 APP+ 现场取票或者使用移动支付在 TVM（自动售票机）购票或刷手机过闸等功能，AFC 系统进入了蓬勃发展的新阶段，国产化程度更彻底，前沿新兴技术应用程度更高（图 2-1，图 2-2）。

陈凤敏女士曾经对准备投身 AFC 生产制造的企业提出两条忠告：第一，要有足够的资金垫底。没有足够的资金，产品就开发不下去，更谈不上开发成功了，要么是有别的项目来养着 AFC 的开发投入。第二，要耐得住寂寞。你昨天在开发，今天在开发，没准明天还在开发，但哪天才能拿到订单你不知道，可能跟踪很长时间才会开花结果。所以如果你想要立足于 AFC 这个行业，就一定要有这两个心理准备。当然，如果东西做得好，相信总有一天会有成绩的。在具体的做法上，她指出，厂家不能把着眼点都放在拿单子上，不能只注重短平快、急功近利，而不注重长期效应。有些厂家已经开发了五六年，但还是赶不上国外的水平。原因就是没有很好地注重系统的回馈信息，把水平提高，有总结才有提高。她建议厂家多多重视已经投入使用的设备所反映出来的问题，在实践中反映出来的意见是真正的无价之宝。

大通电气把这些要求真正落实到了实际工作中，它们以地铁 AFC 地面布线系统为公司的拳头产品，一心一意做好产品研

图 2-1 地铁 AFC 系统售票机布局

图 2-2 地铁 AFC 系统闸机布局

发，时刻跟踪市场需求，重视市场反馈，不断按照市场要求调整生产战略。前进的过程中困难很多，但大通电气始终不曾气馁，坚持按照自己的步伐稳步前进。

根据中国城市轨道交通协会发布的 2017 年《中国城市轨道交通年度统计分析报告》，截至 2017 年 12 月，国内共有 34 个城市开通城市轨道交通线路 165 条并投入运营（含淮安和珠海有轨电车），运营总里程 5 021.69 千米。截至 2018 年 6 月底，布放在各地铁公司站台的 AFC 运转设备超过了 10 万台。未来几年，仍将不断有新建的地铁项目，也会有大量的既有线路 AFC 系统设备“互联网 +”的改造项目，市场前景非常广阔。尤其是随着智能技术的飞跃发展， AFC 行业也将迎来更加繁荣、宽广的发展新天地。

AFC 地面布线技术背景

我国的 AFC 系统和设备的研制开始于 20 世纪 80 年代，经过十几年的发展，如火如荼的地铁工程建设进入到大规模的实际应用阶段，给人们出行带来了极大便利。但是，很多问题也逐渐凸显出来。例如，AFC 设备都是独立安装在地面之上，AFC 设备互相都要连接大量的电缆，所以，AFC 设备的布线很适宜在地面内敷设。在建设地铁站台时，可以在地面的找平层内布置地面管槽，然后在管槽内敷设 AFC 设备所需的电源及数据电缆，再通过管槽的出线口输出电缆，接入 AFC 设备（图 2-3）。

地埋的管槽有一个缺陷，管槽的接口处容易漏水，AFC 系统的电缆都泡在地下水里。在我国早期的地铁建设中，AFC 地

图 2-3 AFC 管槽安装在地面里的情况

面布线系统的防水问题并没有得到足够的重视。当时也没有AFC地面管槽生产的专业厂家，一般都是由桥架厂来供货。但是，那时制造的AFC地面布管槽生产工艺和普通桥架类似，根本就达不到防渗水的要求。还有的AFC地面管槽是采用传统的地面插座及管槽来代替。传统的地面插座布线方法对防水要求不高，所以防护等级一般都小于IP44。随着地铁建设的发展，这一现象已经引起了工程单位的重视（图 2-4 ～图 2-6）。

AFC 系统所用的电缆线敷设在“地面管槽”里。所谓的“地面管槽”，其实就是指埋在地面大理石、混凝土之下的管槽。如果管槽的接口处理不好就会渗水。尤其是很多沿海城市，地势低，地下水位高，地铁投入使用后，电缆一直泡在地下水里，给工作人员、地铁乘客及设备带来很大的安全威胁。这是当时国内外 AFC 地面管槽所面临的一个非常棘手的问题，多年都没法解决。

图 2-4 某桥架厂家生产的 AFC 管槽

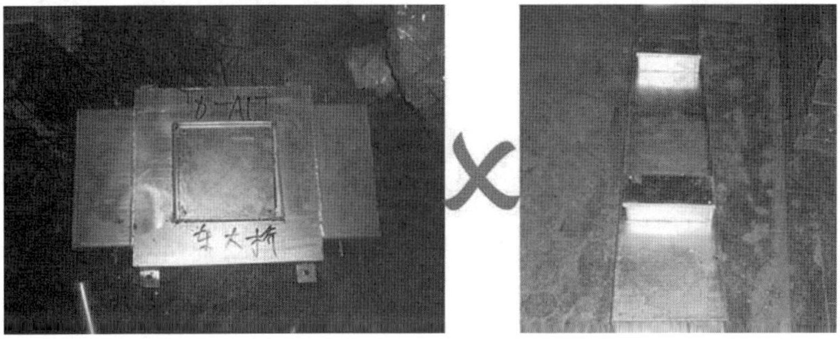

图 2-5 某桥架厂家生产的 AFC 分线盒

图 2-6 某地铁没有采用 AFC 防水管槽的情况

在整个 AFC 系统中，地面布线系统是一个重要的组成部分。虽然表面看来这一部分出现在旅客面前的时候并不多，却是整个 AFC 系统极重要的一环，一旦电路系统出现漏电问题，整个地铁系统都将陷入瘫痪，甚至给旅客带来触电隐患。实践中发现，地铁中的电路系统经常面临渗水的问题。由于地铁修建在地表以下十几、几十米的深处，地下水会渗透至地铁站台基础设施中，而目前我国地铁站台地面的大理石或瓷砖都采用干贴法，干贴法的灰料黄沙占绝大多数，内部疏松必然会透水。而且这些渗水里面含有建筑结构混凝土带来的很强的碱性成分，腐蚀性很强。相当一部分已建地铁 AFC 系统地面管槽敷设完毕后，强、弱电管槽内全被地下水侵入，尤其沿江沿海城市地下水位高，问题更加突出。长期以来，AFC 地面管槽的防水问题一直没能解决（图 2-7，图 2-8）。

AFC 地面管槽内如果长期积水，会产生以下危害：其一，电缆长久浸泡在碱性水里，绝缘层容易被腐蚀，轻则造成电缆短路，系统瘫痪，重则造成人员触电事故；其二，AFC 地面管槽内的积水，会因为电缆通电发热而产生水蒸气，水蒸气会通过闸机下的出线口蒸发至闸机内，造成闸机内的电子元件及电路板漏电或短路。一旦闸机外壳带电很容易出现乘客触电的情况，甚至会引起人流混乱、造成踩踏事故。可以说，AFC 地面管槽的安全问题在整个 AFC 系统里占据非常重要的地位（图 2-9，图 2-10）。

后来，很多有过经验教训的工程单位，对 AFC 地面管槽、盒的防水在设计、招标时提出了较高的要求，希望新建的地铁在 AFC 地面管槽的防水问题上不要再走别人走过的老路。为了解决这一问题，很多公司也进行了大量研究，力求提高管槽、

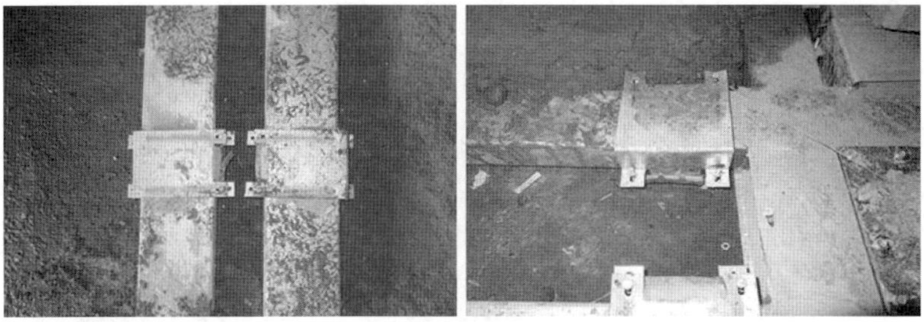

图 2-7 某地铁没有采用 AFC 防水管槽的情况（1）

图 2-8 某地铁没有采用 AFC 防水管槽的情况（2）

图 2-9 某地铁没有采用 AFC 防水管槽的情况（3）（管槽内含有碱性成分水）

图 2-10 某地铁没有采用 AFC 防水管槽的情况（4）（管槽内含有碱性成分水）

盒的整体防护等级，即增强密封性能。所以，很多地铁 AFC 厂家为了满足防水需要，采用现场焊接的方法来解决这一问题。但是，普通钢铁板表面必须进行热镀锌（一般采用热镀锌的方法来提高钢材的耐腐蚀性能）处理，所以不适宜在现场焊接。这是因为现场焊接会破坏表面的防腐层，焊接处在短时间内就会腐蚀损坏，仍然容易造成漏水的现象。而且，采用不锈钢材料制成的地面布线槽、盒，连接在一起的组合体，长度至少有几十米，并且有拐弯和交叉。在现场拼装焊接时，难度极大，尤其是这个组合体的底面，几乎无法翻过来焊接。再说，焊接后免不了产生气孔和砂孔，现场也无法验证是否漏水，不能保证防水效果。现场焊接有明火，增加了发生火灾的安全隐患。经过多个施工现场的验证，现场焊接法不但施工成本和难度均有所增加，而且最终的防水效果也并不理想（图 2-11）。

就是面对这样一个前人无法克服的难题，大通电气迎难而上，决定集中一切力量攻坚。公司组织技术人员到多家地铁施工现场调研，结合其他防水电器的设计经验，又经过多次实验改进，提出一个新概念：在不高于传统地面插座成本的情况下，进行产品创新设计。地面布线系统都是由地面管槽、地面分线盒、连接器

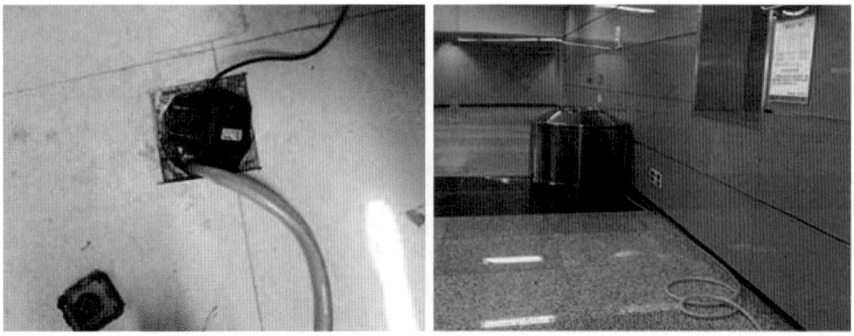

图 2-11　某地铁没有采用 AFC 防水管槽漏水，采用水泵抽水

等部件相互连接组装而成的。大通电气在设计时突破原有理念，针对地面分线盒和连接器进行大胆的创新设计。分线盒预先焊接管槽段，这样分线盒的每一个接口都是连着一个管槽段。

为了解决这个难题，很多施工单位也想尽解决办法，比如在现场焊接管槽等。在日常应用中，普通钢板容易生锈，所以需要对管槽表面进行一定的处理，比如油漆、喷塑、电镀等。事实上，这样处理后也只能维持几年，时间久了，依然会出现生锈的情况。而且通过这样的处理，材料表面层被破坏，焊接点依然容易生锈，并逐渐蔓延导致全部材料生锈。后来，有些工程方增加投资，开始用不锈钢做管槽材料焊接，但是施工的难度很大。管槽铺设时，需要四面焊接。其他三面还可以对付，但是底下的一面焊接就非常困难。尤其是当管槽越来越长时，如十几米乃至几百米的长度，根本不可能完成底面的完美焊接。而且现场焊接有明火，很容易引发火灾。

地铁站台往往修建在地下十几米乃至几十米，地下水随物赋形，无孔不入，到处渗透，埋在地面混凝土下的 AFC“地面管槽”渗水似乎难以避免。而要整改，就需要地铁停运，挖开混凝土重新施工，其社会影响、施工难度都极大。得到反馈的吴永锋立刻意识到，如果能解决“地面管槽”的渗水问题，必将有一片更广阔的市场。

AFC 防水管槽研制

在南京地铁 1 号线建设时，大通电气还是生产普通地面管槽和防水电气的厂家，由公司南京办事处主任陆如金与北京城建设计院接洽，相邀吴永锋、陆如金到南京与建设单位、设计单位、施工单位的主办人员一起研讨。

南京地铁 1 号线用的“地面管槽”和普通的管槽基本一样，只要求 AFC“地面管槽”容纳的电缆多，所以做得宽大一些，结构要适当改进一下（图 2-12）。因为大多数参加地铁建设人员都是初次参与，对 AFC 系统的布线都处在摸索阶段。南京地铁 1 号线建设时，AFC 管槽就是采用普通地面管槽敷设的，通过试验，普通地面管槽防护等级一般不会高于 IP44，这个防护等级，在施工时只能防止水泥浆的进入，不能防止水的长期渗透。在当时乃至全国的地铁 AFC 地面管槽，谁也没有意识到 AFC 管槽要防水的问题。果然，南京地铁 1 号线投入运营后不久，AFC 系统的“地面管槽”里面出现渗水现象。这时才意识到这是一个非常严重的问题，如果管槽里面的电缆表面有破损，遇水后极有可能造成漏电，可能会酿成重大安全事故。地面管槽的安装本来就是一个隐蔽工程，是一次性的，安装好后就无法更改了。当时吴永锋也参与了南京地铁 1 号线 AFC 管槽的设计、生产及后期服务，了解整个过程。

图 2-12 南京地铁 1 号线 AFC 布线使用的分线盒

所以，从南京地铁 2 号线建设开始，时任南京地铁公司分管 AFC 的领导王建、毛建，吸取南京地铁 1 号线的经验，提前部署落实，提出具体行动方案，要求一定要解决 AFC 管槽的防水问题。责成上海通号南京分公司项目经理张胜利，落实课题。那时的大通电气已经初具规模，也有了一定的实力，大通电气吴永锋主动请缨，找到南京地铁工程施工方拍着胸脯保证：我们肯定能让 AFC 地面管槽防水。所以，AFC 防水管槽的技术课题就落实到大通电气课题组了。

地铁 AFC 应该使用什么布线系统才能避免漏水？怎么才能做到完全、彻底防水？吴永锋冥思苦想也还是束手无策。而且客户只提出防水，这个要求也过于笼统，怎么防水？防水要达到什么程度？其技术指标是什么？没有先例，没人指导，一切都得靠他自己探索。

吴永锋想到，要防水，就要先确定防护等级，要明确具体技术指标，目前，国内执行的标准是《外壳防护等级》（GB 4208—2008），从这个标准中得知，防护等级至少要达到 IPX7，才能满足 AFC 地面管槽防水的要求，即浸泡在 1m 深的水中 30 分钟也不渗水。目前，这个防水指标已经写进了 AFC 国家标准，成为行业的普遍要求。

没有先例，这个要求能不能达到？如何达到？吴永锋心中没有底，但是他有信心、有雄心。此时，大通电气已经得到了烟台、西安等地几个展位配电箱的订单，有了一定的经济基础。在此情形下，他一边继续推进展位配电箱产销，一边开始夜以继日地啃 AFC 管槽防水这块硬骨头。压力就是动力，工程高要求就是潜在的市场需求，市场潜在的需求就是他们研究的方向。为此，吴永锋带领大通电气的技术团队攻坚克难，专门购进大量专用材料用做试验，失败了就重新试验。买来的钢材表面有氧化层、有锈蚀，要进行酸洗磷化。吴永锋戴着薄手套，在酸洗池里操作。在一次清洗时，上方的小行车掉了下来，正好砸中了吴永锋的右手，食指指甲被砸掉，中指被砸破，鲜血淋漓，钻心地疼，在医院缝了 20 多针回来继续试验。因为恢复不好，这只手麻痛了几年，至今中指也伸不直。

AFC 管槽在施工现场直接焊接肯定不可行，那能不能做一个连接器，配套到施工现场，对每段管槽进行现场连接呢？有了这个想法，经过多次实验，吴永锋很快拿出了成品。设计了一个连接器，分为两部分，上面一部分是个盖板，下面一部分是一个 U 形管槽，里面有一层胶皮。使用时，将这个连接器安装在两段管槽的连接处，然后加固，使一节节的管槽逐渐连成一个整体。但是，这个产品依然没有彻底解决漏水的问题。在大通电气内部进行实验时，水时漏时不漏，这说明思路正确但在设计原理上存在缺陷。

终于有一天，吴永锋忽然想到，电可以转换成旋转磁场，三相电源可以产生一个矢量的力。他从中得到启发，将金属连接器上下两片的对角位置，设计出一个 135°的斜坡面，同时内衬优质的橡胶带，通过螺栓把垂直的夹紧力，转换为既有垂直夹力又有水平夹力，从而产生一个四面的压力，将方形的管槽紧紧地“咬死”，达到密封的目的，可以保证绝不漏水。

初步样品生产出来了，拿到上海通号南京项目部后，由建设方王建、毛建及施工方张胜利等领导和专家，提出了各种指导性意见后又进行了改进与完善，通过多次研讨和试验，“AFC 防水管槽”产品研发定形。将大通电气研发的 AFC 防水管槽送到上海通号南京项目部后，经过浸水试验，整体防护等级已然高于 IPX7 的要求，完全满足工程的需要，终于，“AFC 防水管槽”产品研发成功（图 2-13）！

可以说，在 AFC 防水管槽产品研发成功的同时，南京地铁

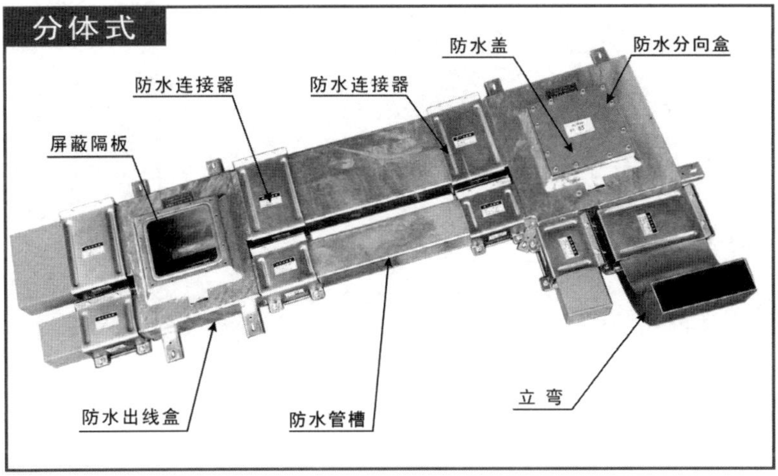

图 2-13 南京地铁 2 号线 AFC 防水管槽系统配置

2 号线也成为全国第一条 AFC 地面管槽防水的地铁（图 2-14）。这套“密封防水地面布管槽盒”填补了行业空白，于 2009 年获得国家专利。2010 年吴永锋又研发了“方管密封连接器”，并于 2010 年获得国家发明专利。这款防漏管槽在重庆会议期间成功养上金鱼，在全行业一炮打响，成为一段佳话，这段故事将在后文细述。在大通公司产品陈列室，有个玻璃水池，里面放着已经浸泡了十几年的使用了“方管密封连接器”的 AFC 管槽， AFC 管槽体上已是一层苔垢，水面上早生出了一块块的青苔，而从管槽的出线口看下去，管槽里面却还是干干的。吴永锋说，这就是我们的样品，是留着给来考察的客户“眼见为实”的（图 2-15）。

自南京市场打开后，大通电气又带着他们的研发产品奔赴苏州，先后拿下了苏州各条地铁订制 AFC 管槽的订单。

关于 AFC 防水管槽，还有一段有趣的故事。宁波地铁是由

图 2-14 AFC 防水管槽浸水试验

a b c d

图 2-15 南京地铁 2 号线 AFC 防水管槽在安装过程中

广州一家设计院设计的，广州建地铁虽早，但 AFC 系统渗水问题一直没有解决。这家设计院的专家研究了十多年，仍然一筹莫展。当时，大通公司去宁波的销售员没有带样品，只带了产品宣传册，着重介绍了公司产品独特的防水功能。广州来的设计专家根本不信："你能把这个问题解决了，我把管槽吃下去。"此后，这位专家一行应邀来南通大通公司实地考察，当场将连接成几十米长的 AFC 管槽浸入水中，经过若干小时再取出水面，果然里面没有水。"你吃吗？"面对这个玩笑，专家笑了，脸却红了，不得不佩服大通电气的设计能力。此后，只要是这位设计师设计的地铁，都规定要用达到 IPX7 标准的管槽。

AFC 管槽"养金鱼"

当初，AFC"方管密封连接器"及防水管槽研发成功后，虽然是史无前例地解决了地铁建设中的一个难题，但大通对在建工程项目信息并不灵通。除了南京、苏州、宁波等几个熟悉的城市外，不知道哪里在建地铁，不知道它的需求客户在哪里；而产品虽好，但市场对它的了解认识仍然需要一个过程，所以起初的市场推广并非一帆风顺，只能硬着头皮在市场上一家一家地摸索着寻找"另一半"。

2013 年 10 月一次偶然的交流，有用户问："你们有这么好的产品，怎么不参加全国性会议，让同行、让大家认识认识？"他的提议如同一根火柴划过，让吴永锋眼前一亮。一打听，才知道每年有一个全国性 AFC 协会年会，而且当年的年会已经在重庆召开了。吴永锋马上带着两名工作人员直奔重庆。此时，年会已经开幕并且已是第十届了，代表报名早已截止，产品展位早已安排完毕。经过与主办方软磨硬泡地协商，终于在门口得到一块书桌大的地方，总算是有了一个宣传的窗口。

如何后发制人，引得参展者的注目呢？自己产品的绝活是不渗水，但鉴于地方不大，无法再弄个水池把一截管槽浸入其中展示。于是，吴永锋和同伴反其道而行之，将一截管槽灌满水，作为现场展示。这样做有很大的风险：如果管槽漏水，将现场出丑，大通电气声誉扫地，该产品在本行业内再无翻身的机会。但吴永锋对自己的产品有信心，不怕参与这样的大考。管槽灌着水静静地放着无法吸引到行人的目光，怎样才能让人眼前一亮呢？于是吴永锋又买来几条金鱼，放养到管槽里。金鱼怕声怕光，一下子就躲到隐蔽的地方。吴永锋接着买来塑料纸篓，将其剪裁到适当高度，围住管槽的出线口，让金鱼只能在纸篓范围内活动。“这管槽里养了金鱼。”这条有趣的消息在会场里迅速传播开来。这下，门边这个偏僻的“边角落”反而成了活跃地区，人来人往，大家都来参观这个奇特景观（图 2-16 ～图 2-19）。

图 2-16　在重庆会议现场展示 AFC 管槽灌水试验

图 2-17　在重庆会议现场展示 AFC 管槽养金鱼

图 2-18 重庆 AFC 年会现场展示 AFC 管槽（1）

图 2-19 重庆 AFC 年会现场展示 AFC 管槽（2）

AFC 国家标准组组长、此次年会的主持人陈凤敏老师路过时也被吸引。巧的是，她也是 AFC 管槽防水难题的攻关者。她知道，多少人殚精竭虑，想方设法，十数年仍是无功而返。没想到在这里发现了奇迹。她深知这个产品的价值，也深知其中研发的艰难。在此后的全体大会上，这位业内领袖指出："我们 AFC 系统基本都是进口产品，我们要有创新意识，大家要向大通电气学习，研发自主产品。大通在 AFC 行业自主研发上走在了前列。"这下，一朝成名天下知，大通公司在行业内声名鹊起，也从"门外汉"进入了行业"朋友圈"。此后，再参加年会，总有朋友打趣地招呼吴永锋："养金鱼的来了啊？"

管槽防水 编入国标

2015 年的一天，吴永锋忽然接到一个电话，来电话的居然是地铁 AFC 国标组组长陈凤敏——这位在地铁 AFC 业内深耕一辈子、在全行业德高望重的技术权威。电话里，陈凤敏组长告诉吴永锋，《城市轨道交通自动售检票系统工程质量验收规范》（GB 50381—2010）需要修订，国标组需要重新组建，将在国内广招有识之士参与国标修订。在本次修订的验收标准中就有"管槽的验收"章节。虽然 AFC 防水管槽相比其他 AFC 系统设备来说不是什么高精尖的产品，但 AFC 布线是整个 AFC 系统正常运行的基础，任何一个系统没有基础，那就是空中楼阁，其他设备再好，最后也是要倒塌的。所以说，AFC 布线在系统中应该有它重要的地位，对今后 AFC 系统的正常运行起到至关重要的作用。所以，寻找专业厂家参与国标的修订，可以引领行业的技术进步，因为大通电气技术创新是业内标杆，研发的 AFC 防水管槽在全国地铁得到广泛应用，大通电气具有行业的代表性。陈凤敏组长邀请大通电气参与修订国家标准，这对于大通电气来说也是一次很好的机遇。

2014 年，吴永锋第一次参加重庆地铁 AFC 年会时，第一次接触到国标组，和那些经常出现在专业书籍中的专家们有了面对面的交流。在他眼里，国标组是国家级的最高权威，其成员都是行业专家，有些人甚至是自己的偶像。当时的他怎么也没想到，以后自己也能成为他们中的一员。无论对大通电气还是对自己，能成为国标组的一员，都是不可多得的荣誉，是企业发展过程中里程碑式的事件。

“一流的企业卖标准，二流的企业卖服务，三流的企业卖产品。”随着企业竞争的不断加剧，能否参与国家标准的制定，已经成为衡量企业在行业中地位的一个重要标准。能够参与行业的国标制定，代表着这个企业已然在行业中处于领先地位，产品获得了市场及产品监管部门的充分认可。越来越多的企业认识到了加入国家标准制定的重大意义，对企业来说，企业从此拥有了自我发展的保护功能，率先参与、制定标准就意味着企业的产品最先推向市场；一旦标准实施，企业就获得一个绝好的保护自我发展的壁垒。同时，企业也拥有了制定规则话语权的优势。任何企业在市场中都需要遵守一定的规则，谁掌握了“规则”的制定权，谁就能成为“领导者”并拥有“话语权”，而遵守者只能被动跟随。通过参与标准的制定，企业也可以提前把脉，调整整个企业发展的方向，发出企业自己的声音，在同类产品的市场竞争中赢得先机，有利于提高在同行业和市场中的知名度，打造企业品牌。

而吴永锋想的远不止如此。行业标准的制定，不仅意味着一个行业的规范和成熟，更为整个行业的发展提供了必要的依据。随着我国城市地铁行业的蓬勃发展，AFC 防水线槽的使用越来越广泛，在整个地铁产业中的重要性也逐渐凸显。在这种情况下，不完善的国家标准显然无法促进一个行业的发展。尤其是国家标准是企业和地方标准制定的基础，对整个行业的发展更是有着非同寻常的影响和作用。自己的事业重要，而能参与到这样的一项工作中，为整个行业做些工作更重要。吴永锋决定拿出来大部分的精力投入到国家标准的修订中去。

吴永锋对产品标准的重要性有着非同寻常的感受。当一个企业很小、只做成熟的市场推广时，它自然可以跟着别人的脚步走。但是，如果企业开拓了一个新的产业，而这个新产业又暂时没有一个行业标准时，在客户面前就如隔着一层迷雾，看不出产品的真实价值，令整个产业的发展找不到正确的出路。大通电气的产品，创建了两个产业，吴永锋早就希望能在这个行业内树立一个标准，让自己也让后来者有所遵守，为整个行业的发展创造一个规范的环境。任何一个行业，只有按照同一标准组织生产，才能为市场提供符合要求的产品。更重要的是，一个行业新标准的产生，是产品质量和技术发展到一个成熟、稳定的阶段才能实现的，标准化的实现也将进一步促使生产技术的提高，进而达到更高标准。

从本身具有的实力和对行业责任的承担上，大通电气有这个实力，也有这个责任。这也是大通电气积极参与国家标准修订的原因。虽然在技术研发上有着丰富的经验，也编写过很多企业标准，但参与编写国家标准还是第一次。经过多方考察及查阅相关资料，吴永锋总结出好的国家标准的特点：一是要有适用性，好的标准不仅能规定更应该很好地适应目前形势的发展；二是要有先进性和合理性，这是决定适用性的标准；三是要有规范性，不规范的编写会让人阅读和使用起来无所适从。

这就对起草人提出了极高的要求。首先，要对技术内容熟悉，且要有一定的标准化知识，对标准方面的运行规则有一定的了解。这方面，吴永锋很有信心。多年的行业深耕，他对本行业内部规则的了解全面而深刻，而大通电气的技术毫无疑问是走在前列的。其次，要有较强的逻辑性，具备编写标准的能力。再次，要有良好的协调沟通能力，要不断和各方人士协调，和有关部门协调，要能充分表达自己的观点，也要能听取别人的意见。加入国标修编组这个大家庭的吴永锋积极参加各项活动，随团进行专题调研。2015 年 3 月，他参加了在江西南昌举行的国标组新组建后的第一次修订会议。2015 年 5 月，又参加了在上海召开的第二次会议（图 2-20 ～图 2-22）。

吴永锋跟随修编组考察了深圳、广州、重庆、成都、合肥、南京等多个城市的地铁，了解技术动态，探讨地铁的技术发展

图 2-20 修编国家标准南昌启动会议

图 2-21 国家标准修编上海启动会议

图 2-22 《城市轨道交通自动售检票系统工程质量验收标准》（送审稿）审查会

方向。他将目前现有标准的内容进行了充分研究并决定取舍，对需验证或试验的数据作好相应的验证，对需要引用的标准进行了充分了解。最终，吴永锋将自己的经验和研究成果浓缩，完成了 AFC 国家标准的第 4 章《线缆管槽安装验收》，详细规定了线缆管槽敷设、线缆管槽接头和端口、电缆桥架安装等方面的要求，并首次将管槽“整体防护等级不宜低于 IPX7”写进了这部由住房和建设部发布的国家标准中。编写的过程并不容易，但吴永锋乐在其中。在此之前，大通电气是苏中小城专心做自己产品的公司；加入国标编写组后，和很多行业内的专家共事，让吴永锋第一次站在整个行业的高度来看待自己的事业。在和编写组同事合作的过程中，他接受了很多行业专家的指导，有人从不同的侧面指出他的产品存在的问题，有人从新的角度对他的产品提出改良建议，有人从整个行业的发展趋势为大通电气指明了新的发展方向。每一个企业都是分散的、个体的，编写组让这些单个企业的领头羊汇聚到一起，成为一个真诚交流的集体，也让整个行业的健康发展有了一次进行“头脑风暴”的机会（图 2-23 ～图 2-26）。

吴永锋刚开始动手起草自己负责的章节时，结合实践经验，提出了相关技术指标要求。后来经过讨论和征求专家意见，为了平衡全国的地铁地质条件差异情况，吴永锋对国标内管槽的技术指标进行了适当下调。事实上，大通电气生产的 AFC 防水管槽真实的防水能力远远高于国家标准的要求。

2018 年 12 月 1 日起，《城市轨道交通自动售检票系统工程质量验收标准》（GB/T 50381—2018）正式实施。总共 14 章的国家标准中，《线缆管槽安装验收》位于第 4 章；在 50 多人的主要起草人名单中，吴永锋的名字位于第 11 位。在编写国标的同时，吴永锋不但提升了理论水平，对市场的用户需求也有了更充分的了解，同时完成了论文《城市轨道交通 AFC 地面管槽的防水》。可以说，经过这次的升华，吴永锋已经不仅仅是在经营一家企业，更多是在推动全行业的进步，当然，这为大通电气的做大、做强奠定了基础。

图 2-23 《城市轨道交通自动售检票系统工程质量验收标准》修编组在成都地铁考察

图 2-24 《城市轨道交通自动售检票系统工程质量验收标准》修编组在广州地铁考察

图 2-25 《城市轨道交通自动售检票系统工程质量验收标准》修编组在深圳地铁考察

图 2-26 《城市轨道交通自动售检票系统工程质量验收标准》修编组在合肥地铁考察

目前，广州、深圳、重庆、武汉、成都、长沙、石家庄等城市的 180 多条地铁都使用了南通大通生产的 AFC 管槽。跟随着中铁六局这艘“航母”，南通大通的产品也漂洋过海，用在了越南、卢旺达的地铁上。吴永锋说，现在行业内大家都了解了大通产品，变成了大家推荐大通的东西，主动找大通，大通的 AFC 防水管槽已经做成了名牌（图 2-27）。

大通电气发展多年来，得到了相关地铁公司 AFC 专业相关领导的很多帮助。他们常年工作在地铁建设的一线，有着丰富的经验，熟知当前地铁建设的需求。面对大通电气的产品，他们就是伯乐，敏锐地发现了它的优点，但也提出了很多要求。这些技术上的要求和建议，使得大通人可以更加客观地认识自己产品的不足，很多建议更是直接为产品进步指明了方向，使产品的改进更加事半功倍，改良后的产品更实用、更适合一线工程的需要。AFC 防水管槽取得的巨大成功，不仅是大通电气的成功，让它一举拿下南京地铁 2 号线的大单，也标志着地铁 AFC 管槽领域有了一个革命性的变化，大通电气的发明为我国

图 2-27 《城市轨道交通自动售检票系统工程质量验收标准》修编组在大通电气考察

轨道交通事业做出新的贡献。同时，南京地铁建设方王建、施工方张胜利，在 AFC 防水管槽的研发过程中都发挥了巨大的作用，可以说是为中国 AFC 布线系统国产化做出了重要的贡献（图 2-28 ～图 2-32）。

UDC

中华人民共和国国家标准 GB

P GB/T 50381－2018

城市轨道交通自动售检票系统
工程质量验收标准

Standard for construction quality acceptance of urban rail transit automatic fare collection system engineering

2018－04－25 发布 2018－12－01 实施

中华人民共和国住房和城乡建设部
国家市场监督管理总局 联合发布

图 2-28 大通电气参与修编国标封面

证书

CREDENTIAL

南通大通电气有限公司：

参加了国家标准《城市轨道交通自动售检票系统工程质量验收标准》（GB/T 50381-2018）的修订编制工作，特此证明。

《城市轨道交通自动售检票系统工程质量验收规范》
国标管理组
二〇一八年十月

图 2-29 大通电气参与修编国标的证书

图 2-30 国家标准参编单位证书发放（左：住建部领导，右：吴永锋）

图 2-31 国家标准参编单位证书发放（左：陈凤敏， 右：吴永锋）

图 2-32 《城市轨道交通自动售检票系统工程质量验收标准》修编总结会

不断改进 永无止境

今天的大通电气，供销两旺，厂区机器轰鸣，工人们脚步匆匆。2019 年，大通电气新建的厂区投入使用，公司的规模越来越大。但是，大通电气长期以来只做两个拳头产品，也是吴永锋的发明专利产品——展位配电箱和 AFC 防水管槽。

仅凭两个产品就能打天下，而且，展位箱和 AFC 防水管槽是实用产品，表面看来不复杂，极易引来竞争对手的仿制，进入的门槛也不太高。大通电气为了保持自己的领先地位，一直在创新，一直在改进，一直在进步，会不会有一天改进到十全十美，然后再也不可能有任何进步？在如此激烈的竞争中，大通电气会不会最终有一天被竞争对手追上并反超？吴永锋说："没有最好，只有更好。市场一直在提新的要求，我们一直在努力提升，这个两款产品其实还有改进的空间。只有一直进步，才能避免被动。"对创新者来说，现在的这个时代无疑是最好的时代。在深化改革、创新升级的国家战略推动下，坚守"创新精神"和"匠心精神"的实体企业正迎来新的春天。作为领跑行业发展的大通电气，多年来只做拳头产品的"专一精神"，并不意味着墨守成规，而是在"专一"的基础上持续推陈出新。优秀的企业和企业家永远不会满足于已经取得的成就，他们会根据情况的变化，在产品的品种、款式、材料、工艺、流程等方面不断寻求改进。正因为如此，大通电气才能在行业内继续引领、一往无前。

吴永锋一直在追随市场的脚步。AFC 防水管槽成功获得专利、占领市场后，他没有故步自封，而是不断地参与到管槽使用的各个流程中，时刻保持与施工方的沟通，第一时间了解自己的产品还有哪些提高的空间，使产品从设计、生产、安装到使用的全过程形成一个畅通的信息反馈链。吴永锋在地铁施工方的操作现场发现，有的工人在安装 AFC 防水连接器装时图省事、求进度，管槽对接不紧密，缝隙太大。而防水连接器装好后，就发现不了缝隙太大这个问题，这可能影响到防水效果。怎么解决这个问题？吴永锋再次“脑洞大开”，灵感随之而来。他在所有出厂的管槽两端加设了安装标记线。如果防水连接器安装到位，两条标记线正好处在连接器的侧面；反之，如果安装得缝隙太大，标记线就不在应在的位置。这样可以随时提醒工人安装到位，也便于工程监理人员检查。一个小小的改进，避免了很多的返修返工，使安装成功率大大提高，得到施工各方的赞赏（图 2-33）。

防水管槽的出线口原来是生铁铸造的框形四方体，电缆从这里拉出拉进时，容易在直角最锋利的地方刮伤表皮，这也是困扰同行多年而迟迟没有解决的问题。

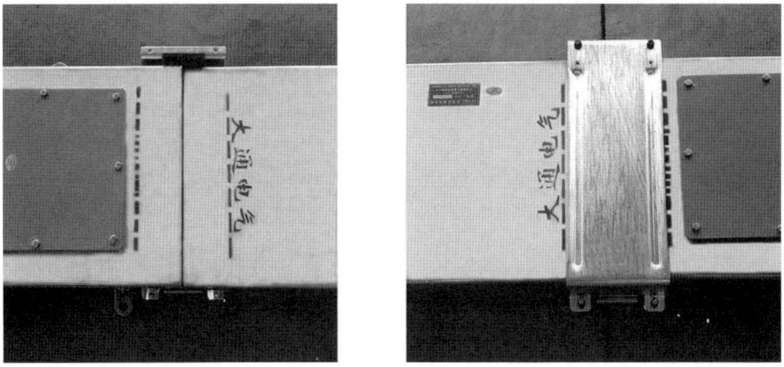

图 2-33 AFC 管槽安装对齐参考线

有用户向吴永锋提出来，能否在敷设电缆时做一个滑轮工具并将它安装在出线口的位置上，拽电缆时，电缆在滑轮上滑动就不会损伤电缆线了，电缆线敷设好后再把滑轮工具拆卸下来。吴永锋和大通电气的技术团队十分重视客户的这个建议，立即组织技术人员攻关。吴永锋觉得，制作一个滑轮工具也可以，但滑轮只适合新装电缆时使用，如果是很多年后进行维修，再拽电缆时，是否还能找到滑轮工具，这是个问题。客户提出了解决当时问题的办法，而吴永锋想到的是如何一劳永逸地解决这个问题。他想，与其制作一个专用工具解决，还不如彻底改进出线口的结构和材料。经过一段时间的反复实验，大通电气的技术人员克服种种困难，终于设计出了全防护的“防刮出线口”，就是把出线口原来锋利的直角金属断面全部改成圆润的弧形，线缆经过这里时，受力的接触面都是圆弧，不再有被刮伤的风险。而出线口本身的材料，也改用加强尼龙。相较于金属材料，尼龙材料抗腐蚀性更强，柔韧性也好（图2-34，图2-35）。

图 2-34 AFC 管槽出线口防刮伤结构正面

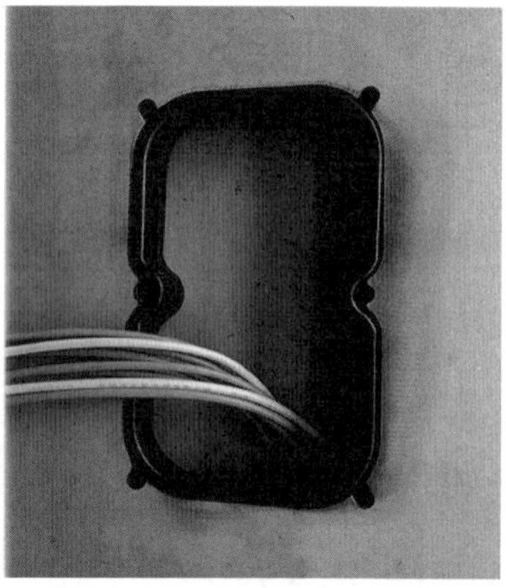

图 2-35 AFC 管槽出线口防刮伤结构反面

对出线口的这两方面改造完成后，吴永锋用多种规格的电缆进行试验，电缆线无一刮伤，大获成功。更想不到的是，这一改，还“歪打正着”，切合了政府的环保治理工作。2018 年，当地政府开始严抓环保，之前生产金属材料的企业，制造时需要用高炉化铁水，燃烧焦炭，导致大量的烟和粉尘，很快就被政府要求停产整改，无法继续供货。而吴永锋仿佛早有先见，提前改用尼龙材料，避免了因原材料供应不足而出现停产的情况。对产品和市场，吴永锋总是在恰当的时机迸发出很多奇妙的想法。

除此之外，大通电气在产品生产和安装前，根据每个地铁站台对管槽规格的不同要求，对施工原图进行深化设计，灵活生产各种规格、型号的产品。设计人员将使用产品的每个地铁站台的名称在管槽、分向盒上标志、编号，同时提供深化图纸，现场施工人员只要将产品对号入座，即可实现现场的便捷安装（图 2-36，图 2-37）。

与此同时，大通电气坚持派出技术人员在现场安装指导，以确保产品能达到预期的防水效果。大通电气的新型 AFC 地面布线系统现场安装时，打开盒体防护盒，保护好防护盖的所有配件，而后敷设导线。各项导线敷设好后，装入屏蔽隔板，盖

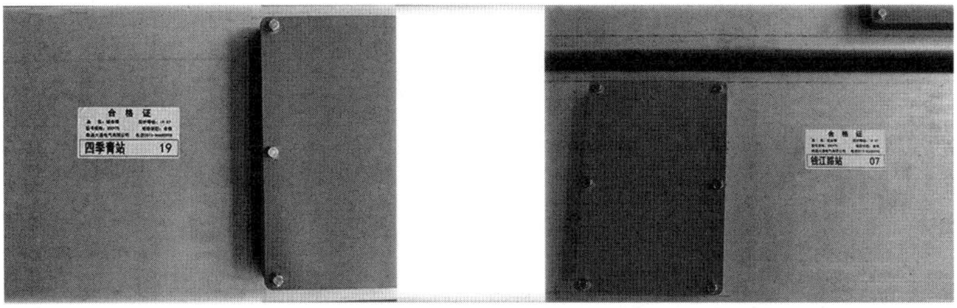

图 2-36 AFC 管槽发货标识（根据站台名称、管槽编号）

图 2-37 待发货 AFC 组合管槽

上防护盖并做好密封，然后盖上不锈钢盖板，同样做好密封，即完成全套工序。这样的操作只需要使用简单的通用工具就可以进行，不需要现场焊接。安装工序的简化，可以节省操作工人的劳动强度和工作时间，也可以节约大量的安装费用，一个标准站台的 AFC 防水地面管槽的安装只需要十多个工时，可谓多、快、好、省。而且，为达到高效防护的预期效果，大通电气对现场安装都提出了标准化的要求。

对于最关键的防漏水环节，吴永锋也研发了气密性测试仪等设备，用气密性的方式来保证产品达标。大通电气以自己的努力，解决了地铁 AFC 系统的防水大问题，研发的新产品开拓了一个新的行业，而大通电气也成为《城市轨道交通自动售检票系统工程质量验收标准》（GB 50381/T—2018）的参编单位，成为全行业的标杆企业之一。

吴永锋一直追求的是科技创新。没有科技创新，就没有过硬的产品质量，就拉不开与竞争对手的距离，企业发展就没有后劲。作为一个制造企业，说一千道一万，第一必须有产品，第二产品必须要好，否则客户怎么会愿意掏钱买你的产品？大通电气能够在激烈的市场竞争中立于不败之地，得益于吴永锋带领的团队天天在研发，天天在设计，产品的每个细节都要精益求精。大通电气从事的是比较典型的传统制造业，十几年如一日地始终在两个产品上做文章。这种专一，成就了这个时代典型的创富故事。和他们同时期的一些传统小型工厂、商场，基于成本上升、竞争激烈等原因，逐渐退出市场，最终销声匿迹，似乎只有做地产、金融、互联网等新兴产业才能赚到钱。大通电气以最鲜活的范例告诉人们，微小企业、传统行业照样能够成功。那些有着广泛的兴趣、缺乏专注的人大多会失败，而大通电气则是一家认定一个目标就不放弃的企业，十几年来始终专注于一个看似不起眼的产业，然而却能让自己不被时代的洪流冲垮，不断进步，越做越好。

吴永锋用自己的成功告诉那些刚刚踏入商海的新手，大钱挣不来、小钱不想挣，这最要不得。即使有一千个理想一万份豪情，但因为缺乏诚信与踏实，缺少百折不挠的勇气，成功就只能是镜中花、水中月，遥不可及。

第 3 章
AFC 管槽：攻克行业难题

“难”也是如此，面对悬崖峭壁，一百年也看不出一条缝来，但用斧凿，得进一寸进一寸，得进一尺进一尺，不断积累，飞跃必来，突破随之。

——华罗庚

AFC 管槽防水技术

AFC 预埋管槽是由地面管槽、分向盒相互连接组装而成的。管槽、分向盒本体要达到密封的要求，按照现在的生产工艺完全可以实现，而且可以在生产过程中进行防漏检测。从整体上分析，管槽施工过程中的可靠连接，是能否达到防水要求的关键因素。

AFC 管槽防水的技术解决方案

通过多地、多次深入地调查、研究发现，解决地铁 AFC 预埋管槽的漏水问题需要提高槽、盒的整体防护等级，即密封防水性能。根据《外壳防护等级（IP 代码）》（GB 4208—2008），并通过试验验证，防护等级至少达到 IPX7 才能满足 AFC 预埋管槽防渗水要求。为了确保管槽不漏水必须要重视以下三点：

①管槽防护等级是保证不漏水的前提；

②施工质量是保证不漏水的重要环节；

③气密性测试是保证不漏水的必要手段。

防水管槽的材质可以采用不锈钢材料制造，也可采用普通钢板制造，然后进行热浸镀锌。防水管槽、分线盒、采用连接器进行组装，如何确保达到 IPX 的防护等级呢？首先在采购时要选用优质钢材。通过管槽的管口荷载试验，300 mm（宽度）×70 mm（高度）×3mm（板厚）的管槽，在挠度为 3mm 时可承受压力实测为 3.7 kN，当钢板厚度在 2mm 时承受的压力只有 0.97 kN。从试验数据里可以看出，钢板厚度只要增加 1mm, 其强度就会增加近 4 倍，所以，钢板要选用 3mm 厚才能达到合适的强度，这样通过连接器连接后才不会使管槽发生形变。在工厂化生产时，为了避免人工焊接会产生气孔、砂孔的问题，防水管槽、分向盒及其配件宜采用自动焊接设备焊接，焊缝应平直均匀，无气孔及砂孔，焊缝一般布置于管槽侧面的中间位置，这样设置焊缝的防水管槽，在通过焊接后变形量就比较小，才能保证焊接质量，避免因人工焊接产生砂孔而造成日后漏水情况的发生。管槽及分向盒宜采用数控设备进行加工，确保了加工的精度（图 3-1 ～图 3-3）。在设计加工时，矩形管槽的四个角的弧度应与连接器的弧度相吻合。防水管槽、分向盒与电缆接触的接口应无毛刺。采用不锈钢材料制造的防水管槽等配件无需进行表面防腐蚀处理。

热浸锌 AFC 防水管槽

当采用普通钢板制造防水管槽时，材质选应用 Q235 钢质，表面应热浸镀锌，槽、盒内无锌渣残留，镀锌层不应露出金属

图 3-1 机器人焊接 AFC 防水管槽

图 3-2 大通电气研发的 AFC 防水管槽焊接生产流水线

图 3-3 AFC 防水管槽出厂前气密性测试

基体，表面没有明显的层次感，不应有剥离、起皮、凸起等现象，镀层平均厚度应大于 85μm，符合《金属覆盖层 钢铁制件热浸镀锌层技术要求及试验方法》（GB/T 13912—2002）的要求。按《电工电子产品环境实验》（GB/T 2423.17）的规定，管槽经 48 小时的盐雾试验应不低于《户内户外钢制电缆桥架防腐环境 技术要求》（JB/T 6743—1993）中表 6 中 3 的要求，防护层外观质量分级规定，色泽有明显变化，镀层局部有少量腐蚀点（产生腐蚀点的面积≤ 50%）。在制造过程中的质量控制要严格，管槽及盒体在焊接好后要进行仔细检查，出厂前每只盒体均要进行防漏试验，管槽、分线盒的生产都要符合《外壳防护等级（IP 代码）》（GB 4208—2008）标准，达到 IPX7 防护等级要求。普通钢板制造的防水管槽，表面采用热镀锌方法来提高钢材耐腐蚀性能，并不适宜在现场进行焊接。这是因为现场焊接会破坏表面的镀锌层，焊接处在短时间内就会锈蚀损坏，仍然容易造成漏水的现象（图 3-4）。

图 3-4 热浸镀锌防水管槽

不锈钢板材料的选用

目前，AFC 所用的防水管槽大多采用不锈钢制造，不锈钢显然比碳钢的耐腐蚀性强，制造流程也相对简单，但是不锈钢的造价高。用不锈钢材料生产防水管槽，一般选用 201 或 304 两种型号。由于 304 不锈钢价格较高，因此国内目前大多选用价格相对较低的 201 不锈钢，201 和 304 不锈钢外观区别不大，但 201 钢含锰较高、含镍较低，耐腐蚀性较差，相对容易生锈；304 钢含铬、镍较多，耐腐蚀性较强，不易生锈。表 3-1 是 201 和 304 不锈钢化学成分分析。

表 3-1 201 和 304 不锈钢化学成分分析表（%）

成分 钢号	碳 (C)	硅 (Si)	锰 (Mn)	磷 (P)	硫 (S)	铬 (Cr)	镍 (Ni)	铜 (Cu)
AISI(304)	≤ 0.08	≤ 1.00	≤ 2.00	≤ 0.045	≤ 0.03	1 ～ 20	8 ～ 10	
AISI(201)	≤ 0.15	≤ 1.00	5.5 ～ 7.5	≤ 0.05	≤ 0.03	13 ～ 19	3.5 ～ 5.5	0.8

201 不锈钢在加工时因为受到机械的挤压，表面结构会产生一定的变化，所以可能会产生轻微腐蚀，但不会再进一步深入腐蚀。在实际运用中，201 型号的不锈钢管槽在预埋时发现，管槽的折弯、焊接处的表面，在遇到含有碱性成分的水后，会产生表面浮锈，但不会影响正常使用。根据多年的使用经验，201 型号的不锈钢基本能够满足地铁 AFC 管槽耐腐蚀的要求。

管槽防水连接

AFC 预埋管槽是由地面管槽、分向盒相互连接组装而成的。管槽、分向盒本体要达到密封的要求，按照现在的生产工艺可以实现，而且可以在生产过程中进行防漏检测。从整体上分析，其实只需要解决管槽与分向盒组装与连接的问题。

AFC 预埋管槽一般都采用扁平的矩形结构，基本规格一般为： 300mm（宽度）×60mm（高度），也有 400mm（宽度）×60mm（高度）等。所以，只要设计一种矩形的连接器，使矩形的管槽四个面同时受到夹力就能解决防水问题。同时把分向盒连接口和管槽接口设计成相同尺寸，这样分向盒的每一个接口都似同管槽接口，使连接的尺寸规格得以统一。连接器由两片 L 形结构组成，斜对角方向安装螺栓。当螺栓收紧时，就会有一个垂直的夹紧力，由于在 L 形连接片的端头设置有 135°斜坡结构，可把垂直的力转换成含有横向力的合力，所以，连接器上下两片，就会产生向内四个面收缩力来收紧橡胶带，这样就保证了管槽与分线盒的有效的密封连接。连接器防水胶采用模压硅橡胶，橡胶回弹力达 95%，保证密封性能长期有效。（图 3-5 ～图 3-12）

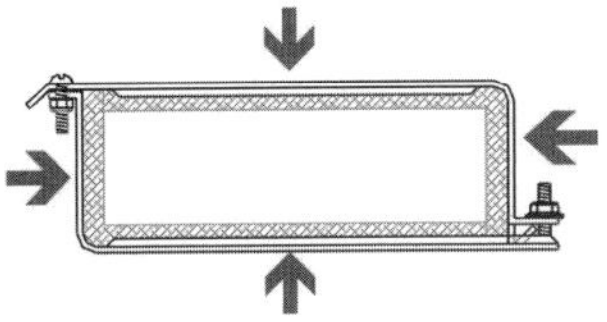

图 3-5 防水管槽四个面要压紧才能密封

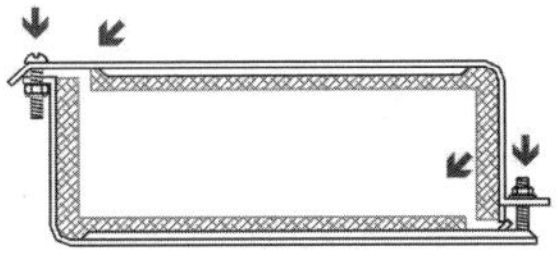

图 3-6 把螺栓上下夹力同时产生左右夹力

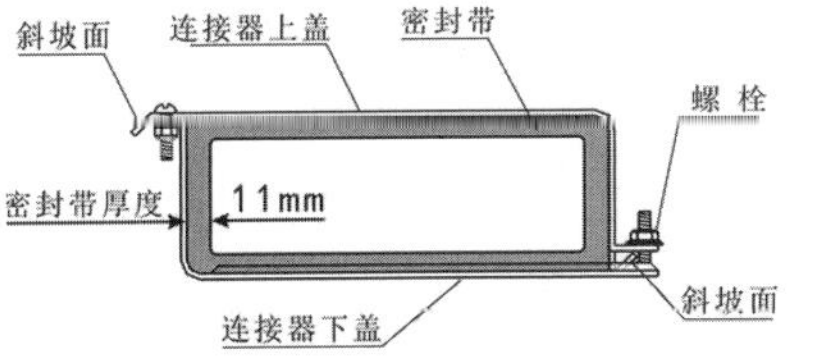

图 3-7 连接器内橡胶带未压紧时 11mm

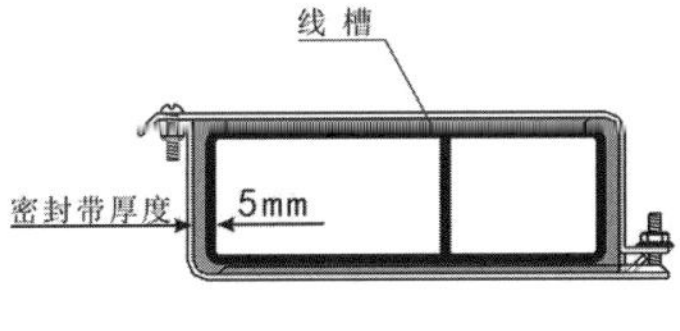

图 3-8 装上管槽后橡胶带压进去 5mm

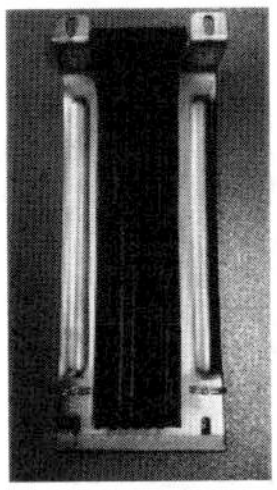

图 3-9 防水连接器自带接地装置

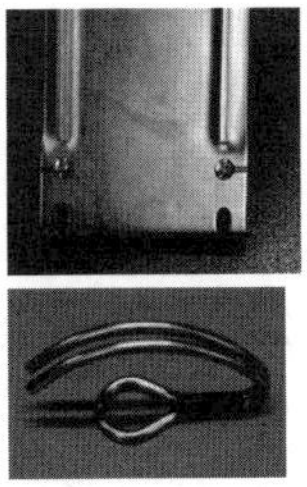

图 3-10 两个边装有弹簧接地环

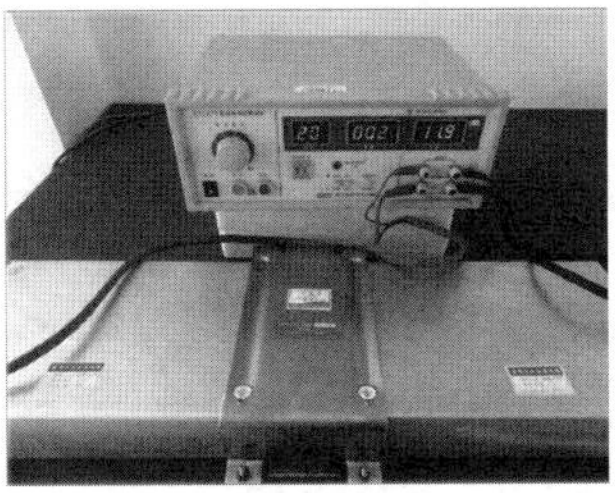

图 3-11 接地电阻测试

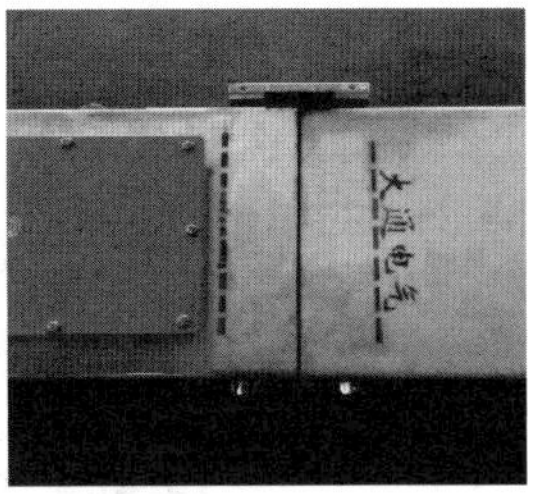

图 3-12 防水管槽对接情况

连接器不仅可以用于管槽与分向盒的连接，也可以用于管槽与管槽的连接。由于连接器内衬有高性能的橡胶垫，伸缩性能优良，每只连接器的连接，其实就是一个软连接，在具有防止热胀冷缩功能的同时，还具备伸缩节的功能，可在高低不平的地面上安装，一举两得，丝毫不影响其防水性能，防护等级高于 IPX7。连接器是连接管槽和管槽、管槽和分线盒的重要关键部件，在设计上要计算好螺丝拧紧时密封胶带的变形量，所有的配件均为模具化成型，减少了手工加工的误差，从而使每个部件均达到设计要求。从多个方面把关，以达到防水目的。另外，为了确保接地的连续性，防水连接器自带接地装置，每一个接地点电阻≤ 10mΩ。符合《电控配电用电缆桥架》（JB/T10216—2013）标准≤ 50mΩ 的要求。这样的连接器无论是不锈钢材料还是热镀锌材料的管槽都可以连接，在防水性能不变的情况下，满足了不同工程的需求（图 3-13）。

图 3-13 组装式 AFC 防水管槽

分向盒、出线盒的操作口

分向盒、出线盒的操作口，采用模压一体化铸件与 O 形密封圈配合使用，密封防水。操作口内孔径根据需要可以设计成多种规格，一般为 200mm（宽度）×200mm（长度）；200mm（宽度）×130mm（长度）；140mm（宽度）×140mm（长度）等不同规格，外露的连接螺丝不直接采用从管槽的外部穿孔与管槽内部连接，防止水从螺丝孔内渗入管槽内。分向盒设置封闭型防护盖；出线口防护盖设置带出线的孔，且出线的孔高出地面 50mm 以上（图 3-14）。

AFC 防水管槽施工

要想达到 AFC 预埋管槽良好的防水效果，施工质量不可或缺，在施工前要进行必要的培训，让施工人员了解防水的重要性，掌握施工技能，提高施工人员的责任心，督促施工人员按照安装流程、施工规范进行施工，安装时要认真仔细，一丝不苟。安装质量是保证 AFC 预埋管槽不漏水的一个特别重要的环节，只有认真、负责才能达到预想的防水效果。

图 3-14 各种规格防刮伤线缆的出线口

防水管槽安装方法

（1）按照施工图纸尺寸把各类分向盒准确定点。根据 ± 0 基准，拉线确定分向盒上平面高度（盒体上口平面应低于大理石上平面 5 ～ 15mm）。打入膨胀螺栓，调节螺栓使分向盒达到所需的标准高度。固定分向盒。

（2）确定防水管槽长度，采用切割机切割管槽，修理切割后管槽内外毛刺，如果采用普通钢板热镀锌材料的，切口应做好防锈处理。

（3）在管槽两端印刷有安装标记线，在安装时，要仔细观察标记线与防水连接器，使之边缘吻合且平行，这样才能保证管槽接口紧密、牢固。如果管槽进行了切割，管槽端头在 68mm 处用色笔重新作一条安装标记线。在分向盒接头处先放置下连接片，然后放置管槽（注意：相接两管槽缝隙不宜大于 2mm），盖上连接器上片并用电动螺批紧固螺栓（电动螺批力矩拨至合适挡位），并确认螺栓紧固度。检查管槽两端的标记线是否与连接器外边相吻合，如果吻合，相接的两根管槽缝隙合格，否则需重新连接。当确认连接器封闭件连接好后，继续紧固螺栓，使连接器与管槽夹紧。安装管槽固定支架，调节至水平的统一高度，然后用内膨胀螺栓在地面上固定管槽。

（4）防水连接器自带接地装置，当管槽、盒体连接好后，做好每根管槽与盒体接地的连续性。地面布管管道系统初步安装结束。

（5）土建单位在敷设大理石时，每到各类出线盒出口处应留孔（开孔一定要准确），开孔尺寸应与各类分向盒口外径尺寸相吻合。当需要进一步施工时，可打开盒体防护盖，保护好防护盖的所有配件，而后敷设导线。当各类导线敷设好后，装入屏蔽隔板。盖上防护盖，紧固盖板承载螺栓高度调至防护盖底平面，做好密封。然后盖上不锈钢盖板，做好密封，全套工序完成（图 3-15 ～图 3-26）。

图 3-15 根据图纸定位布点进行安装

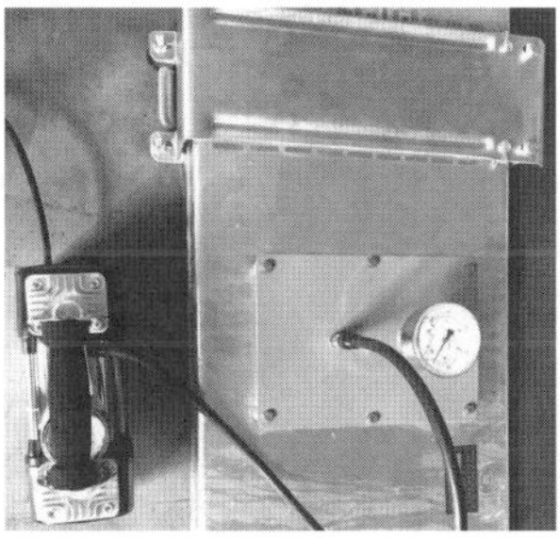

图 3-16 地面打灰前进行气密性测试

图 3-17 地面打灰时用木框保护出线口

图 3-18 拆开防护盖板，待电缆敷设好后再盖上需要取出电缆的换带出线口的盖板

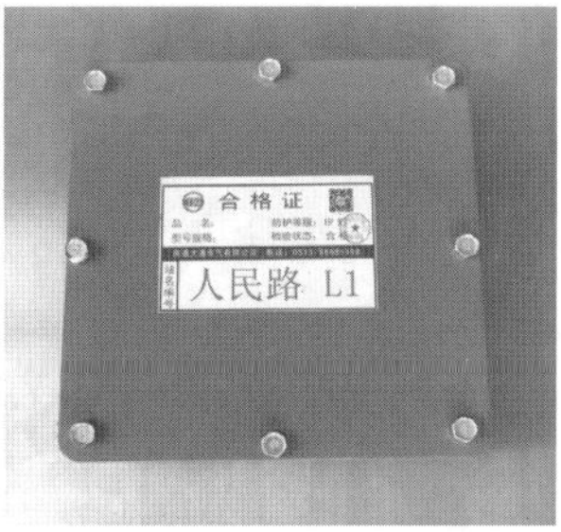

图 3-19 防护盖板

图 3-20 打开防护盖板时，分线盒内的情况

图 3-21 公共过道的出线口的做法

图 3-22 公共过道的出线口装饰面的做法

图 3-23 带出线孔的防护盖

图 3-24　电缆从带出线孔防护盖板出来

图 3-25　闸机下带出线孔的防护盖板

图 3-26　工人在现场安装闸机

施工中的注意事项

为达到高防护的预期效果，AFC 预埋管槽、盒安装十分重要。只有认真负责地按程序施工，才能达到预期的防水效果。但要顺利地完成施工，还需要注意以下几点（图 3-27，图 3-28）。

（1）检查 AFC 防水地面管槽走向的各终端处，不得有开口。有开口的地方应用堵头堵住，防止水进入。

（2）检查各出线口及操作口、密封盖板是否齐全，螺丝是否松动。

（3）检查防水管槽与地面是否固定牢靠，各接点是否有脱落现象。

（4）检测地面管槽全回路接地电阻＜ 1Ω。

（5）施工单位应确保无重物撞压防 AFC 防水地面管槽。

（6）当 AFC 预埋管槽安装好后就可以进行混凝土的浇筑。但应当避免对 AFC 预埋管槽的冲撞，以免破坏管槽的密封。严格做好地面管槽系统的全面防护。在过道处的防水管槽要采用混凝土保护，管槽边缘处用混凝土做成斜坡面，方便拖车通过，

图 3-27　AFC 管槽张贴标识——提醒保护

图 3-28　采取措施保护 AFC 管槽

防止拖车对管槽产生冲击。

（7）不宜在敷设有 AFC 预埋管槽的地面上钻孔。不宜在安装好的 AFC 预埋管槽上进行任何焊接。

组装式管槽与焊接式管槽对比

表 3-1 组装式管槽与现场焊接管槽性能对比表

安装形式 对比内容		组装式防水管槽	现场焊接式管槽
1	经济、适用性	所有配件模具化生产，采用专用连接器，不锈钢管槽及热镀锌线槽均适用	只有不锈钢管槽适宜焊接，热镀锌管槽不可焊接（焊接就会破坏防腐层），不锈钢管槽投资高
2	安全性	螺栓组装结构，现场安装不需动火，无安全隐患	现场焊接有明火，并伴有火花飞溅，易造成火灾；现场还须提供焊接电源，易造成漏触电事故
3	施工难易度	每段线槽都采用连接器连接，管槽摆置完毕即可组装	管槽底面要翻转向上才能焊接，遇有交叉时管槽底面无法翻转向上，整体焊接难度较大，极难保证焊接质量
4	质量	可工厂化检验，保证质量；连接点是软连接，可以解决热胀冷缩的问题	焊接容易产生砂孔、气孔、漏焊，且无法现场检漏，只能通过不可靠的目测检验；热胀冷缩时焊缝容易断裂

续表

对比内容 \ 安装形式		组装式防水管槽	现场焊接式管槽
5	工具设备	现场组装只需简单的通用工具：一把 M6 扳手，一把充电型电动改锥，安装能耗及小	现场需要焊接设备，保护气体，施工现场需要接通大电流电源
6	人力资源	一般人员只要接受简单培训，即可掌握安装技术	必须有专业氩弧焊工，并持有特种作业证书才可操作，且费用较高
7	施工进度	所有配件到达现场就可组装，施工进度快，省时省工	运送焊接设备、连接电源、提供保护气体，准备时间长，焊接速度慢
8	毛 刺	组装过程中不产生毛刺	管槽接口在焊接时，因高温熔液会在槽内产生结痂和毛刺，容易损伤电缆

AFC 管槽施工后的检测

防漏测试是整个 AFC 管槽防漏的一个必要的过程，在测试过程中可以发现问题、解决问题，预埋的管槽是隐蔽工程，一旦地面装饰工程完工后就无法再进行管槽的返修与返工。防漏测试的流程接点应该是在管槽整体安装结束后，地面垫层未施工前进行；由于土建施工各区域进度不同，AFC 预埋管槽也可分段进行测试。

AFC 管槽防水性能指标要求

预埋的线缆管槽、接线盒、分向盒应密封防水，其防护等级应不低于 IPX7，且在安装好后预埋前应进行防漏测试（图 3-29）。

第一种测试方法：根据现行国家标准《外壳防护等级（IP 代码）》（GB 4208—2008）第 14.2.7 条开始进行第二位特征数字为 7 的 0.15 ～ 1m 的短时间潜水试验。被试外壳按生产厂规定的安装状态全部浸入水中，并满足下列条件。

① 高度小于850mm的外壳的最低点，应低于水面1000mm；

② 高度等于或大于850mm的外壳的最高点，应低于水面150mm；

③ 试验持续时间30min。

接受条件：应无可见进水。

第二种测试方法：可采用第一种方法0.15～1m的短时间潜水试验等同的气体压力，对线缆管槽进行气密性测试。被测试的管缆管槽，按规定的安装状态，敷设在基础地面上，封堵线缆管槽全部端口，并满足下列条件。

① 在线缆管槽端口上安装充气口和读数大于等于0.1kg（10kPa）的压力表；

② 在线缆管槽端口充入压缩空气，保持气体压力大于等于0.1kg（10kPa）；

③ 试验持续时间30min。

接受条件：在规定时间内维持的气体压力应大于规定气体压力的80%。

管槽采用气密性测试的优点：

① 气压测试不会污染和损坏AFC管槽。

② 现场检测可操作性强，时间短、速度快（一处测试只需2人1个小时）。

③ 费用低、节能减排(水测试就要排放废水，产生污染)。

④ 只需要小型气泵充气就可满足要求，安全快捷，测试工具携带方便。

管槽气密性测试操作方法

检查管槽走向的各终端处，不得有开口。有开口的地方应用堵头堵住。AFC 管槽的气密性测试是通过压力仪表的读数变化来判断，即向 AFC 管槽腔内充一定压力，采用压力传感器的信号输出来判断 AFC 管槽是否密封。一般压力保持 30 分钟，即单位时间内判断压力传感器输出的变化值，并观察压力下降率判断合格与否。这种方法测试效率高，不受主观因素影响，而且测试后不需要对AFC管槽进行其他处理（图3-29）。测试工具及要求如下:

① 220V 气泵 ≥ 30L/M；

② 膜盒表≥ 20kPa；

③ 专用出线口盖板组件。

（1）气密性测试操作方法

AFC防水管槽系统安装好后，封闭所有进出口，在任意地点，打开一只出线口防护盖板，安装好所有测试组件盖板，测试组件装好后可向管槽内充气，当压力表读数≥ 10 kPa 时，关闭气泵电源，停止充气，然后把充气嘴盖拧紧，保持压力 30 分钟。观

图 3-29　施工现场 AFC 防水管槽气密性测试情况

察压力表读数的保压情况。AFC 防水管槽总长度在 100 ～ 150m 的情况下，会保持压力表读数在 8 ～ 9kPa 之间 (由于加压的原因，管槽及橡胶的张力，压力会下降 1 ～ 2kPa 为正常)。如果压力下降太快则就说明管槽系统漏气（图 3-30 ～图 3-32）。

（2）泄漏的处理

如果在充气时（充气泵、仪表正常）仪表无压力显示则为严重漏气，这时，应对 AFC 防水管槽系统进行检查，终端封口是否漏封、连接器螺栓是否紧固、防护盖板是否缺失。充气结束，在保压过程中，仪表压力下降太快则为缓慢漏气，这时应重新开启充气泵，持续向管槽内充气。同时通过听或采用肥皂水泡、手触感来检查连接器、出线口等处是否有漏气点，如有漏气点则进行返修。再重新测试合格后方可结束。

图 3-30　AFC 防水管槽气密性测试所用气泵

图 3-31　膜盒表≥ 20kPa、专用出线口盖板组件

图 3-32　施工现场气密性测试

第 4 章
展位配电箱：助力会展经济

如果我们过于爽快地承认失败，就可能使自己发觉不了我们非常接近于正确。

——英国哲学家卡尔 · 波普

紧跟时代步伐 创造新产业

20 世纪 90 年代末期，伴随着中国经济的发展，会展经济也得到迅猛发展，现代化的展览中心已成为都市对外开放、宣传并展示本地区经济发展和投资环境等经济活动的一个重要窗口。通过发展会展经济还能够带动其他产业的同步发展，所以建好一个智能型而又实用的展示场馆已成为政府和相关有识之士的共识。一时间，各大城市纷纷兴建会展中心（图 4-1）。

图 4-1 会展中心展厅安装的展位配电箱

来会展中心参展的商家、商品需要在现场多方位地展示自己的性能和优点，这就需要展馆内必须有充足的电源、水源、信息源和压缩空气源，通过线路和管道送到每个展位并设置输出接口。对于会展中心来说，想要提高营收，就需要为参展商提供良好的硬件设备，提供专业化、智慧化、全方位的优质服务。这就对会展中心的水、电、气、网络等方面的建设提出了很高的要求。但是，当时国内外的展览馆都没有相关的设置标准。

每个展览会的参展物品多种多样。要完美地展现展览品、充分展示各种展品的功能、满足展销商的需求，会展中心就需要提供完善的供水、供电、供气、网络等系统，需要把电路、信息电缆、水、气管道送到各个展位。按照国际惯例，一般 9 m^2为一个展位单位，每个展位都需要相应的单向电源插座、信息点、语音口、有线电视插口和三相电源插头等。如何在狭小的空间内满足展商的这些需求，同时保证安全，大通电气从市场中敏锐地发现了“痛点”，自主研发了适合市场需求的多功能展位箱。展会中心在每四到六个展位设置一个这样的展位箱，可以满足展览商的多种需求，在展馆建设、运营中发挥不可替代的作用（图 4-2 ～图 4-4）。

图 4-2　20 世纪 80 年代日本东京展览馆展厅布电情况

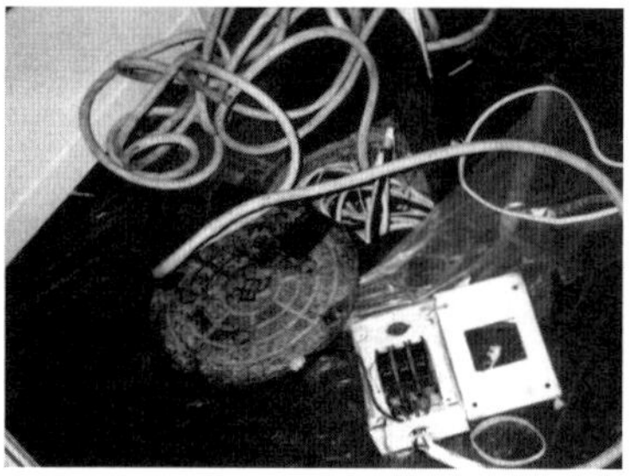

图 4-3　20 世纪 80 年代北京展览馆展厅布电情况

图 4-4　20 世纪 90 年代大连星海会展一期展厅布电情况

2002 年，吴永锋和销售员去武汉推销地面插座，发现当地在筹建会展中心，而业主正在为展厅地面的布电方案挠头。以往的传统地面插座体积小，电源容量也小，加上没有水和压缩空气接口，展厅里使用起来非常不方便。但是没有其他办法，会展中心展位使用电源时只能通过地面远距离敷设电缆。这样，一来展馆里人和车来来往往，安全上有隐患；二来地面上电线拉得像蜘蛛网，既不美观也不整洁。武汉会展中心设计方的专家虽然对现状很不满意，但也没什么解决办法。吴永锋得知这个情况后，赶往工程现场和设计院了解情况，一方面为工程着急，另一方面探索是否存在新的商机。

如果能有一个展位箱，将水、电、气、信息等接口科学有机地融为一体，是不是可以解决目前会展中心业主、设计方的苦恼？会不会创造出一个全新的产业？有着敏锐的市场嗅觉且有多项专利在身的吴永锋兴奋起来。

得知这个会展中心是赫赫有名的中南设计院设计的，吴永锋一行马上赶到该院拜访。设计人员说，他们也不知道有什么解决方案，只是听说过德国汉诺威展馆有个设备试图解决这“四合一”的问题，但那个设备体积庞大，要用铲车起吊后才可以插电。又说厦门展会中心装了个什么设备也能解决这个问题，但具体是什么情况他们也说不清楚。吴永锋和助手马不停蹄赶赴厦门，但厦门会展中心招商已经结束，进入了布展阶段，一般人不得进入。吴永锋想尽办法终于进入展厅，发现其解决方案只是在展厅的电缆沟里用角铁焊成一个支架来安装插座，现场制作比较简单、粗糙，而且存在一定的安全隐患。

吴永锋到路边的小店里买了个胶卷，重新回到现场，从各个角度拍了一个遍，回去之后对着照片反复琢磨。随后，吴永锋又带人去其他省市已建好的展览馆考察，发现这些展馆都没有一个很好的展位插电设备。吴永锋决定攻克这一难题。

经过详细的调查研究，吴永锋当年就在公司组建了样机试制组，根据会展中心的实际需要，统筹考虑电源、水源、压缩空气源、数据源的布置，力图做出一种“四源合一”的工业化产品。吴永锋给它取名叫做“展位箱”（图 4-5，图 4-6）。

吴永锋知道，展位箱是会展中心展厅地面的多种能源接口的输出设备，其盖板要能承受数吨的荷载，以承受会展期间的汽车往来、停泊、装卸货物或机械施工；而且展位箱安装在展厅地面，易受灰尘和潮湿的侵蚀，加之集水、气、电、数据源

图 4-5 2000 年厦门国际会展中心一期展位配电箱的盖板

图 4-6 2000 年厦门国际会展中心一期展位配电箱内部布置

为一体，所以箱体总体防护等级要高，至少要达到 IP54；展位箱工作在地面这样一个复杂恶劣的环境里，所有的电器元器件要采用优质的成熟产品。

虽然吴永锋的脑子里对新产品有各种设想，但现实中毕竟没有人制作出过实物，要把想法完美地转化为实物，还是件很困难的事情。但吴永锋不屈服、不气馁，他坚信这是个很大的市场，他相信自己可以研究出完美的产品。他完全沉浸在研究中。没有图纸就自己画，没有现成的材料就找来所有能找到的材料逐个实验，看哪种材料能达到最好的效果。实验中冒出了各种问题，每根线、每个节点都要仔细考虑，在机械结构上反复试验改进。吴永锋经常急得满头大汗，在公司一折腾就是一天。甚至在睡梦中脑子里偶尔闪现一个好主意，就立刻爬起来进行实验。有时候实在睡不着，就站在窗前，看着窗外朦胧的夜色，脑子里想的依然是产品和实验方案。

吴永锋将新产品当作艺术品般进行创作，每一个细节都力求尽善尽美。精湛的技术加上严苛的态度，他让整个展位箱的设计、制造都严格按照企业标准和国家有关标准执行。几个月后，第一只展位箱成功通过某国家级试验站的检验（图 4-7）。

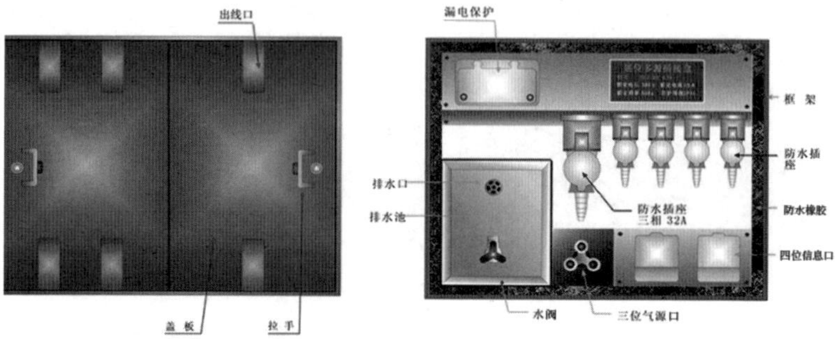

图 4-7 2001 吴永锋设计的中国第一台展位配电箱效果图

第一只展位箱样品拿到武汉，会展中心的筹建馆长一看就喜出望外：“我心中想要的就是这样的一个东西，没有想到你们这么快就做出来了。”当时已经有了招投标制度，但因为没有其他人能提供相同的产品，武汉会展工程方走特殊产品流程，爽快地下了订单，由吴永锋所在公司直接生产供货。当年开发的这款新产品就为公司赢得了400万元的订单。这款产品随后申报并取得了国家发明专利，成为公司的主导产品之一。时至今日，这款吴永锋当年发明的产品依然是该企业生产的“主打产品”。

好东西自然人人喜欢。展位箱初入市场便赢得了极大的赞赏，知名度不断提高，成为会展行业的必备配置。广州国际会展工程电气设计总工程师慕名前来，专门和吴永锋就展位箱有关技术问题进行了探讨。吴永锋热情地接待了来客，毫无保留地对广州国际会展工程提出了合理的地面布线技术方案，最终，该工程师不仅在广州国际会展地面布线技术方面完全采纳吴永锋的合理建议，而且，本应由设计院编写的招标文件技术规格书，也委托吴永锋来编写。当然，吴永锋所在的公司自然参与了投标，在接到这个招标文件后，吴永锋精心编写制作投标技术文件，采用美术与技术相结合的方法来体现产品的结构特点。他制作的技术说明文件，图文并茂，内容生动，开创了公司投标书形式制作的先河。本次投标还要求各投标方对提供的产品样品进行评标。在制作投标样品时，吴永锋站在使用者的角度进行思考，设计出独特的结构和功能件。在公正、公开的评标过程中，各位评标专家一致称赞该标书制作精美、技术内容丰富，样品外形美观、技术领先。甚至连他们的最主要竞争对手浙江某公司的总经理，也不得不竖起大拇指：“还是你们行！”1310万元的订单就这样正式签下了。吴永锋几个月以来精心设计的新产品，又一次通过了市场验证（图4-8，图4-9）。

吴永锋又一次体会到重视技术研发、技术创新的好处。他重视技术，但不仅仅把眼光放在技术上。在他从事的全部技术研发过程中，从来没有把技术研究和市场开发孤立、分割开来过。他知道，企业要立足，离不开技术；企业要发展，更要适应市场需要。他经常和营销人员一道走上销售第一线，走南闯北进工地，以先进技术和高质量产品作为打开销售市场的敲门砖，用他的技术特长和丰富的实践经验让客户的需求得到超预期的满足。他经常把技术服务做在售前，通过技术服务让客户认识公司、了解并尊重公司的实力和技术水平，并产生依赖性和信任感，以此紧紧抓住顾客、赢得市场。

在参与合肥国际会议展览中心地面布线工程时，因为有多家实力相当的同行参与竞争，吴永锋团队在人际关系和折让承诺上均处于劣势。于是，春节期间他放弃休息，赶到工地现场，免费为工程方做施工设计方案，并制作了产品效果图，这种“智

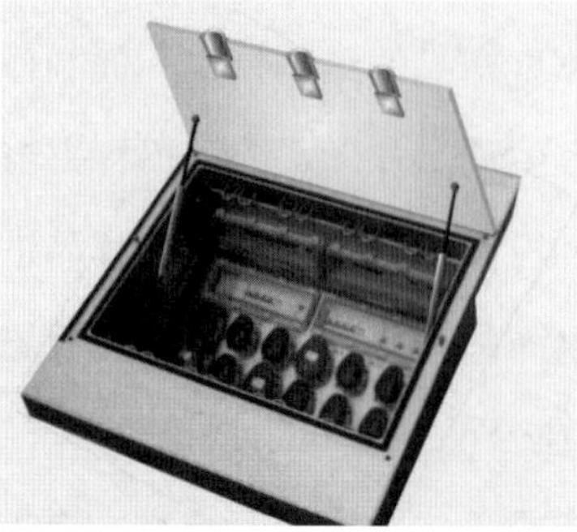

图4-8 吴永锋设计的中国第二台展位配电箱

图4-9 2002年吴永锋在广州琶洲国际会展中心工程现场

力义务劳动”得到了设计院和总包方的高度赞赏和认可。最终，业主欣然地选择了能提供最优质的技术服务的吴永锋所在公司作为供货对象。同样是凭借技术优势和完善的服务，吴永锋带领团队拿下了深圳文化中心工程的供货合同。该工程布线器材标的达500多万元，有三家公司参与竞争。由于该工程业主要求三家公司同时对工程进行施工深化设计，2002年的元旦，吴永锋又放弃了休息，到工程所在地现场，不分昼夜进行设计，十天后圆满地拿出了业主需要的施工图，而其他几家始终没有能把图纸拿出来。最后设计院和业主确认了吴永锋的设计方案，对他的技术能力和服务水平心悦诚服，给予了高度的评价和赞誉。

个性化设计 满足多样性需求

大通电气研发的多功能展位箱内，科学、合理地排布着三相工业连接器、单相工业连接器、数显电压表、微型断路器、漏电保护器、气快接头、数据接口等，可以集中供给电、水、气、网络信号等多种资源。为适应展会现场的需求，大通电气的展位箱具有独特的性能。

第一，是较高的承载性。以科学合理的结构设计，保证了它的良好承载能力。每到展会期间，人如潮涌，公共安全问题至关重要，所以会展中心展厅供电首先要保证绝对安全。展位箱是展览中心唯一直接提供给参展商使用的动力设备，使用的人员及参展商品变化频繁，这就对地面配电箱的安全性、通用性、方便性提出了极高的要求。同时，展品进出展厅时要由汽车来往运输、装卸，所以展位箱盖板的承载能力要强。大通电气的展位箱盖板选用 10mm 厚的钢板或不锈钢板制作，在盖板的内侧焊接有加强筋，以提高承载能力。箱体承载框架采用型钢焊接后进行表面防腐处理负荷，承载力大于 50kN/ m²，确保车轮碾压无恙。

第二，是卓越的防护等级。展位箱安装在公共场所的地面上，湿度大、灰尘多、物体撞击多、人流踩踏多，展箱内配备了断路器及漏电开关、电源插座、弱电模块等电气元件，极易受灰尘和潮湿的侵袭，这就要求展位配电箱的外壳和内部器件的防护等级要高。大通电气设计出科学、合理的结构，提高了外壳防护等级，盖板完全可以承受水的冲击，保证不会有一滴水进入箱体内部。接线盒采用密封方式，小型断路器、漏电开关外露的操作手柄，都装有 IP54 的透明防护罩，弱电插口也装置有 IP54 的透明防水面罩，电源插头采用防护等级为 IP44 以上的工业连接器，这样就从多方面采取防护措施，保证了产品应有的性能特征，即使水喷溅到电器上，也不会影响正常使用。展位箱盖板与箱体连接处设计了密封装置，有效防止水和灰尘进入展位配电箱箱体内。为了适应各种展会现场的需求，大通电气在原有的基础上不断翻新，研发出各种形式的展位箱。下面简单介绍几种展位箱（图 4-10）。

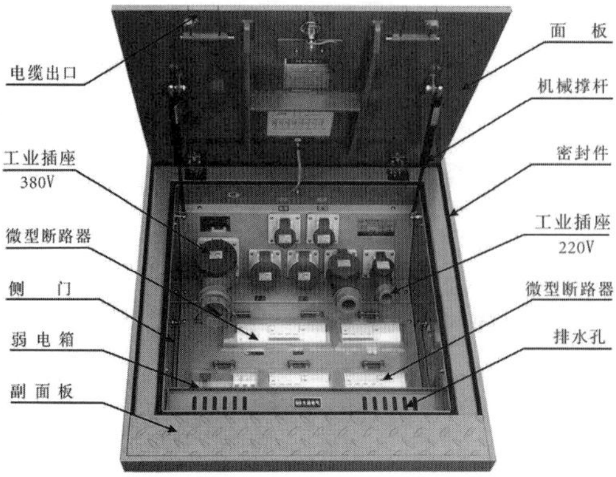

图 4-10 带侧开门的展位配电箱

吸顶式展位箱。现有会展中心展厅所使用的展位配电箱都是安装在地面的，由于所处的位置比较低，每到开展后，地面的灰尘、水、杂物仍有可能进入箱体内。吸顶式展位配电箱的出现免除了上述弊端。它包括盖板、框架总成、机械撑杆、吸顶箱体，盖板上装有拉手、出口线、铰链和机械撑杆。其结构合理，电气箱装在盖板上，盖板一翻，电气箱就反过来朝上，这样，灰尘、水、杂物就不会污染到装在盖上的电气箱，电气箱非常清洁，使用就非常安全，安装在箱体内的开关及插座更不容易损坏，提高了展位箱的使用寿命。

水、电、气展位配电箱。水、电、气展位配电箱安装于展厅地面，是集水、电、气、信息为一体，内部配置有断路器及漏电开关、电源插头、弱电模块、给水阀、排水孔以及压缩空气阀门。这样的配置有可能让水影响到电器。所以大通电气在设计该产品时，着重提高了它的防护等级。内部的连接盒体都采用了密封的方式，小型断路器、漏电开关外露的操作手柄部分都装有进口 IP67 的透明防护罩，弱电插口也装有进口的 IP67 的透明防水面罩，电源插头采用防护等级为 IP67 以上的工业连接器，从多方面采取防护措施，保证产品应有的性能，

由于水、电、气展位配电箱工作于地面这样一个复杂恶劣的环境中，如果采用一般的漏电保护器，潮气将会在电子电路上产生凝露，会造成漏电开关的误动作，从而影响正常使用。所以水、电、气展位箱的漏电保护开关采用了优质的漏电开关，避免出现意外。

水、电一体展位配电箱。这种配电箱盖板由两块组成，材质为高强度花纹钢板，表面为耐磨喷塑，每只盖板有两只折叠提升拉手；盖板荷载达到 50kN/ m^2，出线口小盖板有磁吸装置，

确保了公共场所行人的安全；其弱电布置在备用口下面，有防水罩保护；一路 DN25 水快装接头，一路排水口，一只地漏，水电有铝塑复合板进行隔离；备用接线端子留有较大的空间，方便接线；输入电源为红色信号灯，输出电源为绿色信号灯，实现了有效区分；总结线采用接线端子箱，再用软电缆接入展位箱内胆。

水、电、气分离展位配电箱。为了防止地面渗漏水和灰尘的侵蚀，展位专用的电气部分设置了防水结构，可以有效防止水的进入，保证用电安全。为了满足展厅的需要，大通电气又将水、气箱设计成一个拼接式的结构，可以和电气箱拼装在一起使用。这样的结构就使水、电形成了各自的独立单元，即使水阀漏水或者水喷溅到地面上，也不会影响到电器箱的安全，这样就消除了安全隐患。

侧插型展位配电箱。水、电箱盖板相互独立，组装在同一框架总成机构内。盖板可以分别打开使用。需要用电时，必须拿开展位箱两边的钢盖板，才能进行取电插头的操作（与有出线口的地沟钢盖板配合使用）。

超薄型展位配电箱。可以预埋在地面内，盒体总高度为 100mm，满足一般施工要求。箱体侧面设计有多根地面线槽连接的装置。箱体设计紧凑小巧，适合二层以上的楼层地面预埋安装。

经济性展位配电箱。表面镀铬拉丝或喷塑，盖板上配有拉手和机械支撑装置，箱体结构简洁、美观。三相插头采用工业连接器，单相电源采用国标 86 型插座，留有弱电插口的空间，强、弱电接线箱为独立结构，互相不产生干扰，可以满足展厅的一般性要求。

此外，还有移动式展位箱、组合式展位配电箱、四单元型展位配电箱、地埋型展位配电箱等，在附录二中有具体介绍，此处不再赘述。

配套产业延伸：电缆沟施工、轻型钢盖板

除了展位箱，大通电气还研发生产了轻型钢盖板、消防栓盖板、Z 形护角铁、L 形护角铁等产品，并具有自己的特点。比如钢盖板，目前在配电间、会展中心的地面上一般都会设计设备沟、电缆沟，这种沟上一般都敷设钢盖板。以前，由于钢盖板在结构设计上不合理，工程施工现场又没有专业设备，制作出来的钢盖板不仅浪费材料，而且产品质量差、荷载低、表面处理不到位、防腐能力差，非专业人员制作的钢盖板质量不尽如人意（图 4-11）。

大通电气生产的标准的电缆沟钢盖板，采用轻质钢结构。钢盖板在四周一般都留有飞边，利于焊接。由于飞边的存在，在安装和使用时容易造成飞边重叠。大通电气设计了防叠装置，避免盖板之间相互重叠，影响地面的平整度。大通电气的钢盖

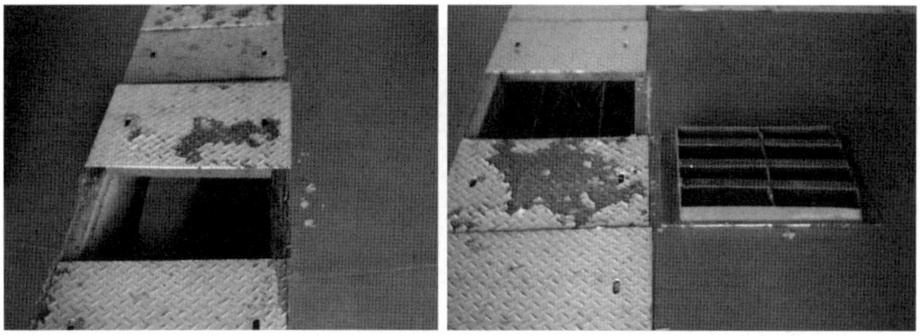

图 4-11 过去某些会展中心工程不合格的电缆沟盖板

板在制作时选用优质花纹板为面板，面板剪切好后经平整处理才进行焊接，并使用液压机平整，然后进行抛丸、喷塑、烘烤，确保了钢盖板的平整。因为喷塑是经过高温烘烤的，表面耐磨性能强于油漆（图 4-12 ～图 4-15）。

在大通电气，配电箱、钢盖板等都采用同一种先进的生产工艺，无论是在载荷、尺寸、防锈性能、耐磨性能、平整度、颜色、美观度、质量均达到优秀。如果再辅之以大通电气的专业安装水平，其卓越的品质和优质的服务能让用户由衷赞叹。

图 4-12 采用机器人焊接新型钢盖板

图 4-13 机器人焊接的新型钢盖板焊缝一致性好、美观

图 4-14 大通电气展位配电箱、钢盖板自动喷塑流水线

图 4-15 整装待发的新型钢盖板

如今，我国会展业迅猛发展，展会数量逐年增长，展览设施不断增加、更新，已经形成了京津、长三角、珠三角三大会展经济产业带。其他很多地方也都希望通过会展产业的发展，积极推动地方经济增长。一些地方政府更是将会展业列为支柱产业之一，出台各种优惠政策，积极推动场馆设施建设。大通电气也将迎来自己发展的新时期。

第5章
市场：我们带着一颗进取心来了

千金之珠，必在九重之渊而骊龙颔下。

——《庄子·列御寇》

人们最常说“商场如战场”。商场激烈无情，犹如战场上的较量，你死我活，优胜劣汰。其实，商业竞争对一个企业经营者来说，就如同吃饭睡觉一样普通，但是要在竞争中取胜，就不是“普通”两字说得那么轻松了。我们也经常提到“双赢”“共生”，但事实上很多情况下商场上的竞争还是残酷的，经营者必须像猎豹一样关注目标，并调动全部的力量，用速度、机敏、冷静去取得竞争的胜利。一个企业的成长史就是不断地面对竞争对手，并不断地战胜对手的过程。这些竞争对手有同行业竞争者，有潜在的新竞争者，还有替代产品竞争者。但最终能确保企业在这场战争中取得胜利的，只能是靠企业自己。这是商场对商家的一种自然要求。他们也始终坚信商场和战场有着本质上的不同，不管到什么时候、面临什么样的境遇，商场上的竞争都应该是依法进行的正当竞争，要以高质量的产品、高水平的服务及正确的营销策略赢得广大客户。

大通电气发展十余年，始终坚持自己的方向，做自己真正擅长的产品。他们清楚，对于一个新的市场，需要新的产品来推动，模仿只能让一个市场最终走向疲软。从建立之初到现在，大通电气从来没有急躁，领导层不急躁、战略制订者不急躁，踏踏实实地走好每一步路。他们的产品不多，却能详细地说清楚产品的标准、产品能为客户带来什么、产品的自身特点和功能存在哪些突出亮点和功能、产品和行业内产品相比的共性和个性特点。所以，他们的产品一直都能有力地说服自己的客户。

大通电气一路走来，一直知道“商场如战场”，产品研究、产品制作是自己与自己的战争；产品的推广、销售，则是与同行对手之间的战争。想要在激烈的竞争中生存下来，就必须强大自己；面对对手的挑衅，一定要勇敢反击。

世博胜仗

2010 年 5 月，第 41 届世界博览会在上海成功举行。这次的场馆建设中，使用的移动式展位箱是大通电气的产品。

世界博览会要在上海举行的消息刚来时，大通电气就萌生了将产品打入这一盛大工程的想法。如果自己公司的移动展位箱能够进入世博会展馆，不仅能为国争光，也能为产品打开通往国际市场的大门，对提升大通电气在市场上的美誉度、信用力有重要的意义。低调、沉稳而不呆板的吴永锋，知道这一仗对自己的重要性。但是，他仔细了解和研究了展览馆的建设要求后，又不由得有些犹豫。这次世博会规模空前，国家专门投资 450 亿元用于展馆的建设，足见对这次展览会的重视。在展馆建设中，国家馆建筑面积就超过 2 万平方米。整个展馆需要设置各种视听设备，要想达到理想效果，场馆建设时就要达到非常高的标准，尤其是场馆内的水电设计。“创新，是世博会的灵魂。”创意世博，不仅体现在新建筑、新技术的硬件创新中，更体现在软件创新的每一个“细胞”中。

世博会场馆中，所有的管线和通风口都要求隐藏在建筑体内；“水”的元素贯穿始终；“中国红”是从足足上百种红色材料色样中逐一挑选而出的，在夜晚需要不同的灯光投射才能显现出最完美的效果；场馆中还采用了多种大型多媒体展现形式。如此复杂、专业的显示方式，对水、电、气、网络的供应提出了极高的要求。以大通电气的实力，能否拿下这份订单，自己的产品能否满足场馆的需要，起初他们也有点忐忑。吴永锋找到了同济大学设计院的一名老师。他是吴永锋的老朋友，负责这次世博会地面布线设计，之前在其他工程上与吴永峰也有过合作。

看到大通电气带着展位箱上门自荐，这名老师首先肯定了他的产品。之前合作多次，他对吴永锋的为人和技术能力非常信任，对他带来的展位箱也给予了极高的评价。他告诉吴永锋，虽然看起来展览馆对提供水、电等的要求比较高，但归根到底，产品之间的竞争还是质量的竞争。大通电气的展位箱质量和设计理念上已经有足够的保障，即使暂时不符合世博会的要求，也可以通过细节的改进来逐步达到要求。他鼓励吴永锋积极参与竞争，并为他介绍了世博会施工总承包单位的一名项目经理。

有了设计老师的肯定，吴永锋又找回了自己的勇气和信心。他相信自己的产品经过了科学的设计，质量也有保障，一定可以满足世博会的需求。他第一时间找到了项目经理，受到了热情的接待。经过多方协调，吴永锋将项目经理、分管电器采购的业主代表和现场监理负责人约到一起，现场讲解、安装、演示了自己事前设计好的现场布置方案和产品模型。经过多年的开发和改进，大通电气的展位箱已经具有了多种款式和规格，可以满足多种场合的需要，产品质量也非常可靠。

看到演示，现场的专业人员都给予了积极的评价，认为大通电气的展位箱性能好、质量优，正是世博会展馆所需要的产品。

初战顺利，但是并不意味着接下来的路会畅通无阻。吴永锋认识到了产品进入世博会的重要性，他的一家竞争对手同样在行动。吴永锋辗转听说世博会的高层领导曾发话："世博会要选择使用最好的产品。"听到这句话，吴永锋松了一口气，他觉得那位领导的指令对大通电气是个很大的帮助。论企业的公关能力和经济实力，大通电气无法和很多竞争对手相抗衡，但技术是吴永锋的特长。当时的大通电气还租在老横港乡政府大楼改成的车间里，局促而偏僻，但是，吴永锋对自己的产品有信心："我发明的东西，我了如指掌，知道里面的所有窍门儿。我甚至可以根据现场需求，进行改装、加减，重新组合，让它适应各种场馆的需要。"（图 5-1）

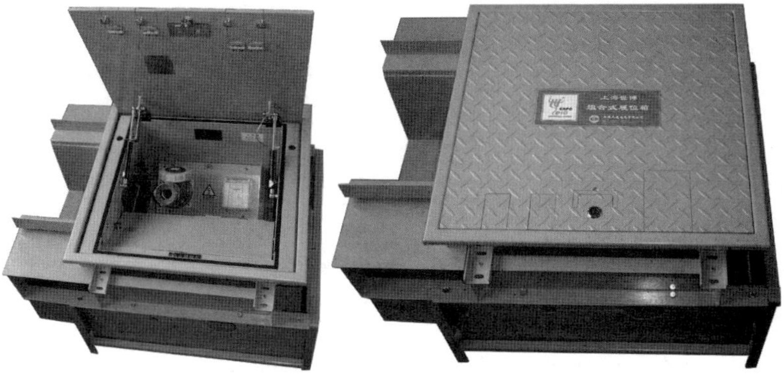

图 5-1 2010 年上海世博会主题馆展位配电箱

在大通电气积极研究展览会场馆设计方案、改进展位箱的同时，竞争对手没有在产品竞争上下工夫，反而不断对大通电气施压，甚至准备在南通市中级人民法院提起诉讼，对展位箱的专利权提出异议，想以此来吓退大通电气。得知这个消息，吴永锋没有任何慌张。会展展位箱由他研发并组织生产，他有足够的证据证明自己对展位箱拥有专利权。在紧张的产品生产的同时，大通电气也拿起法律武器来捍卫自己应有的权利。最终，对方还是知难而退了。大通电气并没有等到开庭通知，这场官司就这样不战而胜。

大通电气的展位箱顺利进入了招投标环节，依靠自己过硬的产品质量得到了各方评委的认可，最终以高于竞争对手的价格中标，成功进入了上海世博会展馆（图 5-2 ～图 5-4）。对大通电气来说，参与这次工程项目的竞争，并非以盈利为目的：第一是为世博会作贡献，第二是为进一步提高大通电气在行业内的知名度。世博会是对中国展览界的一次大考，参与世博会的竞标也是大通电气经历的一次大考。很明显，他们顶住了压力，通过了这次考试。

图 5-2　2010 年上海世博会主题馆展位配电箱安装施工

图 5-3　2010 年上海世博会主题馆展位配电箱

图 5-4　2010 年上海世博会主题馆优秀供应商证书

这次的成功让大通电气今后更加一身正气，“行走江湖”更加自信。这次成功也让大通电气发现了新的产品展示途径，就是积极参与大型展览馆建设的竞争，每一次竞争都是一次考验，但更是一次难得的机遇。当然，企业能在各种竞争中取得胜利，归根到底还是要把产品质量放在首位，这才是关系到企业生死存亡的最重要的基础。没有质量，就谈不上品牌、发展，竞争也就成为空谈。特别是对于大通电气这种尚处在起步阶段的企业来说，只有确保产品的质量，才能打造一流品牌，进入强者之林。

中原逐鹿

2014 年，大通电气的 AFC 防水管槽已经开发成功，正处在市场推广阶段，他们得到了郑州要建地铁的消息。只是这个消息获悉得有些晚了。大通电气的销售负责人李进赶到郑州时，供需双方已经签订了合同，只差施工采购方盖章就生效了。面对这种情况，很多人都会退缩，但李进还是决定搏一搏。大通电气的销售人员一直以敢闯敢拼扬名。因为产品质量好，他们的底气也很足。但外人不知道的是，大通电气内部一直有一套完整的评估体系，一个市场能不能进入，一个机会能不能争取，都有科学的评估结果作为支撑。

对于一个企业来说，能找到市场机会固然重要，但抓住市场机会不等于抓住成功。在市场机会面前，每个企业、每个产品都是平等的，但是结果却往往大不相同。在巨大的市场机会面前，诸多企业在风云变幻的市场上演绎着不同的角色。面对诸多市场的空白点和利益的诱惑，一些企业一发现新机会就上马新项目、新产品，结果却因为产销不对路等原因招致失败乃至最终破产。面对机会如何取舍？大通电气建立起一整套自己的体系。他们有完善的信息来源，最大限度地收集各种意见和建议，并请专业人员进行市场机会分析，确保机会和企业的任务、目标、发展战略相一致。

面对郑州地铁这一机会，大通电气通过多种途径收集了郑州的城市交通状况。自 20 世纪 90 年代以来，郑州市发展迅速，道路交通面临巨大压力，建设地铁分流车流、人流已势在必行。在此之前，全国开通地铁的都是一线城市和西安、武汉、成都等强二线城市，郑州能够成功获准建设地铁，不仅仅是为了满足城市交通的需求，从战略的角度来讲，可以大大提高郑州在国内、国际上的知名度，极大地提升城市交通运输能力，促进经济快速发展，扩大引进外资的机遇，大大改善人民生活水平，整个城市面貌都会有跨越式提高。“地铁能盘活一座城”“地铁一响，黄金万两”，地铁给城市带来的广泛影响有目共睹。通过收集详尽的材料及科学的分析，最终得出的结果是，这个订单必须要争取。以郑州的发展前景，必然要建成环绕全城甚至辐射周边城市的地铁群。如果这一仗能打开局面，大通电气的产品将有机会参与今后郑州所有的地铁建设。

李进和各个方面联系，才知道事情的经过。郑州地铁在建设前也曾前往全国很多城市考察相关情况，地铁建设单位知道 AFC 管槽必须防水，也提出了采用防水管槽的要求；其设计方知道国内市场有防水管槽，但具体是什么样的设计、去哪里买却不知道；工程采购方对什么样的管槽可以防水也不甚了解。多方一致提出 AFC 管槽必须防水，该省一家生产桥架的厂家便顺势说自己的产品可以防水，不久后便签订了订货合同，只等最后一个公章了。这时候，大通电气的产品亮相了。李进在现场安装演示一遍。大家都是行家，一看结构、原理，纷纷认为这果然是个好东西，肯定可以防水，工程需要用的就是这样的产品。但人家合同基本确定，即将生效，而且又是本地企业，之前的工作做得深入，想要推翻谈何容易。

李进在市场摸爬滚打多年，见大家对大通的产品感兴趣，便耐心讲解。他对产品本身的设计和性能都非常熟悉，介绍起来娴熟、生动。李进提出来，地铁 AFC 管槽在整个系统中的地位就相当于家庭装修中的水电工程，虽然是隐藏在看不见的地方，但万一需要更换却非常麻烦，所以更需要选用靠得住的产品。尤其是地铁 AFC 系统管槽万一出现渗水、漏水，很容易出现大规模的安全事故，给整个地铁线路带来极大的安全隐患。他动之以情、晓之以理，最终，工程方、设计、监理、施工等各方面一致决定，在网上重新招标，也就是说，一切从零开始。

闻讯而来应标的单位共有 19 家。第一轮资格审查后，留下 11 家；第二轮筛选后剩下 9 家；第三轮后，还有 6 家入围。业主、设计、监理、施工等各方面组成了二三十人的采购评审团，要求 6 家应标单位都带实物、报价到现场比拼。随着郑州地铁建设的宣传，很多公司也都意识到了这条地铁线建设背后隐藏的机会，都想挤进来分一杯羹。而且，能经过三轮选拔进入最后的“决赛”，其他 5 家公司的实力也不容小觑。转眼间到了“决赛”的时间。李进本以为会面临一场恶仗，没想到，很多公司做的准备并不充分，6 家单位只有 3 家带来实物，另 3 家仅带来了书面材料和报价。

事到此时，评审团已不再需要单纯地看材料，那 3 家自然被淘汰。随后开始现场的评审。第一个进入评审现场的是上海某厂，他们带去的实物样品与实际工程需要使用的产品不同样，现场演示尚可，但实际上与工程的要求不相符。面对评审团的提问，现场推介人员左推右拖，无法解答关键问题如何解决，其产品无法适应工程现场的需求。这家公司已然失败。

第二个进入现场的就是前面已基本签合同的那家桥架厂。其样品与大通电气的产品类似，但没有学到大通公司的精髓。现场演示时，他们所使用的黏合用品是玻璃胶，涂抹得不美观，而且一时间干不了，在玻璃胶未干时其组装的产品也无法试水。此时，有评审团成员提出：你说产品防水，此前是否经过检测？有没有检测报告？骑虎难下的厂家只得答应说“有”，但未携带，现场无法提供。评审团让推销员立即与其后方联系，电传检测报告。其实该公司并没有相关的检测报告，推销员与其公司联系，想要“临时抱佛脚”，想办法先把这一关应付过去。但是这个对话正好被人听见并报告给了评审团。评审团通知大通电气进入现场。李进介绍资料、提供检测报告、现场组装样品。大通电气组装的样品不用黏合剂，不需要等待，直接可以检测使用。不要小看这一点点的不同，实验阶段只是节省了一点点时间，但是正式施工时将大大节省工期。当李进拿桶要往线槽样品里灌水时，评审团资深专家王珂伟说：不用灌了，你这个结构和别人不一样，肯定不漏水。李进在现场所有的动作都做完了，第二家公司的检测报告还没有传真过来。于是，大通电气逆袭成功，中标价还稍高于对方的报价。此后，郑州的地铁所用 AFC 管槽均为大通公司的产品（图 5-5，图 5-6）。

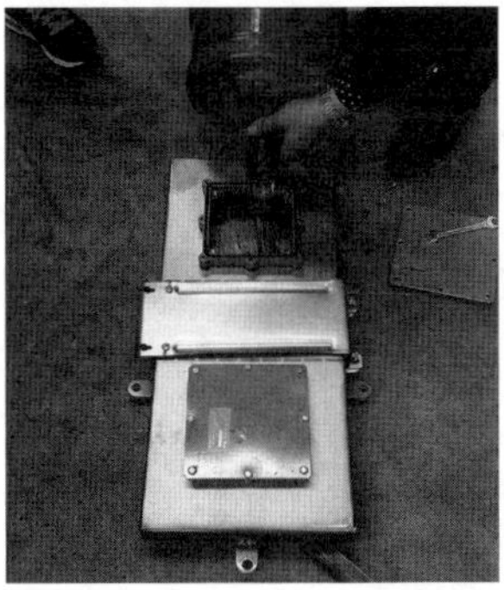

图 5-5　AFC 防水管槽灌水试验

图 5-6　客户厂验气密性测试

大通电气的预测没有错。第一条地铁线建成之后，郑州的地铁建设进入了迅速发展的时期，多条地铁线纷纷开始建设。预计从 2019 年至 2022 年，郑州市每一年都会有地铁新线开通运营，待全部建成后，郑州将有望进入全国地铁发达城市前十位，郑州国家中心城市地位进一步巩固和提升。郑州进入了迅猛发展的新时期，大通电气也迎来了发展的新阶段。

西北战歌

兰州地铁开始招商时，大通电气的产品并不在可选范围之中。但大通电气得知建设方有位处长来苏州考察后，负责销售的总经理李进立刻开车前去苏州拜访。经过多方努力，设法结识到考察团一行。他详细介绍了南通的情况、大通电气的优势、产品的特长，最后说动该处长一行从考察行程中抽出几个小时的时间，到大通电气实地考察。对兰州地铁项目的争取，大通电气也经过了严密的调研。作为中国西北地区重要的工业基地和综合交通枢纽、甘肃省省会，兰州一直没有地铁线路实现运营。尤其是兰州地质条件复杂、基坑安全风险高、施工难度很大。它的基坑土方为红砂岩，地下水丰富，红砂岩遇水迅速软化成泥，开挖难度非常大。这种地理特点也致使AFC管槽更容易出现渗水的现象，而这却为大通电气的产品提供了更大的舞台。

“临时考察团”在大通电气只停留了半个小时。但是，在这半个小时里，他们看到了一个处在行业领先地位的企业的样子。车间里工人穿梭忙碌，井井有条，仓库里堆满即将启运的产品；在大通电气的展览室，多年泡在水里的管槽表面已经长满了青苔，但从出线口看下去，整个管槽内部却没有一滴水，让参观团大为惊叹。陪同参观的吴永锋和李进详细介绍了AFC防水管槽的设计原理，其精妙的想法和设计让参观者啧啧称赞。短短半个小时，大通电气给他们留下了非常深刻的印象。

因为这次“半路”拉来的机会，大通电气的产品进入了兰州地铁招商方的视野。不久，他们接到通知，让他们正式参与招标竞争，为业主提供样品。面对西北最大城市之一的兰州地铁项目，竞争者众多，而且，在大通电气之前已经有厂家参与了招标，有些公司甚至已经和施工方达成了初步协议。但是“编外”的大通公司送去样品一试，完全防水；“编内”的产品一试，总是因为各种原因导致漏水，于是，招商方决定重新制定招商品牌。在正式的比评现场，大通电气自然也毫不畏惧。产品原理介绍及功能展示一结束，就已经得到了评审团的首肯，在比评中脱颖而出，顺利成为兰州地铁的供货商。大通电气的AFC防水管槽从此占领了兰州市场。

和很多次成功一样，这次顺利打入兰州市场的机会，也是大通电气从竞争对手手中“抢”来的。企业的生存和发展离不开激烈的市场竞争，只有在激烈的竞争中稳占一席之地，企业才能生存和发展。在市场中，机会多种多样，无处不在，企业只有抓住与自身发展最相符合的、自己最能把握和驾驭的机会才具有实际意义。在抓住市场机会方面，大通电气无疑走在了很多企业的前面。很多企业习惯于面对成熟的市场和机会，但想在成熟的市场中“杀”出一条“血路”、抢夺一块蛋糕并不容易，机会也并不总是那么多，还要面对充满众多竞争对手的“群狼环伺”的境况。想要在激烈的市场竞争中胜出，就必须了解客户对产品的需求和渴望，从中发现众多竞争对手还没有充分意识到的潜在的市场机会，引导发展趋势。

市场机会是客观存在的，或早或迟总会出现，至于抓住它是早还是晚，取决于企业的主动性。面对已经成熟的 AFC 管槽市场，大通电气进入的难度很大，却能敏锐地发现市场需要防水性能好的管槽，而当时并没有其他企业能提供。抓住了这一机会的大通电气，根据市场环境的要求做出了取舍，最终研制出完全防水的管槽，在激烈的竞争市场中找到了自己的空间。配合丰富的销售方式，大通电气的产品一进入市场便迅速填补了空白，挖掘出自己的消费群体，避免了竞争对手的侵扰，在新的细分领域获得了绝对的领先优势。当这个新领域也开始有了竞争对手之后，大通电气一边在研发上下工夫，不断根据市场需求开发新的产品型号；一边在挖掘机会，力争让自己的产品占据更多的市场份额。大通一旦认准了某个市场机会，就坚定地抓住它，在这个细分市场里走得更远、更深入。

很多合作伙伴和竞争对手提到大通电气时，时常感慨他们机遇好，总能碰到好机会。对此，大通电气则认为，机会总是留给有准备的人，对企业来说亦是如此。虽说外部环境在一直变化，但内因是一成不变的，坐等天上掉馅饼，那只能是黄粱美梦。只有认清行业发展趋势，完善内控管理，在品质、速度、服务上下工夫，提升品牌知名度，才能抢占市场，扩大市场占有率。所谓的利用机遇，实际上是一种“倒逼机制”，它强迫企业练好内功，进行产业整合，砍掉一些与主业不相关的、没有前途的产业，挖出最大的潜力培育主业，利用机会培育自主品牌，进行资源整合，才能在机遇来临时及时抓住。对企业来说，要做好随时迎接机会来临的准备。除了加强产品的研发和质量管控，大通电气将客户管理也放在了重要的位置，在日常中培育出了良好的客户关系。大通人对自己的未来信心十足，他们开创的是一个朝阳的产业。

新的市场意味着新的机会和新的发展机遇。大通电气已经跻身于这个市场，并且占得了先机。弥足珍贵的是，大通电气并没有被胜利冲昏头脑，越是领先，越重视对自身实力的研判，寻找与自己发展规划相符合的机会。在面对市场机会时，冷静地观察，客观地对待，全面地分析，加强市场调研，掌握各种市场条件，不断发掘市场机会，确保从设计、生产到销售等各个环节的畅通，只有这样才能使自己处于竞争的最高点。大通电气在这条路上必将走得更远、更稳定。

南国风光

在进入深圳市场之前，市场推广人员有着很严重的畏难情绪，大家认为深圳是我国科技最发达、经济发展最快的城市，企业没有一定实力、没有一定规模，产品是打不进去的。很多朋友、同行也劝吴永锋“走一步看一步”，不要冒进，守好自己已有的一亩三分地才最重要。吴永锋起初也很迟疑，我们一个南通乡下的民营企业，还没有到南方这么大的城市去做过业务，深圳市场有可能打得进去吗？就这样拖延了一两年。后来越想越觉得不对劲，我这么好的东西，为什么不能让更多人认识它、使用它？让它在深圳的发展中发挥作用？深圳的市场是全国乃至全世界的市场，应该是好产品的天下，是新生事物显示生命力的阵地。对大通电气来说，如果能占据深圳市场，能起到一个良好的宣传示范作用，对今后产品的推广也更为有利。

谁知道，大通电气华南区域销售副总经理左彬找到深圳地铁建设单位的一位部长，给他看了产品后，却被嗔怪：“你们怎么不早点来？我这里要找防水的管槽找不到。我们就是在找解决这个问题的办法。”当时深圳 7 号、9 号、11 号三条地铁线同时开工建设，大通电气的 AFC 防水管槽顺利进入地铁建设方的视线。当时，也有相关企业来此竞争，但行业内没有其他企业做 AFC 管槽能达到 IPX7 这样的技术要求，把所有的样品摆在一起，大通电气虽然名不见经传，但产品质量过硬，大通电气顺利拿到订单，进入深圳市场。

但是，新的挑战还在等着大通电气。深圳人办事是出了名的认真、严格。他们说，三条线可以都用你们的产品，但要保证 100% 不渗水（图 5-7）。为了确保这一要求能实现，他们还提出具体的检验要求：AFC 管槽全部安装完毕后，所有产品都要在现场通过防漏试验。大通电气对自己的产品有信心，真金不怕火炼，自己的管槽不怕水泡。如果这次能通过严格的检验，

图 5-7　深圳施工现场 AFC 管槽外面灌水试验

在今后的市场上反而更有说服力。但是，用什么方法来自我测试，成了一个新的难题。

一小段 AFC 管槽可以浸入水中试验，但一个个站台安装好的 AFC 管槽长达数百米，怎么能浸入水中？不浸入水中又如何能证明不渗水？把水灌进管槽的方法理论上可行，但实际操作会产生很多问题：第一，灌进去的水会污染管槽；第二，把大量灌进去的水再放出来，施工现场也不允许。吴永锋苦思冥想，夜不能寐。他想到充烟，漏水处肯定会漏烟，肉眼看得见。但这么长的距离，从哪里弄那么大量的烟？想到日常生活中看到的补车胎。如果漏水，肯定会漏气。漏气多的地方会有声响。漏气少的地方，那么在可疑处刷上肥皂水。这个方法行不行？大通电气马上在工厂进行防漏试验。经过多次反复试验，证明这个办法可行。深圳地铁现场试验那天，业主、设计、施工、监理等单位来了许多负责人，现场观摩、监督。大通电气的工作人员用这个办法对现场的 AFC 管槽逐个充气测试，没有发现漏气、冒泡，测试顺利通过。

最终，深圳三条地铁所有站点都使用了大通公司 AFC 管槽。使用前，全部在现场进行了气压测试，并且根据规定都做了测试记录（图 5-8 ～图 5-11）。

后来，吴永锋想到，依据《外壳防护等级（IP 代码）》（GB 4208），防护等级 IPX7 以上的标准要求，可以采用气压来模拟水压测试。经过多次反复试验，吴永锋得出一个可行的结论，AFC 管槽的气密性测试可以通过压力仪表的读数变化来

图 5-8 深圳施工现场 AFC 管槽气密性试验

图 5-9 陈凤敏女士在深圳地铁工地考察 AFC 防水管槽

图 5-10 防水管槽气密性测试保压中

图 5-11 监理单位在施工现场参与防水管槽气密性测试

判断，即向 AFC 管槽腔内充入一定压力，采用压力传感器的信号输出来判断 AFC 管槽是否有泄漏。在施工现场，一般压力保持 10m，在单位时间内判断压力传感器输出的变化值，并观察压力下降率判断产品合格与否。这种方法测试效率高，不受主观因素影响，而且，测试后不需要对 AFC 管槽进行其他清洁处理。吴永锋由此制作、发明了 AFC 测压仪。

现在，气密性试验已是大通公司 AFC 产品出厂前必做的检查。在地铁工地投入使用前，也提供现场气密性测试，把好最后一道关。他们用自己发明的最锐利的“矛”来检验自己最坚韧的“盾”，左右互搏，独树一帜，独此一家。

第 6 章
捍卫：只有被模仿，从未被超越

非经自己努力所得的创新，就不是真正的创新。

——松下幸之助（日本松下电器创始人）

相对于产品销售这个“正面战场”上的激烈较量，“敌后战场”上同样刀光剑影。自从大通电气的产品开辟了一个新的领域，短时间内就引来了众多的模仿者，他们或者偷盗大通电气的资料，或者仿制其产品，甚至欲从根本上否定大通电气的发明专利，想置之于死地。而大通电气或防御，或进攻，一样赢得精彩。

AFC 防水管槽专利维权

那一年，武汉要建造地铁。那个时候，AFC 系统管槽要防水的概念已经深入人心，大通电气的产品也在业内打开了局面。吴永锋带着公司的销售人员与地铁建设方多次交流，除了介绍了自己的产品，还结合武汉地铁建设提出了自己的想法，双方相谈甚欢。没想到，最后却没能实现合作。没有拿到订单，大通电气本也没有太放在心上，毕竟在市场营销中出现这样的情况也很常见。武汉那条地铁开通运营后，陆续出现了 AFC 管槽漏水的现象，给地铁运行带来了很大隐患。用户和设计单位一直以为 AFC 管槽用的是大通电气产品。此时，正好大通电气回访，与公司领导和建设单位主管 AFC 系统的负责人聊起来才知道，虽然他们前期一直在和大通电气联系，但是到了最后采购时，负责材料采购的某施工单位经办人却通过自己的“采购渠道”，私下“狸猫换太子”，悄悄向另外一家生产桥架的厂家订了货。

那个厂家并没有做防水管槽的生产经验，也不知道管槽防水的原理。他们在其他工程里偷拿了大通电气的产品回去模仿，生产出来的产品虽然看起来和大通电气的产品相差不大，但是并没有掌握产品制造的技巧，根本达不到防水要求，地铁开通不久后，AFC 电缆全部泡在水里，对今后的运行维护带来了极

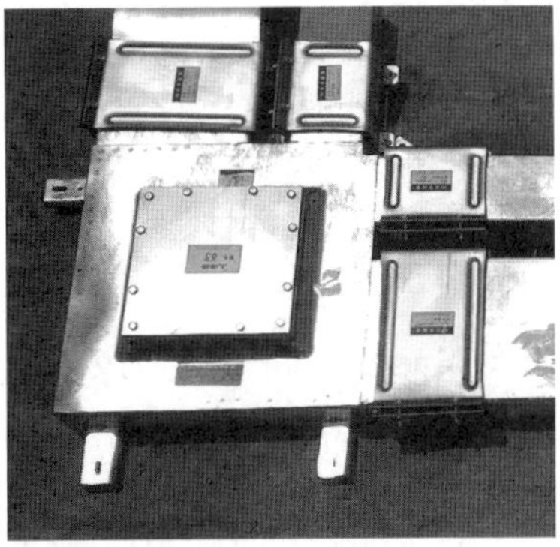

图 6-1 大通电气 AFC 防水管槽专利产品（1）

图 6-2 某公司 AFC 管槽侵权产品（1）

图 6-3 大通电气 AFC 防水管槽专利产品（2）

图 6-4 某公司 AFC 管槽侵权产品（2）

大的麻烦。大通电气对此事进行了详细了解，发现那个厂家所有送达的产品上都没有标识，明显是“三无产品”，而当时大通电气的这款产品已经获得了专利，该厂的做法实际上已经侵犯了大通电气的专利权（图 6-1 ～图 6-4）。

为了保护自己的知识产权，大通电气收集了足够的证据，向湖北省知识产权局投诉。省局移交至武汉市知识产权局处理。武汉市知识产权局也十分重视，介入调查，最终追查到了侵权的生产厂家。大通电气拿出自己的设计方案和专利证书后，对方终于承认了自己的侵权行为。经过多方面协调，对方向大通电气道歉，承诺今后再不发生这样的侵权行为。这次反击也让大通电气获得了较高的声誉，此后武汉地铁的 AFC 管槽绝大部分采用的都是大通电气的产品。

大通电气是一个典型的创新型中小企业。企业的创始人吴永锋几十年如一日地坚守在产品研发第一线，拥有多项技术专利，是当地有名的创新型企业家。在他的带领下，大通电气的拳头产品均为自主研发制造，开创了一个新的行业，并创造了巨大的收益。但是，随着大通电气销售范围的扩展和销售量的增加，被模仿、被侵权的现象也时有发生。为了维护自身的利益，为了维护新研发产品的整体质量，能更好地为客户服务，大通电气坚持与侵权作斗争，走过了一段艰辛的历程。

我国在 2012 年就已经成为专利申请第一大国，专利技术如今已经是企业谋取竞争优势的途径，创新能力和国外的差距逐步缩小。在现在的形势下，提升中小型企业的知识产权管理和保护能力，对于切实发挥知识产权在经济社会发展中的支撑保障功能、增强创新驱动发展、建设创新型国家有着重大的意义。

大通电气具有很强的知识产权保护意识，对于自身研发的新产品都会及时申请专利。为了更好地保护知识产权，大通电气在公司内部建立起一整套的专利战略体系。作为一家中小型企业，大通电气的行政人员并不太多，却有专门的专利负责部门，为整个公司制定专利申请及保护策略。日常工作中，专利部门及时收集市场信息，注重客户的反馈意见，通过各种专利文献获得最前沿的科技信息，以此准确判断现有技术所处的成长阶段、新技术的发展动态和可能的应用领域、本行业的技术发展动态、新产品的使用寿命、潜在市场和经济价值，在此基础上来研判是否需要组织开发新产品。

对于大通电气来说，因为研发的都是一些开创性的专利技术，市场上从未出现过，客户对此也一无所知，无法对其进行市场调查和预测。因此，主要是依赖于技术预测，或者先制作出样品，通过向潜在的客户宣传其实用价值，开辟新的市场。这样的预测工作自然含有一定的不确定性，可能带来风险和偏差，甚至会影响企业的业绩。但大通电气依然将创新放在最重要的位置。一时的失败不要紧，只要真正了解市场的需求和空白，认准方向，即使一时失利，也不会轻言放弃，直到研发和生产出真正符合市场需求的产品。

大通电气在公司内部施行激励发明战略。销售人员常年奔走在设备使用的第一线，直接和实际使用的客户打交道，最能敏锐地知道本公司产品在使用阶段的优点和缺陷；公司的工人处在生产的第一线，对产品制造的过程有着最清晰的了解。大通电气注重从这些基层人员中获得灵感，建立合理的奖励制度，完善专利战略的研发工作规章和规程，对专利研究的人员进行表彰，尤其是对获得专利的员工，更是重奖，在全公司内部营造了人人重视创新、人人争取创新的良好氛围。

著作权保护

企业的风格源于带头人。大通电气的创始人吴永锋是个典型的技术型领导，虽然创业闯出了一番事业，但一直保持着专注、踏实的工作作风。他年轻时就学习美术，后来又自学了电脑技术，精通多种绘图技能，大通电气的很多产品介绍手册都是他亲自设计绘制。画一张图看起来简单，但因为产品都是自主研发，没有任何参考，每一张都是原创，绘制过程中不知道推敲了多少次、推翻了多少次。知识产权保护意识很强的大通电气人，对不少图片作品都申请了著作权保护（图 6-5，图 6-6）。

2018 年上半年，一个偶然的机会，大通电气发现一家同行企业在其产品宣传册和网站上使用了吴永锋绘制的《展位配电箱大全》宣传册上的七张原创图片。展位配电箱是大通电气自主研制的产品，已获得发明专利；这些图片是大通电气原创，也受到法律保护。竞争对手以此作为自己的宣传图片，已经侵

中华人民共和国国家版权局

著作权登记证书

申请者南通大通电气有限公司（中国）提交的文件符合规定要求，对其于 2012 年 02 月 28 日创作完成，并于 2012 年 02 月 28 日在江苏首次发表的作品《展位配电箱大全》，申请者以法人作品著作权人身份依法享有著作权。

经中国版权保护中心审核，对该作品的著作权予以登记。

登记号为：国作登字-2013-L-00089771

登记日期为：2013 年 04 月 11 日

作品自愿登记专用章

图 6-5 大通电气《展位配电箱大全》著作权证书

中华人民共和国国家版权局

著作权登记证书

申请者南通大通电气有限公司（中国）提交的文件符合规定要求，对其于 2012 年 02 月 28 日创作完成，并于 2012 年 02 月 28 日在江苏首次发表的作品《展位配电箱大全》，申请者以法人作品著作权人身份依法享有著作权。

经中国版权保护中心审核，对该作品的著作权予以登记。

登记号为：国作登字-2013-L-00089771

登记日期为：2013 年 04 月 11 日

作品自愿登记专用章

图 6-6 大通电气《AFC 地面布线系统》著作权证书

犯了大通电气的版权。大通电气辗转联系上侵权方，却沟通无果。于是向通州区人民法院起诉，认为对方侵害了自己的著作权，要求停止侵权、赔偿损失。通州区人民法院多次组织双方调解，最后达成协议：被告停止使用侵权作品、赔礼道歉，对大通电气进行经济赔偿（图 6-7 ～图 6-16）。

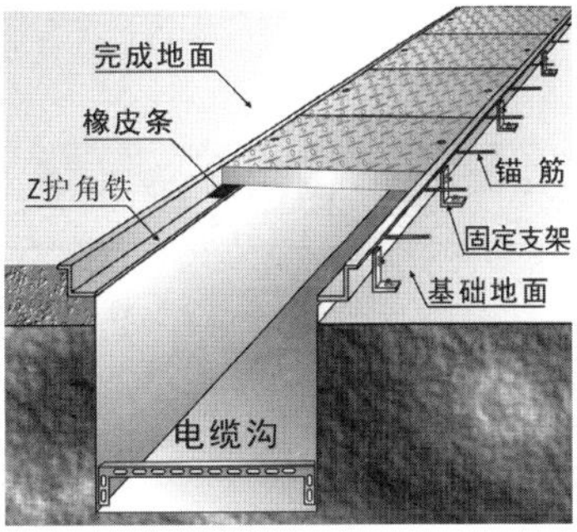

图 6-7 大通著作权图片（1）

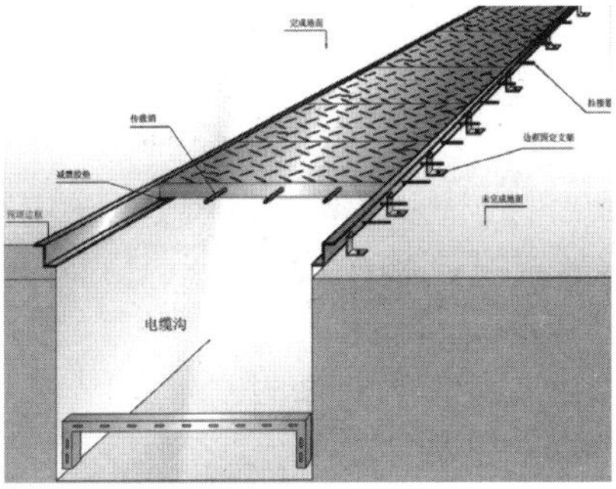

图 6-8 某公司侵权图片（1）

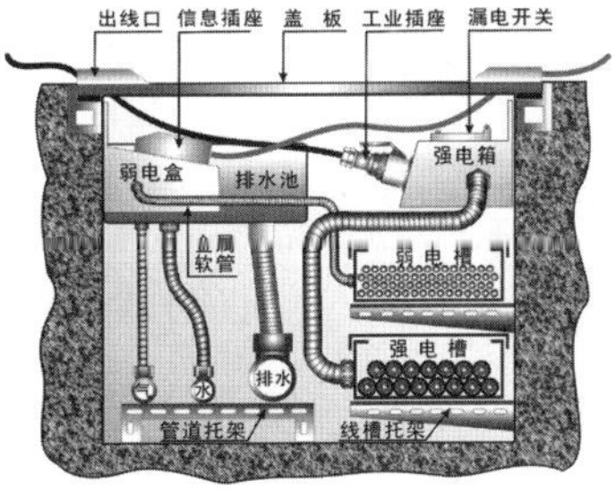

图 6-9 大通著作权图片（2）

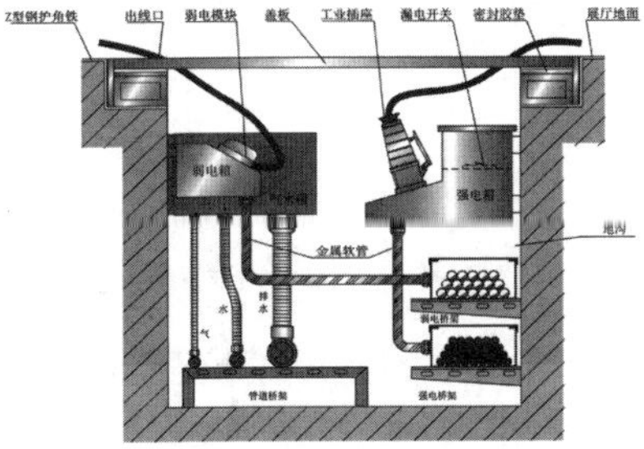

图 6-10 某公司侵权图片（2）

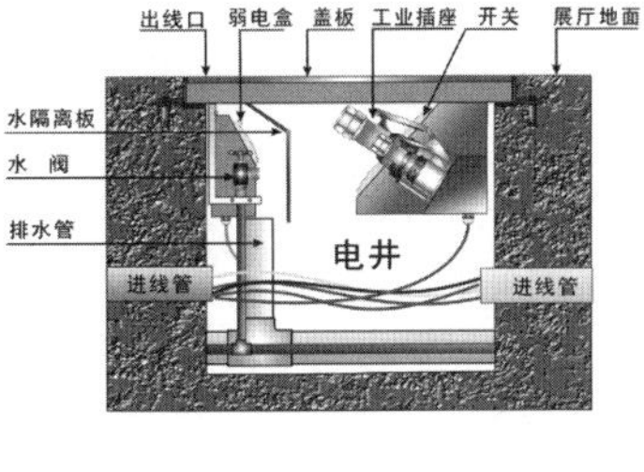

图 6-11 大通著作权图片（3）

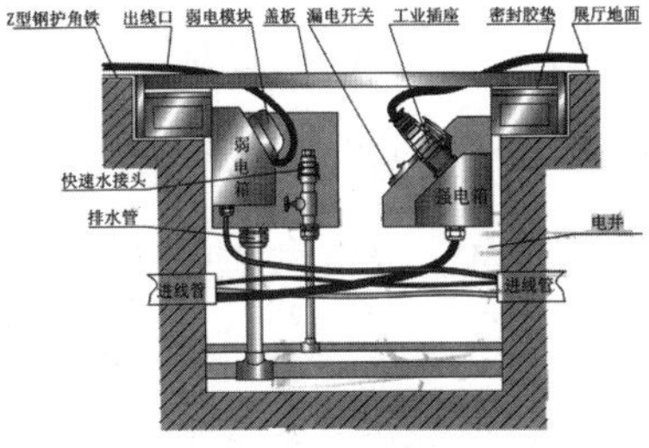

图 6-12 某公司侵权图片（3）

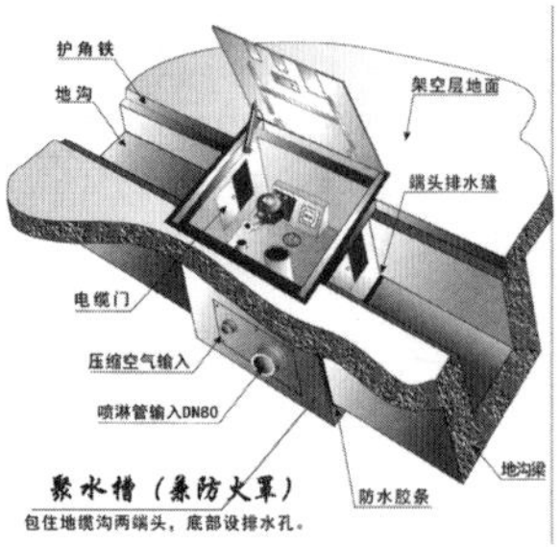

图 6-13 大通著作权图片（4）

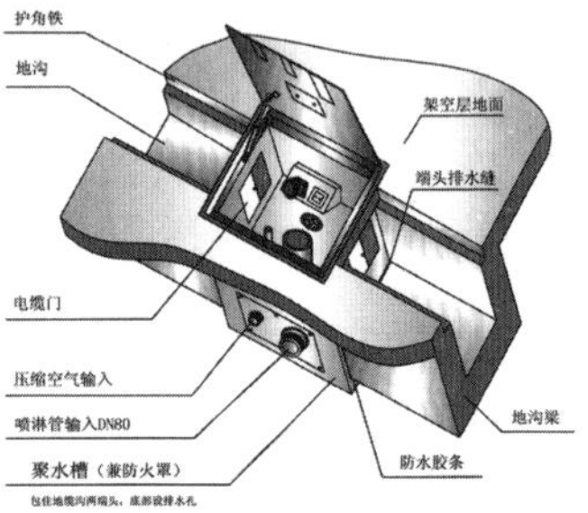

图 6-14 某公司侵权图片（4）

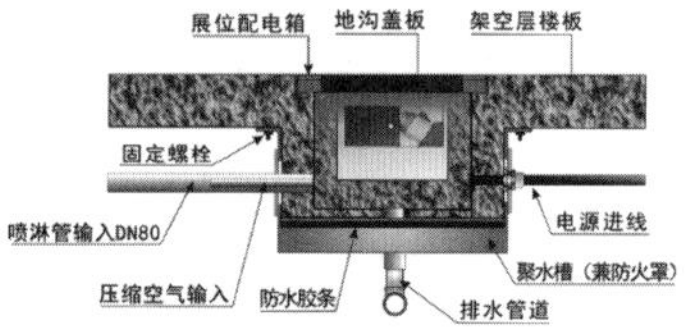

图 6-15 大通著作权图片（5）

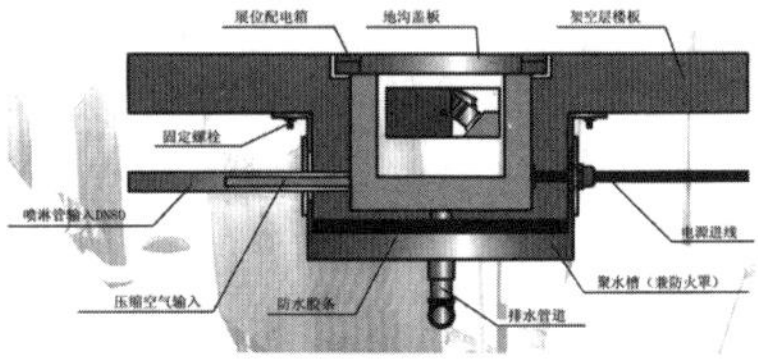

图 6-16 某公司侵权图片（5）

知识产权保卫战

大通电气面临的侵权行为还不止这些。作为本行业的领头企业，大通电气时时处在竞争对手的视线范围内，他们试图通过市场之外的途径模仿甚至打击大通电气。

2018 年 5 月，一家同行向国家知识产权局专利复审委员会提出请求，要求宣告吴永锋获得的“方管密封连接器”发明专利全部无效。理由是吴永锋以前发明过实用新型专利“密封防水地面布线槽”，这个发明专利和以前的实用新型专利有相同之处，也就是拿大通电气的“矛”戳大通电气的“盾”，指责他的发明不具备创造性，并提交了国内及日本等国家和地区公告过的专利说明书作为不充分证据。专利复审委员会接受了此案，并于 2018 年 9 月 11 日组成合议组在苏州审理此案。

当天，除了双方当事人委托的律师出席“庭审”，吴永锋坐在了“专利权人席”上。因为“方管密封连接器”是大通电气的核心产品，在行业内适用范围很广，名声在外，这场“庭审”现场吸引了很多人，其中很多是大通电气的同行或者上下游企业，有的替吴永锋担心，有的则是大通电气的对手，想要看笑话。“庭审”开始，双方你来我往，唇枪舌剑，就涉案的理由和证据逐一发表意见。时间过了不久，大通电气就占据了上风。代理律师提供了详细的材料和图片，有一些是日本等地方的地铁，其线缆也是放在普通的管槽中，图片中清晰可见已经浸泡在水中；有一些是吴永锋的设计手稿，证明了这一产品是如何从最初的构想一步步完善、最终发展为成熟的产品；有的是“方管密封连接器”的使用现场，现场条件各不相同，“方管密封连接器”的形式也略有不同，显示出这一产品是大通电气根据现场条件进行了相应的改良。最终，北京知识产权庭法官说：“专利发明人在现场，让专利发明人自己说。”吴永锋站起来的时候，听众席上骚动起来，他们都以为吴永锋只是来到现场观战、助威，没想到他亲自上场参与庭审。虽然吴永锋事先没有做准备，但是毕竟这是他自己研发的产品，当年的辛苦如今还历历在目，他把这个发明的灵感来源、结构原理、与现有产品的区别等当初研究、发明的过程娓娓道来……和早年当“讲师”时一样，他条分缕析，讲述得清清楚楚。合议组和庭审旁听者回应吴永锋的是赞许的目光，而“原告方”再也无力反驳。

10 月 22 日，该案合议组下达“审查决定书”，在分析了双方证据、说明审查理由后，认为“请求人所有无效宣告理由均不能成立”，决定“维持专利权有效”。大通电气又赢了一场漂亮的保卫战。

如今的大通电气，企业规模越来越大，对专利的布局也越来越成熟。他们根据自身状况确定了专利布局的定位，旨在保护企业的核心技术、核心产品。对该技术及所在领域的专利进行充分研究及挖掘，提炼出所有可能的方案，包括各种替代技术、前沿技术等。

他们的团队充分了解公司的产品和技术，了解行业内的产品和技术，对技术和产品的发展走向具有一定的前瞻性和预见性；他们坚持在同一技术领域进行研发，围绕同一关键技术形成一丛专利，层层保护，环环相扣，优势互补，形成专利保护网，从而在一定的时间内取得对该技术领域及市场的绝对控制权。作为自主经营、自负盈亏的独立经济实体，企业无疑是市场竞争的主角。表面看来，企业间的市场竞争表现为产品竞争，但产品竞争的背后，实质上是技术的竞争，而技术竞争就是抢先创新并取得新技术所有权的竞争，即取得专利权的竞争。大通电气对此有更深刻的认识：没有发明创造就没有专利，专利战略也就无从谈起；不是任何技术成果申请了专利后都能身价百倍而独占市场，关键在企业是否准确地选定开发目标；只有依据本企业自身的实力和基础，选择适当的技术开发战略，才能加速通过技术将资源转化为产品或服务。光有专利而不加以创造性地运用，是不能取得经济效益的，这样的企业在竞争中也是无法生存下去的。

第 7 章
修炼：才有更好的未来

伟大人物最明显的标志就是他坚强的意志。不管环境变换到何种地步，他的初衷和希望仍然不会有任何改变，终将克服障碍，达到所期望的目的。

——爱迪生（美国发明家）

变迁

2005 年开始，从租赁的一间不足 50m² 的小厂房和屈指可数的几台小设备进行创业，到 2006 年迁至空置的横港乡政府大院后，通过几年不断的产品研发和市场开拓，大通电气获得了快速成长。在拿到了南京地铁 2 号线的订单和 2010 上海世博会订单后，生产规模不断扩大，原乡政府老楼改造的厂房，已经不能满足生产条件和生产环境的需要了，这时，大通电气着手开始寻找更合适的地方，建设新厂区。对这个老厂区，吴永锋充满无限的感情，从一穷二白开始，大通电气的团队艰苦奋斗，走过了崎岖不平的发展道路，尝过很多的酸甜苦辣，经历过无数的披星戴月，大通电气的团队没有退缩，始终勇往直前。

在这里，大通电气经历了自己发展最迅速的几年时间。

在这里，展位箱的生产规模不断扩大，拿下了上海世博会的订单。

在这里，大通电气研发成功了 AFC 防水管槽并成功打开市场，拿下南京地铁、苏州地铁等几十个订单。

图 7-1 2005 年大通电气在租赁的不足 $50m^2$ 的小厂房内成立

图 7-2 2006 年大通电气在原横港乡政府大院内的生产车间

在这里，大通电气奠定了自己在产业内的领跑地位……

现在，大通电气要挥手和它作别，寻找自己更广阔的发展空间（图 7-1，图 7-2）。

大通电气凭借着自己的发明专利生产的产品，引起了当地政府的关注，2011 年，吴永锋老家所在村委会的领导伸出了援手。本村有一处建设高速公路时取土而形成的鱼塘，大约 17 亩，目前，租赁给他人搞养殖，正好这个租赁鱼塘的老板是吴永锋的朋友，经过多次商谈，在村委会和朋友的帮助下，大通电气承租了这个鱼塘，大通电气将鱼塘填平后准备建厂房。吴永锋又投入了大量精力，自己设计办公室和生产用房，自己采买材料。不久，新建了两栋标准厂房和办公楼，整个厂区占地十多亩，适时满足了当时的生产需要。另外，还扩展了几亩鱼塘，建了水上凉亭，整个厂区看起来清新宜人，别有风致（图 7-3，图 7-4）。

大通电气生产规模不断扩大，这个厂区的两栋厂房也已经

图 7-3　2010 年后大通电气自建厂房

图 7-4　2010 年后大通电气自建厂房车间一角

不能满足生产的需要。吴永锋他们把两座厂房之间的空地利用起来，但仍显局促。

2017 年，南通市港闸区加大对本地企业扶持的力度。有关方面对大通电气进行了严格考察。因为大通电气是国家高新技术企业，有很多专利，公司发展前景良好，最终顺利通过了考察，入选港闸开发区重大项目，拿到了近 40 亩工业用地指标，可以建设新的厂区。当年，新厂区开始设计施工。从环评勘探再到设计规划、最后施工，经过一年多的建设，2019 年上半年厂区建设完成，不久投入使用。新厂区的面积是老厂区的 4 倍，位于港闸开发区的工业区。厂区地理位置优越，周边设施完善，交通、人文环境优良，为公司的未来发展提供了很好的外部环境（图 7-5 ～图 7-8）。

大通电气决心利用这大好的机会大展拳脚。引入了众多现代化设备，将原有的 AFC 防水管槽生产线半自动化设备升级为高档自动化流水线。还购买了激光切割机、全自动管槽等生产设备，力争用现代化设备来生产、改良传统产品；制定相关政策，提高工人素质和环保要求，内部管理水平不断上升；不断研发新产品，力争和大型工程公司有更紧密的合作。大通电气已从初创时但求存活的“小树苗”，成长为一棵果实累累的“大树”，扎根于市场经济的大地上，枝繁叶茂，迈入了高速成长的阶段。外部环境在变，面临的机遇挑战在变，唯一不变的是他们对创新的坚持，在建设创新型企业的道路上行稳致远。

图 7-5 2019 年大通电气新厂区

图 7-6 大通电气新厂区钢带生产流水线

图 7-7 大通电气新厂区激光切割机

图 7-8 桥架自动生成线

对大通电气的未来，吴永锋信心十足。多年来，他一直坚持在创新研发一线，有多方面的知识修养和敢为人先的闯劲，也具有宽阔的眼界和胸襟。他海纳百川，积极学习进取，在企业管理理念、经营理念、市场开发理念、生产理念上不断向先进企业学习，率领大通电气不断开拓进取。

大通电气的成功之路就是创新企业的成功之路。它充分说明，在目前市场竞争越来越激烈的今天，只有坚持创新，才能在激烈的市场竞争中生存和发展下去。

作为一个创新型企业，大通电气从创业开始并不具备其他成熟企业在已有市场的竞争优势，也难以从政府部门获得资金支持，它唯一的优势就是拥有创新的人才和创新的科研成果。形势逼迫这类创新型企业在夹缝中求生存，将发展出路选择在利用科技优势开拓新的市场上。事实也证明了，正是坚持了创新这条道路，大通电气才通过领先的科技优势拓开了一片属于自己的天地。随着企业的发展，大通电气也主动承担起越来越多的社会责任。

40 余年改革开放，40 余年快速工业化、城市化进程，我国经济获得了突飞猛进的发展。但是，伴随着经济奇迹，同时也出现了各种各样的社会问题，如环境污染、能源浪费、重大安全事故以及侵害劳动者权益等等。在这种时代背景下，作为市场经济中最活跃的主体，企业已经不能仅仅局限于关注自己的经济目标，必须同时重视自己的社会责任。大通电气以责任促发展，形成可持续的发展观，实现着经济效益和社会效益、短期效益和长远利益的统一，实现企业和社会的共同进步、和谐发展。

大通电气重视对员工的责任。多年来，大通电气坚持把对员工的责任落实到具体的行动中。首先是为员工提供安全和健康的工作环境。除了严格执行劳动保护的有关规定，为员工提供必要的劳保用品、确保工作环境符合健康标准、合理安排工作时间等基本举措外，大通电气还自主研制开发了多项新技术应用于生产，消除工作中产生的各种粉尘，保护员工健康，确保了生产过程安全可控。

其次，就是为员工提供平等的就业、升迁和接受教育的机会。大通电气虽然只是一家中小型企业，但在社会责任上一直以严格的标准要求自己，以自己的实际行动反对各种职业歧视。在新员工的录用上，无论性别、民族、学历，只要符合用工条件，便可录入；为全公司的员工提供平等的升迁机会，只要员工有能力、有愿望，公司就努力为员工的发展和升迁提供平台和机会；在接受教育方面，为员工创造良好的环境，使员工能在为企业工作的同时有机会提高科学文化水平，促进员工自己的发展和完善。

再次，大通电气积极为员工提供民主参与企业管理的渠道。在大通电气，员工同样有参与企业管理的权利，可以通过多种途径对企业的重大经营决策、企业的未来发展等重大问题发表自己的意见和建议。企业尊重员工管理企业的权利，重视员工的意见和要求，也能够调动员工的劳动热情和工作积极性，以利于提高全公司的工作效率。

大通电气重视对客户的责任。大通电气认识到，要实现企业利润的最大化，最终要依赖客户购买产品来实现。客户购买企业的产品越多，企业的效益就越好。如果企业生产的产品质优价廉，能充分满足客户的需求，企业的销售额就能上升，由此带来较高的利润；如果企业生产的产品质量不过关，以次充好，靠蒙骗损害客户的利益，即使一时成功也不可能长久。为客户提供质量有保障的产品和服务，满足其需求，是企业的天职。大通电气注重保护客户权益。在满足客户对产品的安全要求方面，他们坚持向消费者提供安全可靠的产品，通过各种方式提高产品质量，加强产品出厂前的质检，将存在安全隐患的产品挡在出厂之前；在满足客户知情权和自由选择权方面，他们坚持在产品的广告宣传材料和产品说明书中实事求是，只对产品的基本特性做介绍，避免任何夸张性的推介，不夸大产品的功效，不对客户隐瞒产品的不足之处。产品的说明书标签和内容完全相符，避免因为自身的信息优势在交易过程中产生不公平的现象，使客户可以在最短的时间内了解产品，做出选择。他们坚持产品介绍和实物展示相结合，只要有条件，就力争通过实际展示体现产品特点，更方便客户对产品的了解，充分保护客户的知情权和自由选择权。

大通电气重视对商业伙伴的责任。在当前的市场活动中，任何一个企业都不可能脱离合作伙伴单独发展，企业的生存和发展过程是一个和商业伙伴共同成长的过程。对合作伙伴，大通电气坚守契约精神，避免拖欠资金等各种违约、失信行为，和合作伙伴之间保持了良好的合作关系。有些合作商甚至自公司建立之初就与大通电气一起合作，他们为大通电气的发展节省了大量时间、精力。对竞争对手，大通电气虽然坚持利益为先，但是不采取恶性竞争，不采用不正当手段竞争、不丧失公平竞争的底线、不损害竞争对手权益，在行业内树立了良好的榜样。

大通电气重视对社区的责任。企业和社区之间是一种相互交叉的、你中有我、我中有你的关系，二者相互影响，不可分离。

企业和社区建立起和谐的关系，对企业的生存和发展及社区的进一步繁荣有着重要的意义。一个企业需要和其所在的社会环境进行联系，它存在于一定的社区内，社区内的人员素质和文化传统都会对企业的员工素质和价值观有一定的影响，良好的社区环境和高素质的人群是企业发展的有利条件。大通电气在发展过程中，得到了工厂所在地的社区、村民的积极帮助，在寻找厂房、雇工等方面享受到了很多的便利。从社区中汲取了力量和营养的大通电气，也注重对社区的回馈。他们积极主动参与社区的建设，利用自身的产品优势和技术优势，扶持社区的文化教育事业，吸收社区人员就业，在帮扶就业、救助贫困村民、帮助失学儿童等活动中走在前面，不仅为社区建设做出了贡献，也为企业的发展打下良好的基础。企业对社区承担责任，为社区建设所做出的努力，最终会变成无形资产，对企业的经营发展起到不可估量的作用，对扩大企业的知名度、提高企业的良好声誉起到积极的作用，为企业的长远经营带来巨大的效益。同时，积极参与社区的活动，也架起了企业连接社会的桥梁，履行了企业社会公民的责任。

大通电气重视对政府的责任。在现代社会中，政府扮演着为企业和公民的需要服务和实施社会公正的角色。在这样的制度框架下，每一个企业都应该按照政府的有关法律和法规的规定，合法经营，照章纳税，承担政府规定的各项责任义务，接受政府对企业的依法监督。自创建起，大通电气就严格按照政策规定获取各种许可，不逃税、不漏税、不非法避税，积极支持政府主导的社会公益活动、福利事业和慈善事业，树立了小中型企业的优秀标杆。

大通电气重视对环境的责任。企业和自然环境之间的关系是鱼水关系，二者谁也离不开谁。随着科学技术飞速发展，环境污染越来越严重，成为世界各国关心和重视的热点问题，环境保护成为人类面临的严峻而迫切的问题。企业在消除环境污染、保护环境中肩负着不可推卸的责任。大通电气坚持人和自然和谐的价值观，努力做到尊重自然、爱护自然，时刻以绿色价值观为指导，把对环境负责和获取利益当成同等重要的问题来看待。任何生产投资计划都优先考虑对环境的影响，设法改变产品工艺流程、提高技术含量、降低污染指数，把对环境的影响作为企业管理的重要内容，主动自觉地承担起爱护环境的责任。在各项工作中严格自律、自我监督、自我检查，反思危害环境的任何不正确的观点，杜绝任何危害环境的做法。大通电气的整个生产，制定了从产品设计到产品寿命终身制的社会责任行动计划，力争在整个产品的生命周期内降低对环境的影响。在产品设计上，他们着重减少材料使用量、开发环保材料并设计更容易回收的设备；在原材料的使用上，减少材料使用并尽量利用可回收材料，尽可能减小产品尺寸；在产品制造环节，简化产品组装，改进包装设计；在使用环节，采用可升级的产品设计，扩展其使用范围，延长其使用寿命，开发多功能产品，降低能源和材料的损耗；在产品的寿命终止时，因为在设计时就增加了拆卸、回收和重复利用的方便性，也可以很容易地回收、处置和翻新等。可以说，大通电气真正做到了将企业的社会责任和公司的日常行为紧密联系起来，不仅实现了最佳的投资效果，而且始终坚持对相关利益群体负责，尽可能降低对社会环境造成影响，将企业的社会责任理念贯穿于经营活动的始终。

大通电气重视对社会的责任。如今的大通电气，将慈善作为企业应该承担的基本社会责任。他们做公益不是为了宣传，也不是为了营销，而是看作自己理所当然的义务。吴永锋日常生活中就是个乐于助人的人。他擅长各种小家电的维修，利用自己的业余时间帮周围的邻居朋友免费维修过各种小家电，也和同事们建立起了非常好的关系。就在吴永锋离开原单位后，还依然和之前的旧同事保持了良好的关系。有一次，他听一些老同事提起原单位有位老同事夫妻两个都患了癌症，整个家庭因病返贫，生活陷入了困境。吴永锋和这位同事关系并不是特别密切，但他依然决定向其伸出援手，给同事家里送去了一笔钱。后来的日子里，他也一直关注着老同事家里的情况，逢年过节都送去自己的一份心意，让老同事感受到了来自同事之间的关爱。他们积极发挥自己的力量参加政府组织的各种活动。大通电气所在的乡镇有些贫困户，这些居民或者是因为家里有人生病，或者是因为年轻人外出打工导致家中老人无人照顾。对于这类人，大通电气除了参加政府组织的帮扶活动外，还主动将其中一些人作为自己企业的关注对象，逢年过节送上一些物资和资助款，在他们急需要帮助的时候伸出自己的援手，在当地广获口碑。

对于未来，大通电气坚持要成为一个伟大的公司，而他们也一直在为此努力。他们努力提升经营之能，实现企业的跨越发展；他们锻造企业的创新之魂，用长期的积累与全身心的投入赢得竞争；他们默默耕耘，历尽艰辛，饱经风霜，打开陌生领域的崭新天地；他们历尽千帆，不忘初心。

建立体系 规范管理

图 7-9 大通电气获得的质量体系证书

对一名企业家来说，名片是人际交往、商业合作的媒介，必不可少。但吴永锋却不太喜欢用名片。他说，一张小小的名片上写不下大通电气产品的优质、服务的周到，所以，我的产品就是我的名片。为了让这张名片更有说服力，吴永锋不断探索。在企业管理体系方面，选择了导入 ISO9001 质量管理体系，努力使企业管理体系上升到新高度。在大通电气，ISO9001 质量管理体系不是一个门面，而是一种规范性的要求，是广大员工日常工作中主动遵守的规范。科学的质量管理体系的建立和贯彻运行，使大通电气的质量管理水平不断提升，在市场竞争中企业形象和信誉不断提升，有力促进了大通电气的发展。

2007 年，中国质量认证中心（COC）的专家莅临大通电气，对公司质量管理体系认证进行现场评审。多名专家对他们的综合管理水平、管理体系运行情况以及现场试验场所等进行了认真仔细的查阅、评审，认为公司材料准备充分，受审核部门及相关人员配合积极。大通电气各项审核项目均达到了 ISO9001 质量管理体系规定标准，顺利通过中国质量认证中心关于 ISO9001 质量管理体系的认证和审核（图 7-9）。

在这次审核中，有专家提出来："我在现场进行了仔细观察，大通电气的厂房内非常干净，余料摆放非常整齐，丝毫不乱，这对企业来说非常难得，也从侧面说明大通电气的管理是落到实处、非常精细的。”大通电气着手准备 3C 认证，几乎与通过 ISO9001 质量管理体系认证是同一时间。所谓 3C 认证，英文名称 China Compulsory Certification，就是“强制性产品认证制度”。因为大通电气的产品属于电气产品一大类，申请 3C 认证也就成了势在必行的事情。大通电气成立两年后，即开始着手申请 3C 认证事宜。

对如何申请，大通电气内部也有很多的讨论。有些人提出来，市场是最好的检验员，长期的市场检验证明大通电气的产品质量是完全可行的，而 3C 认证的时间较长，需要准备的材料太多，完全靠自己准备，牵扯的时间和精力都比较多，最好是像大部分企业一样，寻找一个第三方的机构来主导完成这次认证。但是吴永锋等人认为，3C 认证的申请不仅仅是为了获得一张证书，更是一个难得的学习、自查的机会，可以对自己进行一次全面的梳理。就算过程再难，也要靠自己的能力通过这次验证。他们在紧张的生产工作之余，专门组成一个小组，提供充足的人力、

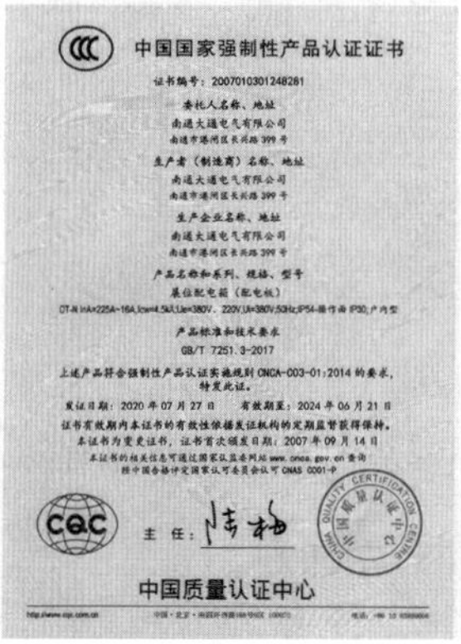

图 7-10 国家 CCC 产品安全质量认证证书（1）

图 7-11 国家 CCC 产品安全质量认证证书（2）

图 7- 12 国家 CCC 产品安全质量认证证书（3）

财力，又请来了专门的指导人员，要做就做最好，既然要申请就要争取一次通过。

最终，经过企业申请和工厂审查两个阶段，大通电气凭借自身的雄厚实力一次性通过了3C认证（图7-10～图7-13）。之后的十几年，大通电气每年接受外审或者不定期的监督检查，其资质从未被暂停过。在这次的认证中，吴永锋还“顺手牵羊”，通过严格的考试，拿到了企业技术负责人证书。这个证书不仅要求持有人熟悉体系的要求，更要有相关的电气知识，当年的通过率只有一半。有了这个证书，便可以自主更换产品配件。这样一来，当原有的供货商无法及时供货时，大通电气有资质更换供货商和产品，确保自己的生产流程不受影响。3C认证的获得，也标志着大通电气在国内市场通行多了一身“盔甲”。

图 7-13 CQC工厂技术负责人证书

大通电气ISO9001质量管理体系已经完善运行了十几年。如今的大通电气靠制度管人，按程序办事，每个成员都在自己的岗位上承担相应的任务、责任，享有相应的权利。从领导到基层，专人专岗，专人专责，有了良好的生产秩序，也使得各项技术经济指标的实现有了保证。科学的管理为职工创造了和谐的工作氛围，在这种环境中工作，人的心情愉悦、舒畅，潜能也得到了尽情发挥（图7-14，图7-15）。

好的产品质量才是最好的名片，完善的管理制度是为了做好产品，技术创新更是为了让产品更完美。

图 7-14 职业健康安全管理体系认证证书

图 7-15 环境管理体系认证证书

创新不止于产品

在大通电气的生产车间有一个机器人焊接区，有的操作工人在编焊接程序，有的在照看一排排正在焊接的机器人，蓝色的电弧不停闪烁，一条条焊缝笔直如线，十分规整。现代化的加工模式既保证了产品质量，又减轻了工人的劳动强度。

有客户来工厂考察时，吴永锋指着机器上的标识介绍说："这是进口的机器人。"一转身，背后还有几台外形差别很大的焊接机器在工作，刚才的介绍中显然不包括它们。"这些是什么机器？"客户好奇地发问。"这是我们自己制造的专用焊接流水线，焊接质量和效率远远高于进口机器人，有人叫它们'大通焊接流水线'。"吴永锋回答得很自豪。

防水管槽刚开始设计时，吴永锋就知道人工焊接达不到应有的技术要求，于是采用电阻焊配合热镀锌的办法处理接缝。随着焊接量的不断增大，为了避免人工焊接产生气孔、砂孔而造成日后漏水情况的发生，防水管槽必须采用焊接机器人自动焊接，这样才能保证焊接质量。

后来，吴永锋得知南通一家知名健身器材公司焊接使用了进口机器人，效果理想。他马上去联系参观、请教，然后购进了同样的一台焊接机器人。试用后发现效果确实不错，满足了产品的焊接技术要求。随着业务量的不断增加，一台焊接机器人已经远远忙不过来，大通电气又购进了数台，仍然满足不了生产需求。在充分了解了产品工艺、不同的焊接要求和进口焊接机器人的性能后，吴永锋决定结合公司以往的技术储备，自己动手制作焊接流水线。

一开始，吴永锋制作了两台焊接流水线，成本只有进口价格的十分之一，极大节约了成本。最重要的是，进口焊接机器人需要高级的技术工人才可以操作，而自行制作的自动焊接机器人，只要普通焊工就能够操作了，但它干的活完全满足了防水管槽的焊接技术要求。“大通焊接流水线”把直焊的活儿接了过来，这就解放了进口焊接机器人，让它们去发挥更大作用。焊接现在是大通电气生产的重要工艺，其焊接速度决定了产品生产进度。而大通电气的技术人员还在不断创新，准备制作适用于多条缝一齐焊接的机器，以提高生产效率（图 7-16）。

类似这种为了使产品更完美、解决生产所需而自己制造的设备，在大通公司还有不少。比如，半自动打磨机。焊接后的产品表面有焊渣、灰尘，以前都是人工打磨，效率低下、粉尘

图 7-16　大通电气制作的 AFC 防水管槽焊接流水线

乱飞，也对工人身体健康不利。吴永锋带领技术人员发明了一种半自动打磨机，类似于车站检查行李的机器，焊接产品从一头推进去，另一头就出来了。打磨中出现的粉尘随时就被底部设置的除尘设备吸走了，不仅没有污染，还大大提高了生产效率。

因为大通电气研制的新产品都是前人没有做过的，所以从生产设备乃至检测设备，市场上都没有现成产品供应，特殊的生产设备和检测设备都要自己动手制作，不然无法保证产品的质量要求。比如气密性检测仪。为了检测管槽的气密性，大通电气自制了一种管槽气密性测试装置，由机架、气缸、密封挡板、减压阀、进气压力表、保压表和滚轴等部分组成。机架的两端，分别设有密封挡板，其中一个密封挡板的顶头设有气缸，密封挡板上设有两个通气孔，其中一个通孔通过管路与减压阀连接，另一个通孔通过管路与保压表连接。拨动气压开关，通过气缸的压力让两端的密封板封住管槽，然后对管槽内腔进行充气。气压 20kPa 保持 5s（这个压力是模拟防护等级 IPX7 的 2 倍），只要压力表读数不下降就说明不漏气。测试好后，拨动气压开关解除密封即可。这款管槽气密性测试装置结构设计合理，检测快速方便灵活，检测过程不损坏管槽，可普遍适用于出厂前对管槽产品进行气密性的测试（图 7-17）。工厂测试的气体压力高于标准的两倍，这样就能确保出厂的产品达到密封要求。有了这个宝贝，大通电气的防水管槽就不需要通过灌水来“自证清白”了。

图 7-17 大通电气制作的 AFC 防水管槽气密性测试仪

又比如展位配电箱的盖板平板机。一般钢厂出厂的钢板都是卷板，开平后才变成平板。用这样的平板制作成产品后，人肉眼看上去是平整的，但从微观上来讲其实不平整，再加以焊接就更加变形了。以前为了解决钢板的平整问题，是用人力操作千斤顶压进行平整，效率低下且效果不尽如人意。吴永锋发明了一种液压平板机，可以检查出各种结构展位箱盖板的平整度，并且可以对不平整处进行调平，从而使钢板变得平整、美观，比起手工操作效率也大大提高。

又比如展位箱电路测试仪（图 7-18）。展位配电箱回路比较多，而且接线比较复杂，如果工人在安装中接错了电路，会发生不可预想的事故。为了防患于未然，吴永锋发明了展位箱电路测试仪，用这个设备对出厂前的产品进行测试，如果工人在安装中接错了电路，仪器会报警，方便对错

图 7-18 大通电气研制的展位配电箱测试仪

误马上进行整改。这些设备市场上没有，但为了保证产品质量又必不可少，吴永锋在这些方面花费了大量的精力。只有吴永锋这样的创新型企业家，才能真正大力提升企业核心竞争力和综合水平，不断克服发展中的困难，为自己和企业拓展更广阔的发展空间，最终使自己成为市场中那个不可替代的人。

想当初，吴永锋怀揣仅有的 16 万元启动资金，在一间租赁的小厂房起步创业时，还不知道自己未来会经历什么样的困难，不知道自己这商海中的一叶扁舟会走向何处。16 年转瞬即逝，大通电气现在已是拥有两个标准化厂区的标杆性企业，也逐渐明晰了自己努力的目标：要做一个优秀的企业。吴永锋认为，衡量公司是否优秀，不是看盈利是否高、资产规模是否大、创始人的个人财富是否多。一个优秀的公司，应该具备三个基本的条件：一是创造卓越的、有影响力的产品，二是能够引领行业的发展方向，三是要有积极的企业文化。大通电气的产品，看似和普通人的直接关系不大，但和整个社会发展的需求紧密相连，这也促使大通电气不断着眼于社会需求，着眼于重大的技术突破，以便更好地满足社会需要（图 7-19）。

图 7-19 大通电气钢带自动化生产流水线

一个优秀的企业，除了有卓越的产品，还要在相当长的时间内能够引领行业的发展方向，不仅是在技术上、质量上、产品创新上，还要在管理上、战略上以及业绩表现上都成为行业的佼佼者或者榜样。在大通电气的发展过程中，吴永锋一直坚持敢为天下先的精神，不断实现超越，而只有这种持续不断地超越才有可能成为卓越。

优秀的企业一定要有伟大的灵魂。这种灵魂是一种精神，一种激情，一种梦想，一种使命感。正是因为有了创新的激情和强烈的使命感，立志在这个领域做出一番贡献：为大众提供更加便捷的生活，为社会创造更多的财富与价值，大通电气才能在十几年内坚守初衷，不断克服前进过程中的各种困难，甚至多次成功解决“行业难题”。而对每一种困难的胜利攻坚又反过来凝铸了大通电气的精神与灵魂——一种不怕困难、敢于挑战的精神和坚定初心、永不言弃的灵魂。

每一个优秀的公司的诞生，固然是特定历史时期的产物，但是更离不开创始人和员工的艰苦努力。吴永锋说，我们有幸生活在这样的一个时代，国家和社会为我们的发展提供了这么好的机会，我们就更需要珍惜现有的条件，以伟大的公司为榜样，不断奋发图强。毫无疑问，大通电气和一个优秀的公司之间还有一定差距，但是真正美好的风景不恰恰就在这不断攀登的路上吗？风吹雨打，闲庭信步，大通见过，走过。曾经有过痛苦，也有过彷徨，所幸如今已化为欣喜。低调、踏实、勤奋、敏锐的吴永锋带领他的大通电气，不急不躁，稳步前进，如同一个日臻成熟的青年，朝气蓬勃又坚忍不拔，在前行，在成长……

商海博弈 不进则退

面对日益激烈的市场竞争形势，每个企业都在思考这样一个问题：如何才能在商海博弈中立于不败之地？最关键的一条就是科技创新。在发展节奏越来越快的 21 世纪，只有不断创新，才能满足客户不断变化的需求。没有自主的研发和设计，就只能永远跟在别人的后面而陷于被动。创新，已经成为现在最热的词，党的十九大报告中就出现了 50 多次。创新是引领发展的第一动力。“问渠哪得清如许，为有源头活水来。”

随着经济的全球化，国与国之间，企业和企业之间的竞争日益体现为创新能力的竞争。对大通电气这个创新性的制造型企业来讲，能否迎接未来的挑战，关键就在于能否不断实现科技创新。

创新是超越他人、战胜他人的过程，更是超越自己的过程，必须有不断进取的精神和足够的勇气。

创新也并不神秘，只要善于发现、善于思考、善于总结，积极主动地将创造性的思考付诸实施，就能结出科技创新的累累硕果。

各项创新必须在实践中才能实现有机融合。创新并不是虚无缥缈的存在，而是贯穿于企业的生产、建设、发展的全过程，体现在企业的经营、管理、改革的各个方面。只有把各类创新、各个环节的创新在企业的生产实践中有机结合起来，才能为企业又快又好地发展注入不竭的动力。

大通电气树立了改革创新的强烈意识，积极转变观念，大力弘扬创新文化，营造出“大众创新”的良好氛围，不断加强创新型企业建设。理念创新是建设创新型企业的前提。大通电气以海纳百川的姿态，积极学习进取，着眼同行，不断提升自身水平，在企业管理理念、经营理念、市场开发理念、生产理念等方面不断探索新思路、新突破、新举措，使企业的理念能够跟得上甚至超越市场发展的脚步（图 7-20 ～图 7-22）。

管理创新是创新型企业发展的基础。在大通电气，为了让知识在管理中得到更广泛地运用，企业的管理需进一步科学化、系统化。整个公司通过管理创新，整合人才、资本、科技等多方面的要素，使各种生产要素和生产条件得到最优化，促使企业自身实力和市场竞争力进一步增强，从而为企业持续创新奠定基础。

科技创新是建设创新型企业的核心，是推动企业高质量发展的关键。大通电气紧紧抓住科技创新这个“牛鼻子”，不断加大科技创新投入力度和人才队伍建设，牢牢把握市场最新需求，不断组织队伍集中

高新技术产品认定证书

产品名称：地铁专用分隔式防水槽盒

产品编号：140611G0392N

承担单位：南通大通电气有限公司

江苏省科学技术厅

有效期伍年

二〇一四年十一月

图 7-20 大通电气地铁 AFC 防水线槽高新技术产品认定证书

高新技术产品认定证书

产品名称：移动式展位箱

产品编号：140611G0391N

承担单位：南通大通电气有限公司

江苏省科学技术厅

有效期伍年

二〇一四年十一月

图 7-21 大通电气移动式展位箱高新技术产品认定证书

江苏省民营科技企业

苏民科企证字 第 F-20160263 号

南通大通电气有限公司

经确认符合《江苏省发展民营科技企业条例》的有关规定，特发此证。

法定代表人：李进

企业地址：江苏省南通市通州区横港富港路89号

证书有效期：伍年

江苏省民营科技企业协会

二〇一六年十一月

图 7-22 大通电气获江苏省民营科技企业证书

攻克关键核心技术和具有核心竞争力的前沿技术，确保企业在激烈的市场竞争中提高核心竞争力。

创新型人才是建设创新型企业的保障。大通电气完善创新型人才的培养、引进、使用机制，支持创新人才，探索创新型技术，建立创新容错机制，进一步激发、激活企业内生动力。更在企业内部健全激励机制，激发企业家精神、管理者的创业创新精神和一线员工的工匠精神。大通电气积极探索品牌建设，克服短视行为，强化品牌意识，加大科研创新投入，更加专注产品质量和市场营销，更加注重服务质量。

创新引领未来。“对于每一项创新业务，我们都会以拓荒者的勇气和胆识，将其做到极致。”吴永锋这样说。在他在带领下，大通电气求真务实、真抓实干，以抓铁有痕、踏石留印的决心和毅力，开拓创新，共同推进大通电气高质量发展并迈上新台阶。

正如习近平总书记指出的，抓创新就是抓发展，谋创新就是谋未来。不创新就要落后，创新慢了也要落后。

合作才能真正共赢

吴永锋从小就是个热心人。上初中的时候，他的动手能力就比较强，那时候的夏天，人们还比较流行穿塑料凉鞋，他就能帮老师和身边的人修补坏掉的塑料凉鞋：找一根粗铁丝，把铁丝一头敲扁，在火上烤热，然后凑近塑料凉鞋要补的地方，把两边稍微一烫，然后迅速捏合到一起，凉鞋断掉的地方就牢固地粘上了。他还会用铅丝、自行车链条、橡皮筋制作玩具手枪，用火柴梗作子弹打响，然后与同学以物易物，换到了很多自己喜欢的东西。

后来在进入电子仪器厂前，新建的厂房还在施工阶段，吴永锋和另一名复员军人一起被安排在工地值班。在这段时间里他也没闲着，用自己掌握的电子技术为周边有所需求的陌生人维修家用电器。

这样的为人热情的处事方式，被吴永锋带到了以后的创业中。无论是对政府部门、对追随者、对自己的员工、对合作伙伴、对客户，他始终真诚相待，真诚合作，照顾好每一方的情绪和需求。

管理者的个人魅力像空气一样无所不在，凭借着这种个人魅力，他们可以凝聚一大批追随者。大通电气发展至今，高层管理变动很少，很多员工都是从大通电气创建开始就跟随吴永锋，一路走来，走过艰辛，走过沉浮，直到今天。

创业伊始，充满各种艰辛和困难。吴永锋作为企业带头人，从不叫苦、叫累，总是事必躬亲，带头上阵。工作时的他从不把自己当成高高在上只需要对他人发号施令的领导者，而是把自己当成一名普通员工，带领团队搞研发，前往施工现场了解产品使用情况，去工作间干活，从不搞特殊，更不会对员工呼来喝去。这样积极的工作态度，令员工们倍受感动和鼓舞。

吴永锋说，我始终坚信“得道多助”这个道理，愿意吃亏的人最后肯定是吃不了亏的。在企业经营中，要尊重市场、尊重客户。一个企业不可能独自存活在经济体系中，都要和上下游的企业发生紧密的联系。一个优秀的、讲社会责任的企业，必须全面、和谐地处理上下游的关系，而不能仅仅把自己赚钱摆在首位。

吴永锋发明的展位配电箱，在当时来说是比较特殊的一个产品，它的部分配件是大通电气自己制作的，但有些元器件都需外部采购，而且都是采用的优质进口产品。如 IP67 开关防护罩和排水通风孔，国内没有厂家生产，开始时是从韩国采购的。一体式电磁漏电保护开关要从法国采购，其间路途遥远，环节众多，一旦某个环节出现问题，都会影响国内的组装工作。吴永锋由此更加重视与合作商的关系，认定合作才能共赢。在长期的经营中，他始终保持着对合作商的尊重、理解、关心和支持。

对自己的客户，吴永锋更是倾注了最多的心血。创办大通电气多年，他依然保持着亲自跑市场、做研发的习惯，他认为这是对客户最负责任的做法。因为只有亲自研究市场，才能真正了解市场的需求、客户的需要，才能知道什么样的产品最受市场欢迎，进而研发最合适的产品。和其他的供货单位在工程竣工后才回访不同，吴永锋坚持在施工过程中随访，以便随时解决工程中出现的问题，真正了解产品的缺陷和改进方向，更好地满足客户的需求。在他投入精力最大的研发领域，他更是始终把自己放在客户的位置上，想客户之所想，为他们提供最完美的产品。

吴永锋重视合作，愿意把专业的事交给专业的人做，但是有一件事，到现在还是坚持自己做，就是他亲自设计公司的产品样册。吴永锋既懂美术，又掌握多种绘图应用软件。比如 CAD 辅助设计、PS、CoreLDRAW 等，这让他亲自设计极为便利。为了制作产品样册，他又自学了很多电脑的绘图技能，以至于开广告公司的朋友常常抱怨他不给生意做。

吴永锋说，专业做广告的人做产品样册自然是专业，但是他们对我们的产品不了解，因此也无法精准描绘出我们产品的特点。很多时候，产品样册是客户对我们的第一印象，只有最精细、最能体现产品特色的样册，才能在第一时间赢得客户的目光，方便客户最快地了解产品、选择产品。所以说到底，我自己做图册也是为客户负责、为大通电气负责。繁忙的日常工作，让他只有利用下班后、节假日的时间才能进行样册设计工作。2018年的春节，公司早早放假，所有人员都回去过年，走亲访友，喝酒打牌，厂区里安安静静。吴永锋7天长假，都吃住在公司，完成了平时无暇顾及的一百多页产品样册的设计，从文字编写到照片修图、图片绘制和排版，全部亲力亲为，确保年后开工时就交给印刷厂。进入设计状态后，他常常物我两忘，废寝忘食，尤其是经常忘记喝水。等发现要喝水时，已经渴得厉害，刚烧的水又很烫，他就掺点凉水，呼噜噜喝一大杯。

诚信是大通电气成功的基本准则

在很多人的眼里，大通电气已经是业内知名企业，其创始人和领导层也已经功成名就，完全可以停下来享受一下生活了。但吴永锋和李进至今依然坚持在产品研发和销售的第一线。尽管个人早已实现了财务自由，他们对工作依然是拼搏姿态，对物质享受却并不在意，一碗稀粥一盘青菜就是一顿饭，常年一件普通衬衫加一双运动鞋，没有“暴发户”的样子，留给合作伙伴和客户的一直是勤奋、诚实、低调的形象。

说起大通电气从一个十多万元开始起步的小厂子，到今天的成熟企业，吴永锋一直说自己赶上了一个好时代。这是他们成功的根本原因。党的十五大明确提出“公有制为主体、多种所有制经济共同发展”“非公有制经济是我国社会主义市场经济的重要组成部分”。党的“十六大”报告提出“毫不动摇地鼓励、支持和引导非公有制经济发展”。党的十八大进一步提出“毫不动摇鼓励、支持、引导非公有制经济发展，保证各种所有制经济依法平等使用生产要素、公平参与市场竞争、同等受到法律保护”。习近平总书记在讲话中提到，改革开放 40 余年来，民营经济已经成为推动我国发展不可或缺的力量，成为创业就业的主要领域、技术创新的重要主体、国家税收的重要来源，为我国社会主义市场经济发展、政府职能转变、农村富余劳动力转移、国际市场开拓等发挥了重要作用。在全面建设社会主义现代化国家的新征程中，民营经济只能壮大、不能弱化，不仅不能“离场”，而且要走向更加广阔的舞台（图 7-23）。

在这样的时代背景下，大通电气得益于“生逢其时”，得益于穷则思变的团队努力，得益于社会的支持，一步一步走到

图 7-23 吴永锋（右）和陈凤敏女士（左）在《兰蕙痴情》发布会上

了今天。吴永锋总结说，专注、守法、理性、诚信，是我们不断前行的四大动力源泉。大通电气的成功在于它的专注。它的专注体现在对核心业务的坚定不移。多年来，大通电气始终坚守自己的原则，面临众多诱惑而不动摇。在股市、房地产市场火热的时候，很多同行都被高利润吸引，转而做起了其他生意，但大通始终坚持将鸡蛋放到同一个篮子里，坚持走自主研发、技术自立之路。十几年之后，很多投身其他产业的同行已经销声匿迹，大通电气却依然稳步前行，看似走得慢，却走得异常踏实、稳定（图 7-24 ～图 7-29）。

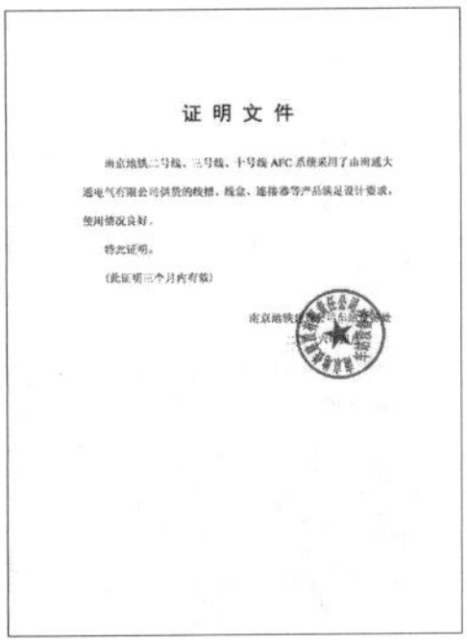

证 明 文 件

南京地铁二号线、三号线、十号线 AFC 系统采用了由南通大通电气有限公司供货的线槽、线盒、连接器等产品满足设计要求，使用情况良好。

特此证明。

（此证明三个月内有效）

南京地铁……

图 7-24　南京用户证明文件

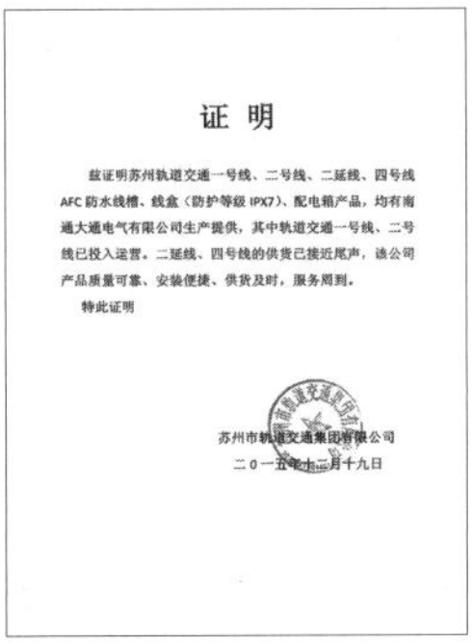

证 明

兹证明苏州轨道交通一号线、二号线、二延线、四号线 AFC 防水线槽、线盒（防护等级 IPX7）、配电箱产品，均有南通大通电气有限公司生产提供，其中轨道交通一号线、二号线已投入运营。二延线、四号线的供货已接近尾声，该公司产品质量可靠、安装便捷、供货及时，服务周到。

特此证明

苏州市轨道交通集团有限公司

二０一五年十二月十九日

图 7-25　苏州用户证明文件

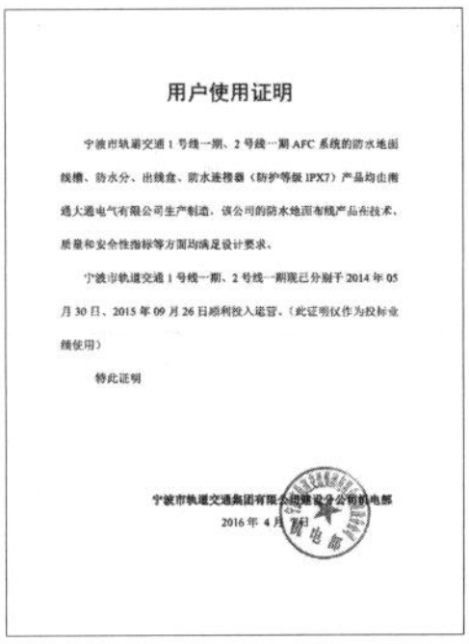

用户使用证明

宁波市轨道交通 1 号线一期、2 号线一期 AFC 系统的防水地面线槽、防水分、出线盒、防水连接器（防护等级 IPX7）产品均由南通大通电气有限公司生产制造，该公司的防水地面布线产品在技术、质量和安全性指标等方面均满足设计要求。

宁波市轨道交通 1 号线一期、2 号线一期现已分别于 2014 年 05 月 30 日、2015 年 09 月 26 日顺利投入运营。（此证明仅作为投标业绩使用）

特此证明

宁波市轨道交通集团有限公司建设分公司机电部

2016 年 4 月 7 日

图 7-26　宁波用户证明文件

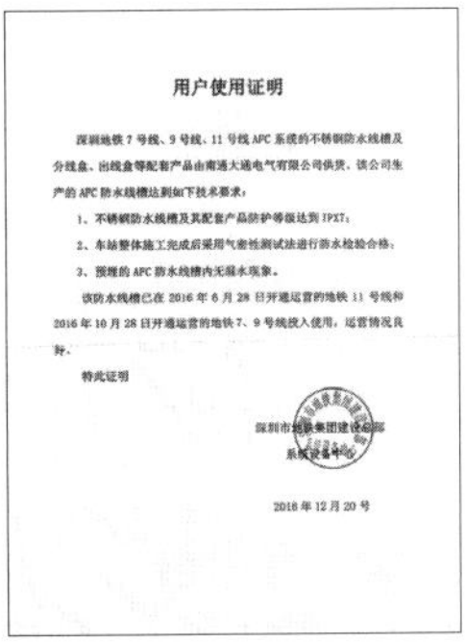

用户使用证明

深圳地铁 7 号线、9 号线、11 号线 AFC 系统的不锈钢防水线槽及分线盒、出线盒等配套产品由南通大通电气有限公司供货，该公司生产的 AFC 防水线槽达到如下技术要求：

1、不锈钢防水线槽及其配套产品防护等级达到 IPX7；

2、车站整体施工完成后采用气密性测试法进行防水检验合格；

3、预埋的 AFC 防水线槽内无积水现象。

该防水线槽已在 2016 年 6 月 28 日开通运营的地铁 11 号线和 2016 年 10 月 28 日开通运营的地铁 7、9 号线投入使用，运营情况良好。

特此证明

深圳市地铁集团建设总部

系统设备中心

2016 年 12 月 20 号

图 7-27　深圳用户证明文件

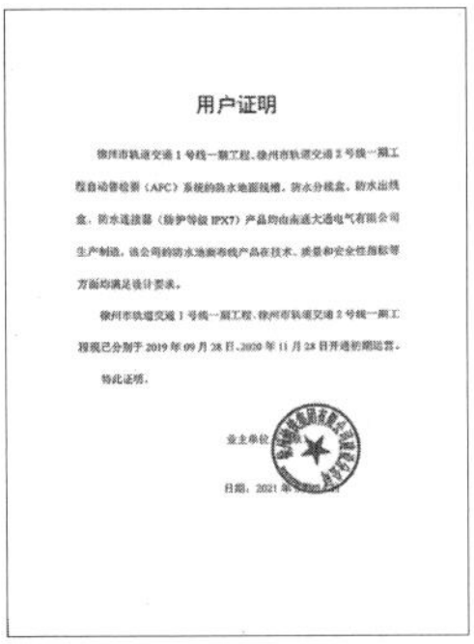

用户证明

徐州市轨道交通 1 号线一期工程、徐州市轨道交通 2 号线一期工程自动售检票（AFC）系统的防水地面线槽，防水分线盒，防水出线盒，防水连接器（防护等级 IPX7）产品均由南通大通电气有限公司生产制造，该公司的防水地面布线产品在技术、质量和安全性指标等方面均满足设计要求。

徐州市轨道交通 1 号线一期工程、徐州市轨道交通 2 号线一期工程现已分别于 2019 年 09 月 28 日、2020 年 11 月 28 日开通初期运营。

特此证明。

业主单位：

日期：2021 年

图 7-28　徐州用户证明文件

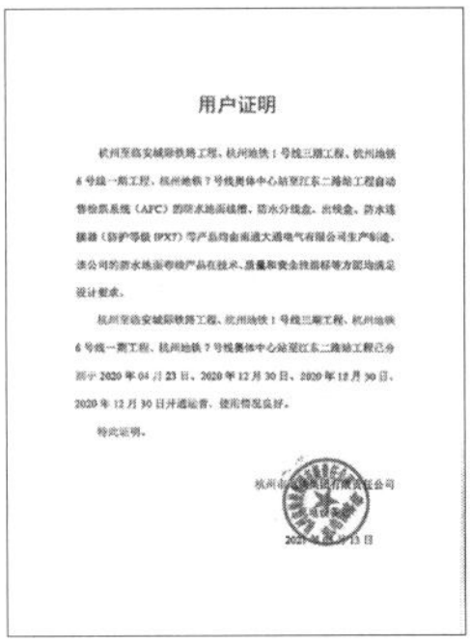

用户证明

杭州至临安城际铁路工程、杭州地铁 1 号线三期工程、杭州地铁 6 号线一期工程、杭州地铁 7 号线奥体中心站至江东二路站工程自动售检票系统（AFC）的防水地面线槽、防水分线盒、出线盒、防水连接器（防护等级 IPX7）等产品均由南通大通电气有限公司生产制造，该公司的防水地面布线产品在技术、质量和安全性指标等方面均满足设计要求。

杭州至临安城际铁路工程、杭州地铁 1 号线三期工程、杭州地铁 6 号线一期工程、杭州地铁 7 号线奥体中心站至江东二路站工程已分别于 2020 年 04 月 23 日、2020 年 12 月 30 日、2020 年 12 月 30 日、2020 年 12 月 30 日开通运营，使用情况良好。

特此证明。

杭州市……有限责任公司

2021 年……13 日

图 7-29　杭州用户证明文件

大通电气的成功还在于遵纪守法、“循规蹈矩”。企业不管大小，都消耗、占据了一定的社会资源，因此，企业的经营就不再是个人行为，而是要遵守国家的各项规章制度。大通电气自起步的那一天就严格遵守法律法规，按时足额缴纳个税，按照合同管理员工，为员工搭建坚实的舞台，规范内部管理的体系和流程，使员工得到锻炼和提升。

大通电气的成功在于它的理性。它注重对各方利益的平衡，与客户、合作伙伴结成命运共同体，它肯定和员工之间的合作关系，发自内心地将员工当成自己事业的同盟者，在企业内部形成了强大的向心力和凝聚力。

大通电气的成功在于它的诚信。经营是企业的最本质活动，经营的好坏很大程度上决定了企业的兴衰。经营是一门深奥的学问，但首先要以诚信为本心。投机取巧、哗众取宠、弄虚作假也许能够取得一时的利益，但绝不是长久之计。单纯追求利益最大化和急功近利的短期行为，也许能侥幸获利，却不可能获得可持续的发展。只有以诚信的心态去制定经营策略，在经营管理中秉持信誉高于一切、以顾客为中心、不断提高顾客的满意度为理念，才能真正获得市场的肯定。当然，能够获取顾客的最大满意度，除了质量、价格、服务等方面，最重要的就是要和顾客讲诚信，信誉就是金钱。公司不管对内、对外都把诚信摆在首位，所以，诚信是一个企业最大的无形资产。

大通电气的未来

对于未来，大通电气的领导层提出了建设“百年老店”的目标，鞭策自己不断前进，走得稳健、可持续。有了建设“百年老店”的目标，大通电气最终舍弃了家族企业的经营模式，在企业内部推行了股份制改革，并积极引入职业经理人参与经营，这让大通电气汇集了一批有闯劲、有干劲、有知识的年轻人。除了建设“百年老店”，大通电气还将上市作为自己努力的目标。民营经济发展到一定规模，继续做大、做强的一般路径是借助资本的力量，走向资本市场，成为公众公司。

职业经理人制度的施行，正是帮助企业整合市场、资本、技术、管理等资源的基础和手段。他们伴随企业一起成长，与企业共同分享经营成果，实现共赢。与职业经理人并行的是企业的管理制度化建设，两者相辅相成。职业经理人化有助于提高企业制度建设水平，反过来，规范的制度体系也有助于摆脱能人治理，使企业的发展更加平稳持久。

后 记

历时三个月，《凝铸精魂：大通电气 AFC 防水布线系统发展历程》终于成书，它凝聚了所有大通人的心血。

大通电气的三位领导人虽不善言谈，每日为了企业发展奔波、忙碌，却依然在百忙之中记录了自己和大通电气一起走过的日子，语言平实却饱含深情。

办公室人员加班加点整理出完整的资料，梳理出企业发展的脉络。

正是因为有了这样一群坚守初心的领头人和忠于职守的员工，才造就了大通电气今日的辉煌。自助者，天助之。大通电气一路走来，要感谢的人太多。

感谢地方政府。在企业的发展过程中，各级政府给予了土地、税收等各项政策上的关心和扶持。

感谢众多的合作伙伴。因为你们的携手协作，让大通电气的产品更新、更好，也让大通电气的美名越传越远。

感谢地铁建设方的督促。你们让大通电气直面自己的不足，及时修正，达到尽善尽美。

感谢国标编写组。你们让大通电气站在整个行业的高度来审视自己的位置，壮大自己的事业。

感谢竞争对手。你们让大通电气有了更多进步的动力，所有不能打败我的，终将使我更加强大。

……

十几年前，吴永锋手拿仅有的十几万元创建大通电气的时候，并不知道他将面对什么，最终走向哪里。但是他始终记得，他要实现自己的理想，生产出最完美的产品，努力做一个伟大的企业。

初心易得，始终难守。

有的人在金钱的诱惑下，早早抛却了自己最初的雄心壮志。

有的人在现实的拷打下，匆忙停止了追求梦想的脚步。

有的人在追求梦想的路途上一时失意，黯然放弃了自己的理想。

但大通电气，始终抬头看方向，脚下赶路程，沿着最初规划的路线前行，不骄傲不气馁，时刻保持初心。十几年的坚持，才有了如今日积月累起来的稳步成长与壮大。十几年的成长，改变的是研发的不断精进、产品的不断完善，不变的是对新技术和对产品的精益求精的追求。

不忘初心，大通电气始终记得自己要努力成为一个伟大的企业。茫茫人海中，它集合起来这样的一批人，为了这个理想共同努力。

未来不会一马平川。好在他们有敬畏之心、坚忍之心、必胜之心。

他们已经在路上。他们不会回头。

只要你想，没什么不可能。

正如每一个不忘初心的你我。

这本书是对大通电气十六年历程的回望，也是其“百年老店”目标的起点。

谨将本书献给大通电气，献给坚毅前行的大通电气人。

献给所有关心、支持、帮助大通电气的人们。

爱自己！爱你们！

附录一

大通电气大事年表及业绩资质

1. 大事年表

2005 年：3 月，南通大通电气有限公司在南通市港闸区唐闸通钢南路 18 号成立。

5 月，大通中标“山东滨州国际会展中心”展位箱项目。

9 月，大通签订“中央民族大学文科大楼”管槽项目合同。

2006 年：2 月，大通中标“齐齐哈尔市绿色展览交易中心”展位箱项目。

5 月，大通中标“烟台国际会展中心”展位箱项目。

10 月，大通应发展需要，整体迁至南通市通州区长林桥 688 号。

11 月，大通中标“西安曲江国际会展中心”展位配电箱项目。

2007 年：1 月始，大通公司着力于 ISO9000 质量管理体系及 CCC 强制性认证产品管理体系的运行，签订“深圳旺旺达家具公司”地面插座箱项目。

6 月，大通中标“临沂国际贸易展览中心”展位箱项目。

7 月，大通先后中标“山东烟台印刷展览中心”展位箱项目、“中国航天研究院综合楼”地面插座箱项目、“北京金融街泰康大厦”地面管槽项目。

9 月，大通展位箱产品首次通过“CCC 国家强制性产品认证”审核。

10 月，大通签订“中国航空进出口总公司综合楼”地面插座及管槽项目合同。

11 月，大通首次通过“ISO9001 质量管理体系认证”审核。

12 月，大通中标“西安绿地笔克国际会展中心”展位箱项目。

2008 年：1 月，大通先后签订“天津滨海国际会展中心”地面插座箱项目、“武汉中博会汽车展览馆”地面插座箱项目合同。

3 月，大通签订“南京地铁大厦”管槽项目合同。

5 月，大通先后中标“厦门国际会展中心”展位箱项目、“山东曲阜孔子文化会展中心”展位箱项目。

6 月，大通中标“鄂尔多斯会展中心”展位箱项目。

7 月，大通中标“绍兴轻纺城国际会展中心”展位配电箱项目。

2009 年：1 月，大通签订“南京地铁 2 号线”AFC 系统防水金属管槽材料合同。

3 月，大通中标“上海世博会主题馆”展位箱项目。

4 月，大通签订“南京地铁 1 号线南延线” AFC 系统防水金属管槽材料合同。

7 月，大通中标“西安杨凌农业科技会展中心”展位箱项目。

8 月，大通申请的实用新型专利：“耐火展位配电箱”“组合式展位配电箱”获证。

10 月，大通先后中标“盐城国际会展中心”展位配电箱及地沟盖板项目、“东营会展中心”展位箱项目。

12 月，大通申请的实用新型专利：“密封防水地面布线槽盒”、“多方向出线的展位配电箱”获证。

2010 年：1 月，大通中标“新疆喀什国际会展中心”展位箱项目，公司整体迁至南通市通州区富港路 89 号的新建厂房。

2 月，大通先后中标“无锡国际会展中心一期”展位配电箱项目、“淮安国际会展中心”展位配电箱项目。

3 月，大通中标“福州海峡国际会展中心”展位配电箱项目。

8 月，大通中标“海南国际会展中心”地沟盖板项目。

9 月，大通签订“美国驻广州领事馆”地插盒项目合同。

10 月，大通签订“苏州市轨道交通 1 号线”AFC 系统防水地面管槽材料合同。

11 月，大通中标“中国科技五金城会展中心”展位配电箱项目。

2011 年：1 月，大通中标“中国科技五金城会展中心”地沟盖板项目，大通申请的实用新型专利——“多单元组合型展位箱”获证。

3 月，大通签订“中关村国家自主创新示范区展示中心”展位配电箱项目合同。

5月，大通先后签订“中关村国家自主创新示范区展示中心”地沟盖板项目、“杭州地铁1号线一期”AFC系统防水连接器项目合同

6月，大通签订“中山市明阳电器有限公司”开关箱项目合同。

7月，大通签订“泰州医药会展中心”展位箱项目合同。

8月至9月，大通先后中标“三门峡市文化体育会展中心会展部分”展位配电箱项目、水箱及预埋框项目。

11月，大通申请的实用新型专利——“地铁专用分隔式防水槽盒”“展位箱自锁式伸缩撑杆装置”获证。

12月，大通中标“扬州国展中心二期”展位箱及沟盖板项目。

2012年：2月，大通中标“南京国际博览中心”展位箱及沟盖板项目。

4月，大通签订“厦门国际会展中心三期”展位盖板项目合同。

5月，大通签订“卢旺达KCC会展中心”地面管槽项目合同。

7月，大通中标“无锡国际会展中心二期”展位箱项目。

8月，大通先后签订“宁海国际会展中心”沟盖板项目、“宁海国际会展中心二期”展位箱、沟盖板项目、“盐城环保产业园会展中心”展位箱项目合同。

9月，大通先后签订“绍兴体育会展中心”展位箱项目、“宁波轨道交通1号线一期”AFC系统防水管槽项目、“苏州地铁2号线工程”AFC系统防水管槽项目合同。

11月，大通申请的实用新型专利“轻型钢盖板”“倒装式展位箱”和“移动式展位箱”获证。

12月，大通签订“无锡地铁1号线”AFC系统防水管槽项目合同。

2013年：3月，大通先后签订“郑州地铁1号线一期”AFC系统防水管槽项目、“苏州地铁2号线工程”AFC系统配电箱项目合同。

6月，大通签订“无锡地铁2号线”AFC系统防水管槽项目合同。

7月，大通签订“南京地铁3号线”AFC系统防水管槽项目、“南京地铁10号线”AFC系统防水管槽项目、“杭州地铁2号线一

期工程（东南段）”AFC 系统防水管槽项目合同。

8 月，大通中标“灯都古镇会议展览中心”移动式展位箱及钢盖板项目。

9 月，大通中标“马鞍山市体育会展中心”沟盖板项目。

10 月，大通首次派员参加“第十届城市轨道交通自动售检票（AFC）系统技术应用研讨会”。

2014 年：1 月，大通中标“江苏运河体育会中心”展位箱项目。

2 月，大通签订“武汉市轨道交通 4 号线二期工程”AFC 系统防水管槽项目。

5 月，大通中标“南京国际博览中心二期”沟盖板项目，签订“拉萨国际会展中心”展位箱项目、“重庆轨道交通 6 号线二期”AFC 系统防水管槽项目合同。

6 月，大通签订“宁波市轨道交通 2 号线一期” AFC 系统防水管槽项目合同。

7 月，大通中标“新疆农业博览中心”展位箱项目。

10 月，大通签订“苏州轨道交通 2 号线延伸线”AFC 系统配电箱项目合同。

11 月，大通签订“苏州文化博览中心大修项目”沟盖板、展位箱项目合同，公司的“地铁专用分隔式防水槽盒”“移动式展位箱”产品被“江苏省科学技术厅”认定为“高新技术产品”。

12 月，大通签订“遵义蔷薇国际会展中心”展位箱项目合同，大通申请的实用新型专利——“一种组装式防水分线盒及线槽”“一种双盖板展位箱”“一种气弹簧支撑展位箱的二次防护装置”“一种高强度展位弱电箱”“一种出线口带有双向磁吸定位装置的展位插座箱”“一种超薄型展位插座箱”获证。

2015 年：1 月，大通签订“武汉市轨交 3 号线一期工程”AFC 系统防水管槽项目、“苏州轨道交通 2 号线延伸线”AFC 系统防水管槽项目合同，大通申请的实用新型专利——“一种侧盖板出线型展位箱”获证。

2月，大通中标“福州海峡国际会展中心扩建工程”展位箱项目，签订“苏州轨道交通4号线及支线”AFC系统防水管槽项目合同。

3月，大通签订“福州奥林匹克体育中心”展位箱项目合同，大通申请的发明专利——“移动式展位箱”获证。

4月，大通签订“珠江三角洲城际快速轨道交通广州至佛山段二期工程”AFC系统防水管槽项目、“广州轨交4号线庆盛站”AFC系统防水管槽项目、“长沙轨道交通2号线一期西延”AFC系统防水管槽项目合同，大通申请的实用新型专利——“一种翻插式展位插座箱”获证。

5月，大通签订“长沙市磁浮工程”AFC系统防水管槽项目、“合肥地铁1号线一、二期及2号线大东门站”AFC系统防水管槽项目、“南京地铁4号线一期”AFC系统防水管槽项目、“苏州轨道交通4号线及支线”AFC系统配电箱合同。

6月，大通签订“厦门国际会展中心四期”沟盖板项目合同。

7月，应国标管理组邀请，大通公司由吴永锋、左彬参加《城市轨道交通自动售检票系统工程质量验收规范》的修订编制工作，大通申请的实用新型专利——“一种密封操作口结构”“一种地面用防水盒结构”“一种可变角度插接式展位箱”获证。

8月，大通签订“长沙地铁1号线”AFC系统防水管槽项目、“深圳地铁三期工程11号线”AFC系统防水管槽项目、“深圳地铁三期工程9号线”AFC系统防水管槽项目、“深圳地铁三期工程7号线”AFC系统防水管槽项目、“广州地铁7、9号线”AFC系统防水管槽项目合同。

9月，大通签订“石家庄市城市轨道交通1号线一期工程”AFC系统防水管槽项目合同，AFC系统防水管槽现场气密性测试试验在深圳地铁项目上成功应用。

10月，大通中标“苏州文化博览中心”展位箱项目，公司被“江苏省科学技术厅”“江苏省财政厅”“江苏省国家税务局”“江苏省地方税务局”评为“高新技术企业”。

12月，大通签订“重庆轨道交通三号线北延伸段”AFC系统防水管槽项目、“郑州市南四环至郑州南站城郊铁路一期工程”AFC系统防水管槽项目合同。

2016年：1月，大通中标“山印会展中心”展位配电箱。

2月，大通签订“昆明市轨交1号线支线”AFC系统防水管槽项目、“北京市中低速磁浮交通示范线西段工程（S1）”AFC系统防水管槽项目合同。

3月，大通签订“郑州地铁1号线二期”AFC系统防水管槽项目、“武汉市轨道交通6号线”AFC系统防水管槽项目合同，大通申请的发明专利——“方管密封连接器”获证。

4月，大通签订“石家庄地铁1号线一期指挥控制中心工程”AFC系统防水管槽项目合同。

5月，大通中标“新疆国际会展中心二期”展位箱项目，签订“哈尔滨市轨交3号线一期”AFC系统防水管槽项目、“新建青岛—海阳城际（蓝色硅谷段）”AFC系统防水管槽项目、“长春地铁1号线一期”AFC系统防水管槽项目合同。

6月，大通中标“广东（潭州）国际会展中心首期”钢盖板项目，签订“重庆地铁5号线”AFC系统防水管槽项目合同。

8月，大通中标“乌鲁木齐市轨道交通1号线工程”AFC系统防水管槽项目，大通申请的实用新型专利——“一种线槽弹性接地装置”获证。

9月，大通签订“越南河内轨道交通吉灵—河东线”AFC系统防水管槽项目、“合肥地铁2号线”AFC系统防水管槽项目、“成都地铁10号线一期”AFC系统防水管槽项目、“成都地铁4号线二期”AFC系统防水管槽项目合同。

10月，大通签订“广州白云新机场T2航站楼”防水管槽项目、“青岛市红岛—胶南城际铁路工程”AFC系统防水管槽项目、“重庆市轨道交通10号线工程”AFC系统防水管槽项目合同，大通申请的实用新型专利——“一种无线Wi-Fi展位箱”获证。

11 月，大通签订“深圳地铁 7 号线”AFC 系统防水管槽项目、“南宁市轨道交通 2 号线工程”AFC 系统防水管槽项目、“杭州地铁 2 号线一期西北段”AFC 系统防水管槽项目合同，大通被“江苏省民营科技企业协会”评为“江苏省民营科技企业”。

12 月，大通签订“成都地铁 7 号线工程”AFC 系统防水管槽项目、“青岛地铁 2 号线一期工程”AFC 系统防水管槽项目合同。

2017 年：1 月，大通中标“武汉光谷科技会展中心”钢盖板项目。

2 月，大通签订“兰州地铁 1 号线一期工程”AFC 系统防水管槽项目合同，中标“昆山花桥博览中心”展位箱项目。

3 月，大通中标“中国临沂国际商贸电子商务产业园会展中心”展位箱项目、“昆山花桥博览中心”钢盖板项目、“成都地铁 1 号线三期”通信系统镀锌管槽项目、“广州地铁知识城线”AFC 系统防水管槽项目、“广州地铁 13 号线首期”AFC 系统防水管槽项目，签订“南昌轨道交通 2 号线控制中心”AFC 系统防水管槽项目合同。

4 月，大通签订“武汉地铁 21 号线”AFC 系统防水管槽项目合同。

5 月，大通中标“成都地铁 1 号线三期”AFC 系统防水管槽项目，签订“杭州地铁 2 号线二期”AFC 系统防水管槽项目、“湖南醴陵国际会展中心”展位箱项目、“北京市地铁 6 号线西延工程”AFC 系统防水管槽项目合同。

6 月，大通中标“南京至高淳城市轨道禄口新城南站至高淳段工程”AFC 系统防水管槽项目、“南京地铁宁溧线”AFC 系统防水管槽项目、“成都地铁 3 号线二、三期”AFC 系统防水管槽项目，签订“宁夏吴忠市黄河文化体育会展中心”展位箱项目、“重庆市轨道交通 4 号线一期工程”AFC 系统防水管槽项目合同。

7 月，大通中标“重庆轨道交通环线一期”AFC 系统防水管槽项目、“广州地铁 14 号线”AFC 系统防水管槽项目，签订“信阳市百花会展中心”展位箱项目、“湖南醴陵国际会展中心”抗震支吊架项目合同，大通申请的实用新型专利 ——“一种防刮伤电缆接线盒”获证。

8月，大通中标“广州地铁21号线”AFC系统防水管槽项目，签订“泉州市国际会展中心”展位箱项目合同。

9月，大通成为“中国信息产业商会自动收费系统专业委员会”理事单位，大通中标“长春地铁2号线BT10标、BT11标、BT12标”AFC系统防水管槽项目。

10月，大通中标“苏州市轨道交通3号线”AFC系统防水管槽项目、“重庆市轨交10号线工程”AFC系统防水管槽项目，签订“重庆市轨道交通环线二期”AFC系统防水管槽项目合同。

11月，大通签订“南宁市轨道交通3号线一期”AFC系统防水管槽项目、“广安邓小平故里景区旅游线”AFC系统防水管槽项目合同。

12月，大通签订“宁波市轨道交通3号线及宁波至奉化城际铁路”AFC系统防水管槽项目、“山东滨州”抗震支吊架合同。

2018年：1月，大通签订“长沙轨道交通3号线”AFC系统防水管槽项目、“汕头市比亚迪单轨工程”AFC系统防水管槽项目合同，公司首次通“ISO14001环境管理体系”和“OHSAS18001职业健康安全管理体系”双体系认证。

2月，大通中标“郑州轨道交通5号线”AFC系统防水管槽项目。

3月，大通中标“长沙地铁4号线一期”AFC系统防水管槽项目、“常州轨道交通1号线一期”AFC系统防水管槽项目，签订“哈尔滨市轨道交通1号线三期工程”AFC系统防水管槽项目、“长春市快速轨道交通北湖线一期工程”AFC系统防水管槽项目合同。

4月，大通中标“沈阳地铁9号线一期”AFC系统防水管槽项目项目，签订“美乐家（南通）健康科技有限公司食品生产项目”抗震支吊架项目、“南通第四人民医院”抗震支吊架项目合同，大通申请的实用新型专利——“一种高抗拉强度抗震连接件及抗震支吊架”“一种带有扬声器的展位箱”获证。

5月，大通中标“广东（潭州）国际会展中心二期及配套项目I包”

钢盖板项目。

6月，大通签订“徐州城市轨道交通1号线一期工程”AFC系统防水管槽项目、“深圳地铁5号线二期”AFC系统防水管槽项目、“格尔木会展中心”展位箱及沟盖板项目合同。

7月，大通中标“贺州市平桂管理区扶贫移民综合市场项目主楼”展位箱项目、“北京轨道交通新机场线一期”AFC系统防水管槽项目，签订“宁波地铁2号线二期”AFC系统防水管槽项目合同。

8月，大通中标“广东（潭州）国际会展中心二期及配套项目I包工程”展位箱项目，签订“深圳地铁11号线机场线”AFC系统防水管槽项目、“昆明地铁6号线二期”AFC系统防水管槽项目、“重庆环线二期四公里站”AFC系统防水管槽项目合同。

9月，大通中标“沈阳地铁10号线”AFC系统防水管槽、金属桥架项目，签订“深圳轨道交通4号线三期”AFC系统防水管槽项目合同。

10月，大通签订“厦门轨道交通2号线”AFC系统防水管槽项目、“无锡地铁1号线南延”AFC系统防水管槽项目、“青岛地铁1号线”AFC系统防水管槽项目、“杭州地铁5号线一期”AFC系统防水管槽项目、“合肥轨道交通3号线”AFC系统防水管槽项目、“昆明地铁4号线”AFC系统防水管槽项目合同。

11月，大通中标“柳州轻轨2号线一期”AFC系统防水管槽项目。

12月，大通参与修订编制的《城市轨道交通自动售检票系统工程质量验收规范》（GB/T 50381—2018）标准正式实施，签订“宁波地铁4号线一期”AFC系统防水管槽项目、“深圳地铁6号线”AFC系统防水管槽项目、“深圳地铁9号线二期”AFC系统防水管槽项目、“石家庄地铁1号线二期”AFC系统防水管槽项目、“河南新乡体育会展中心”展位箱项目合同，大通申请的实用新型专利——“一种新型密封连接器”获证。

2019年：1月，大通中标“菏泽市展览馆中心”展位箱、钢盖板项目、“福州数字中国会展中心”展位箱项目、“厦门会展中心改造”沟盖板项目，签订“广州地铁 8 号线北延”AFC 系统防水管槽项目、“佛山城市轨道交通 2 号线”AFC 系统防水管槽项目、“成都地铁 10 号线二期”AFC 系统防水管槽项目合同，大通申请的实用新型专利——“一种高载荷玻璃纤维复合盖板”获证。

2 月，大通签订“深圳地铁 10 号线”AFC 系统防水管槽项目合同。

3 月，大通中标“无锡地铁 3 号线一期”AFC 系统防水管槽项目，大通申请的实用新型专利——“一种远程计量水气箱控制系统”“一种远程展位箱控制系统”获证。

4 月，大通中标“成都地铁 A 标（5 号线一、二期、9 号线一期、17 号线一期、18 号线一、二期）”AFC 系统防水管槽、金属桥架项目、“南宁市轨道交通 4 号线一期”AFC 系统防水管槽项目，签订“石家庄市轨道交通 2 号线”AFC 系统防水管槽项目、“石家庄市城市轨道交通 1 号线二期”AFC 系统防水管槽项目合同。

5 月，大通中标“成都地铁 11 号线一期”AFC 系统防水管槽项目，签订“中建钢构驻马店农产品展示交易中心”展位箱项目合同，大通申请的实用新型专利：“一种高强度抗震支吊架”获证。

6 月，大通中标“杭州至临安城际铁路工程”AFC 系统防水管槽项目、“青岛市地铁 8 号线”AFC 系统防水管槽项目、“菏泽市展览馆中心”移动箱项目，签订“驻马店会展中心”地沟钢盖板项目合同。

7 月，大通中标“杭州地铁 1 号线三期”AFC 系统防水管槽项目、“南宁市轨道交通 2 号线东延线”AFC 系统防水管槽项目、“安平国际丝网会展中心”展位配电箱项目，签订“长沙地铁 5 号线”AFC 系统防水管槽项目、“重庆市轨道交通 1 号线尖壁段”AFC 系统防水管槽项目、“杭州地铁 9 号线一期”AFC 系统防水管槽项目合同。

8 月，大通中标“杭州地铁 6 号线一、二期及杭富线”AFC 系统防水管槽项目、“西安地铁 9 号线一期”AFC 系统防水管槽项目、“成都地铁 6 号线一、二期”AFC 系统防水管槽项目、“呼和浩特地铁 1 号线”AFC 系统防水管槽项目、“杨凌国际会展中心综合展馆（D 馆）”展位箱、钢盖板项目，签订“深圳地铁 2 号线延长线”AFC 系统防水管槽项目、“中秦兴龙康复辅具产业园项目展示中心”展位箱项目合同。

9 月，大通中标“柳州会展中心”展位箱项目，签订“中国（南昌）中医药科创城会议服务中心”展位箱、沟盖板项目、“徐州轨道交通 2 号线一期”AFC 系统防水管槽项目、“杭州至海宁城际铁路”AFC 系统防水管槽项目、“石家庄轨道交通 2 号线一期”金属桥架项目合同。

10 月，大通中标“2020 世界休闲大会主会场项目”展位箱、沟盖板项目。

11 月，大通中标“广东（潭州）国际中心二期及配套项目Ⅰ包”展位插座箱项目，签订“深圳地铁 3 号线延长线及 8 号线一期”AFC 系统防水管槽项目合同。

12 月，大通中标“南昌市轨道交通 3 号线工程”AFC 系统防水管槽项目、“厦门市轨道交通 3 号线”AFC 系统防水管槽项目、“深圳国际会展中心（一期）”防水槽盒项目、“杭州至绍兴城际铁路”AFC 系统防水管槽项目、“济南市轨道交通 R2 线一期”AFC 系统防水管槽项目、“杭州地铁 7 号线”AFC 系统防水管槽项目、“宁海县国际会展中心有限公司 B 馆”展位箱项目、“石家庄市城市轨道交通 1 号线二期”AFC 系统防水管槽项目、“太原市轨道交通 2 号线一期” AFC 系统防水管槽项目；应公司发展需要整体迁至南通市港闸区长兴路 399 号新建厂房。

2020 年：1 月，大通中标“晋江国际会展中心”展位箱项目、“合肥市轨道交通 5 号线”AFC 系统防水管槽项目、“杭州地铁 4 号线二期”AFC 系统防水管槽项目。

3 月，大通中标“西安地铁 5 号线二期工程”AFC 系统线槽项目，签订“合肥轨道交通 4 号线”AFC 系统防水管槽项目、“佛山有轨电车” AFC 系统防水管槽项目、“南宁市轨道交通 5 号线一期”AFC 系统防水管槽项目合同。

4 月，大通中标“重庆市轨道交通 9 号线一期”AFC 系统防水管槽项目，签订“广州市轨道交通 18 号线和 22 号线”AFC 系统防水管槽项目、“重庆轨道交通 6 号线支线二期工程”AFC 系统防水管槽项目合同。

5 月，大通中标“大连市金普城际铁路工程”AFC 系统防水管槽项目，签订“石家庄市城市轨道交通 3 号线二期”AFC 系统防水管槽项目、“杭州地铁 8 号线一期”AFC 系统防水管槽项目、“淮州新城国际会展中心”展位配电箱项目、“海花岛会展中心”展位箱、钢盖板项目、“无锡地铁清分系统”桥架项目合同，大通申请的实用新型专利——“一种电缆出线口”获证。

6 月，大通签订“珠海航展中心”钢盖板项目、“杭富线机电二标工程” AFC 系统防水管槽项目合同。

7 月，大通中标“无锡地铁 4 号线一期”AFC 系统防水管槽项目，签订“徐州轨道交通 3 号线一期工程”AFC 系统防水管槽项目、“成都地铁 5 号线一、二期”AFC 系统防水管槽项目合同。

8 月，大通中标“烟台八角湾国际会展中心（EPC）工程”展位箱、钢盖板项目，签订“重庆轨道交通一号线朝天门站”AFC 系统防水管槽项目合同。

9 月，大通签订“杭州地铁 10 号线一期”AFC 系统防水管槽项目、“广州轨交 7 号线一期西延顺德段”AFC 系统防水管槽项目、“南通轨道交通 1 号线一期”金属桥架项目、“长春地铁 2 号线西延线”AFC 系统防水管槽项目、“郑州轨道交通 3 号线一期”AFC 系统防水管槽项目、“哈尔滨轨交 3 号线二期”AFC 系统防水管槽项目合同，大通申请的发明专利——“一种线槽气密性测试装置的测试方法”获证。

10 月，大通签订“长春城市轨道交通 3 号线”AFC 系统防水管槽项目合同，新建厂房二期工程开工。。

11 月，大通中标“哈尔滨轨交 2 号线一期”AFC 系统防水管槽项目、“南京地铁 7 号线”AFC 系统防水管槽项目、“南京地铁

S8 线南延工程”AFC 系统防水管槽项目、“绿地东北亚国际博览城项目 17# 地块会展中心”展位箱项目、“南昌轨道交通 4 号线一期”AFC 系统防水管槽项目、签订“深圳会展中心场馆大型维修改造项目”钢盖板项目合同。

12 月，大通中标“徐州淮海国际博览中心项目一期”展位箱、沟盖板项目，签订“广州花都狮岭富力环球商品贸易港项目展示中心”展位箱项目、“金华—义乌—东阳市域轨道交通工程”AFC 系统防水管槽项目、“徐州万科翡翠之光”抗震支吊架项目合同。

2021 年：1 月，大通签订“东北亚（长春）国际机械城会展中心项目”展位箱、沟盖板项目、“吉安市高铁新区核心区会展中心”沟盖板、“中老铁路新建铁路磨丁至万象线”AFC 系统防水管槽项目、“重庆轨道交通 2 号线较场口至新山村大修改造”AFC 系统防水管槽项目、“青海国际会展中心”钢盖板项目合同。

3 月，大通中标“佛山市城市轨道交通 3 号线 3218 标”AFC 系统防水管槽项目、“佛山市城市轨道交通 3 号线 3219 标”AFC 系统防水管槽项目，签订“吉安市高铁新区核心区会展中心”展位箱项目合同。

4 月，大通中标“乌鲁木齐机场改扩建项目航站楼工程”防水地面管槽项目、“绍兴国际会展中心一期 B 区 2 号多功能展厅”展位箱项目，签订“昆明市轨道交通 2 号线二期”AFC 系统防水管槽项目、“服贸会首钢园区展馆工程”展位箱项目、“榆林会展中心”展位箱项目、“青海国际会展中心”展位箱项目合同，大通申请的实用新型专利——“一种电气连锁工业连接器箱”“一种地面线槽自动排水装置”“一种带安装参考线的地面线槽”获证。

5 月，大通签订“昆明市轨道交通 5 号线”AFC 系统防水管槽项目合同，大通申请的实用新型专利 ——“一种绝缘壳体展位箱”获证。大通电气被选举为南通市崇川区港闸经济开发区第一届商会副会长单位。

2. AFC 防水管槽工程业绩一览

序号	项目名称
1	昆明市轨道交通 5 号线
2	昆明市轨道交通 2 号线二期
3	佛山市城市轨道交通 3 号线 3219 标
4	佛山市城市轨道交通 3 号线 3218 标
5	重庆轨道交通 2 号线较场口至新山村大修改造
6	中老铁路新建铁路磨丁至万象线
7	金华—义乌—东阳市域轨道交通工程
8	南昌轨道交通 4 号线一期
9	南京地铁 S8 线南延工程
10	南京地铁 7 号线
11	哈尔滨轨交 2 号线一期
12	长春城市轨道交通 3 号线
13	哈尔滨轨交 3 号线二期
14	郑州轨道交通 3 号线一期
15	长春地铁 2 号线西延线
16	南通轨道交通 1 号线一期
17	广州轨交 7 号线一期西延顺德段
18	杭州地铁 10 号线一期
19	重庆轨道交通 1 号线朝天门站
20	徐州轨道交通 3 号线一期工程
21	无锡地铁 4 号线一期
22	杭富线机电二标工程
23	无锡地铁清分系统
24	杭州地铁 8 号线一期
25	石家庄市城市轨道交通 3 号线二期
26	大连市金普城际铁路工程
27	重庆轨道交通 6 号线支线二期工程
28	广州市轨道交通 18 号线
29	广州市轨道交通 22 号线
30	重庆市轨道交通 9 号线一期
31	南宁市轨道交通 5 号线一期
32	佛山有轨电车
33	合肥轨道交通 4 号线
34	西安地铁 5 号线二期工程

续表

序号	项目名称
35	杭州地铁 4 号线二期
36	合肥市轨道交通 5 号线
37	太原市轨道交通 2 号线一期
38	石家庄市城市轨道交通 1 号线二期
39	杭州地铁 7 号线
40	济南市轨道交通 R2 线一期
41	杭州至绍兴城际铁路
42	厦门市轨道交通 3 号线
43	南昌市轨道交通 3 号线工程
44	深圳地铁 3 号线延长线及 8 号线一期
45	石家庄轨道交通 2 号线一期
46	杭州至海宁城际铁路
47	徐州轨道交通 2 号线一期
48	深圳地铁 2 号线延长线
49	呼和浩特地铁 1 号线
50	成都地铁 6 号线一、二期
51	西安地铁 9 号线一期
52	杭州地铁 6 号线一、二期及杭富线
53	杭州地铁 9 号线一期
54	重庆市轨道交通 1 号线尖璧段
55	长沙地铁 5 号线
56	南宁市轨道交通 2 号线东延线
57	杭州地铁 1 号线三期
58	青岛市地铁 8 号线
59	杭州至临安城际铁路工程
60	成都地铁 11 号线一期
61	石家庄市城市轨道交通 1 号线二期
62	石家庄市轨道交通 2 号线
63	南宁市轨道交通 4 号线一期
64	成都地铁 5 号线一、二期
65	成都地铁 9 号线一期
66	成都地铁 17 号线一期
67	成都地铁 18 号线一、二期
68	无锡地铁 3 号线一期
69	深圳地铁 10 号线
70	成都地铁 10 号线二期
71	佛山城市轨道交通 2 号线

续表

序号	项目名称
72	广州地铁 8 号线北延
73	石家庄地铁 1 号线二期
74	深圳地铁 9 号线二期
75	深圳地铁 6 号线
76	宁波地铁 4 号线一期
77	柳州轻轨 2 号线一期
78	昆明地铁 4 号线
79	合肥轨道交通 3 号线
80	杭州地铁 5 号线一期
81	青岛地铁 1 号线
82	无锡地铁 1 号线南延
83	厦门轨道交通 2 号线
84	深圳轨道交通 4 号线三期
85	沈阳地铁 10 号线
86	重庆环线二期四公里站
87	昆明地铁 6 号线二期
88	深圳地铁 11 号线机场线
89	宁波地铁 2 号线二期
90	北京轨道交通新机场线一期
91	深圳地铁 5 号线二期
92	徐州城市轨道交通 1 号线一期工程
93	沈阳地铁 9 号线一期
94	长春市快速轨道交通北湖线一期工程
95	哈尔滨市轨道交通 1 号线三期工程
96	常州轨道交通 1 号线一期
97	长沙地铁 4 号线一期
98	郑州轨道交通 5 号线
99	长沙轨道交通 3 号线
100	汕头市比亚迪单轨工程
101	宁波市轨道交通 3 号线
102	宁波至奉化城际铁路
103	广安邓小平故里景区旅游线
104	南宁市轨道交通 3 号线一期
105	重庆市轨道交通环线二期
106	重庆市轨交 10 号线工程
107	苏州市轨道交通 3 号线
108	长春地铁 2 号线 BT10 标、BT11 标、BT12 标

续表

序号	项目名称
109	广州地铁 21 号线
110	广州地铁 14 号线
111	重庆轨道交通环线一期
112	重庆市轨道交通 4 号线一期工程
113	成都地铁 3 号线二、三期
114	南京地铁宁溧线
115	南京至高淳城市轨道禄口新城南站至高淳段工程
116	北京市地铁 6 号线西延工程
117	杭州地铁 2 号线二期
118	成都地铁 1 号线三期
119	武汉地铁 21 号线
120	南昌轨道交通 2 号线控制中心
121	广州地铁 13 号线首期
122	广州地铁知识城线
123	成都地铁 1 号线三期
124	兰州地铁 1 号线一期工程
125	青岛地铁 2 号线一期工程
126	成都地铁 7 号线工程
127	杭州地铁 2 号线一期西北段
128	南宁市轨道交通 2 号线工程
129	深圳地铁 7 号线
130	重庆市轨道交通 10 号线工程
131	青岛市红岛—胶南城际铁路工程
132	成都地铁 4 号线二期
133	成都地铁 10 号线一期
134	合肥地铁 2 号线
135	越南河内轨道交通吉灵—河东线
136	乌鲁木齐市轨道交通 1 号线工程
137	重庆地铁 5 号线
138	长春地铁 1 号线一期
139	新建青岛—海阳城际（蓝色硅谷段）
140	哈尔滨市轨交 3 号线一期
141	石家庄地铁 1 号线一期指挥控制中心工程
142	武汉市轨道交通 6 号线
143	郑州地铁 1 号线二期
144	北京市中低速磁浮交通示范线西段工程 (S1)
145	昆明市轨交 1 号线支线

续表

序号	项目名称
146	郑州市南四环至郑州南站城郊铁路一期工程
147	重庆轨道交通 3 号线北延伸段
148	石家庄市城市轨道交通 1 号线一期工程
149	广州地铁 7 号线
150	广州地铁 9 号线
151	深圳地铁三期工程 7 号线
152	深圳地铁三期工程 9 号线
153	深圳地铁三期工程 11 号线
154	长沙地铁 1 号线
155	苏州轨道交通 4 号线及支线
156	南京地铁 4 号线一期
157	合肥地铁 1 号线一、二期及 2 号线大东门站
158	长沙市磁浮工程
159	长沙轨道交通 2 号线一期西延
160	广州轨交 4 号线庆盛站
161	珠江三角洲城际快速轨道交通广州至佛山段二期工程
162	苏州轨道交通 2 号线延伸线
163	武汉市轨交 3 号线一期工程
164	宁波市轨道交通 2 号线一期
165	重庆轨道交通 6 号线二期
166	武汉市轨道交通 4 号线二期工程
167	杭州地铁 2 号线一期工程（东南段）
168	南京地铁 10 号线
169	南京地铁 3 号线
170	无锡地铁 2 号线
171	苏州地铁 2 号线工程
172	郑州地铁 1 号线一期
173	无锡地铁 1 号线
174	宁波轨道交通 1 号线一期
175	杭州地铁 1 号线一期
176	苏州市轨道交通 1 号线
177	南京地铁 1 号线南延线
178	南京地铁 2 号线

3. 展位配电箱工程业绩表

序号	项目名称
1	榆林会展中心
2	服贸会首钢园区展馆工程
3	青海国际会展中心
4	绍兴国际会展中心一期 B 区 2 号多功能展厅工程
5	吉安市高铁新区核心区会展中心
6	东北亚（长春）国际机械城会展中心项目
7	广州花都狮岭花都狮岭富力环球商品贸易港项目展示中心
8	徐州淮海国际博览中心项目一期
9	深圳会展中心场馆大型维修改造项目
10	绿地东北亚国际博览城项目 17# 地块会展中心
11	烟台八角湾国际会展中心（EPC）工程
12	珠海航展中心
13	海花岛会展中心
14	淮州新城国际会展中心
15	晋江国际会展中心
16	宁海县国际会展中心有限公司 B 馆
17	深圳国际会展中心（一期）
18	广东（潭州）国际中心二期及配套项目 I 包
19	2020 世界休闲大会主会场项目
20	中国（南昌）中医药科创城会议服务中心
21	中秦兴龙康复辅具产业园项目展示中心
22	杨凌国际会展中心综合展馆（D 馆）
23	安平国际丝网会展中心
24	驻马店会展中心
25	菏泽市展览馆中心
26	中建钢构驻马店农产品展示交易中心
27	厦门会展中心改造
28	福州数字中国会展中心
29	河南新乡体育会展中心
30	贺州市平桂管理区扶贫移民综合市场项目主楼
31	格尔木会展中心
32	泉州市国际会展中心
33	信阳市百花会展中心
34	宁夏吴忠市黄河文化体育会展中心

续表

序号	项目名称
35	湖南醴陵国际会展中心
36	昆山花桥博览中心
37	中国临沂国际商贸电子商务产业园会展中心
38	武汉光谷科技会展中心
39	广东（潭州）国际会展中心首期
40	新疆国际会展中心二期
41	山印会展中心
42	苏州文化博览中心大修项目
43	厦门国际会展中心四期
44	福州奥林匹克体育中心
45	福州海峡国际会展中心扩建工程
46	遵义蔷薇国际会展中心
47	新疆农业博览中心
48	拉萨国际会展中心
49	南京国际博览中心二期
50	江苏运河体育会中心
51	马鞍山市体育会展中心
52	灯都古镇会议展览中心
53	绍兴体育会展中心
54	盐城环保产业园会展中心
55	宁海国际会展中心二期
56	宁海国际会展中心
57	无锡国际会展中心二期
58	卢旺达 KCC 会展中心
59	厦门国际会展中心三期
60	南京国际博览中心
61	扬州国展中心二期
62	三门峡市文化体育会展中心会展部分
63	泰州医药会展中心
64	中关村国家自主创新示范区展示中心
65	中国科技五金城会展中心
66	海南国际会展中心
67	福州海峡国际会展中心
68	淮安国际会展中心
69	无锡国际会展中心一期
70	新疆喀什国际会展中心

续表

序号	项目名称
71	东营会展中心
72	盐城国际会展中心
73	西安杨凌农业科技会展中心
74	上海世博会主题馆
75	绍兴轻纺城国际会展中心
76	鄂尔多斯会展中心
77	山东曲阜孔子文化会展中心
78	厦门国际会展中心
79	武汉中博会汽车展览馆
80	天津滨海国际会展中心
81	西安绿地笔克国际会展中心
82	山东烟台印刷展览中心
83	临沂国际贸易展览中心
84	西安曲江国际会展中心
85	烟台国际会展中心
86	齐齐哈尔市绿色展览交易中心
87	山东滨州国际会展中心

4. 企业资质证书情况表

序号	证书名称	发证单位
1	ISO9001:2015 质量管理体系认证证书	中国质量认证中心
2	ISO14001:2015 环境管理体系认证证书	北京东方纵横认证中心有限公司
3	ISO45001:2018 职业健康安全管理体系认证证书	北京东方纵横认证中心有限公司
4	CQC 产品认证证书（CQC2019010301199122）	中国质量认证中心
6	CQC 产品认证证书（CQC2017010301007882）	中国质量认证中心
7	CQC 产品认证证书（CQC2010010301387364）	中国质量认证中心
8	CQC 产品认证证书（CQC2007010301248281）	中国质量认证中心
9	高新技术企业证书	江苏省科学技术厅、江苏省财政厅、国家税务总局江苏税务局
10	诚信经营示范单位证书	神州华丰（北京）信用评价有限公司
11	AAA 级信用等级证书	神州华丰（北京）信用评价有限公司
12	AAA 级资信等级证书	神州华丰（北京）信用评价有限公司
13	AAA 级重合同守信用单位证书	神州华丰（北京）信用评价有限公司
14	AAA 级质量服务信誉单位证书	神州华丰（北京）信用评价有限公司
15	诚信企业家证书	神州华丰（北京）信用评价有限公司
16	诚信经理人证书	神州华丰（北京）信用评价有限公司
17	港闸区诚信企业证书	港闸区文明办、港闸区发改委、港闸区市管局
18	立信单位证书	绿盾全国企业征信系统、绿盾征信（北京）有限公司
19	AAA 企业资信等级证书	联合信用管理有限公司江苏分公司
20	国标参编证书	《城市轨道交通自动售检票系统工程质量验收规范》国标管理组
21	中国信息产业商会自动收费系统专业委员会理事单位	中国信息产业商会自动收费系统专业委员会
22	守合同重信用企业证书	南通市公司行政管理局
23	高新技术产品认定证书（地铁专用分隔式防水槽盒）	江苏省科学技术厅

5. 大通电气专利及著作权证书

序号	专 利 号	名 称
		发明专利
1	ZL 201210091370.1	移动式展位箱
2	ZL 201310038987.1	方管密封连接器
3	ZL 201810505764.4	一种线槽气密性测试装置的测试方法
		实用新型专利
1	ZL 202022445419.1	一种绝缘壳体展位箱
2	ZL 202022114347.2	一种带安装参考线的地面线槽
3	ZL 202022110098.X	一种地面线槽自动排水装置
4	ZL 202022445432.7	一种电气连锁工业连接器箱
5	ZL 201921863785.X	一种电缆出线口
6	ZL 201821000143.2	一种耐火型抗震支吊架
7	ZL 201821002289.0	一种远程展位箱控制系统
8	ZL 201821001484.1	一种远程计量水气箱控制系统
9	ZL 201821002299.4	一种高载荷玻璃纤维复合盖板
10	ZL 201821001491.1	一种高强度抗震支吊架
11	ZL 201820797325.0	一种新型密封连接器
12	ZL 201721012442.3	一种高抗拉强度抗震连接件及抗震支吊架
13	ZL 201721122295.5	一种带有扬声器的展位箱
14	ZL 201621241063.7	一种防刮伤电缆接线盒
15	ZL 201620356618.6	一种线槽弹性接地装置
16	ZL 201620462406.6	一种无线 Wi-Fi 展位箱
17	ZL 201520213506.0	一种地面用防水盒结构
18	ZL 201520213394.9	一种可变角度插接式展位箱
19	ZL 201520213317.3	一种密封操作口结构
20	ZL 201420714511.5	一种翻插式展位插座箱
21	ZL 201420367489.1	一种侧盖板出线型展位箱
22	ZL 201420367631.2	一种超薄型展位插座箱

续表

序号	专 利 号	名 称
23	ZL 201420367480.0	一种出线口带有双向磁吸定位装置的展位插座箱
24	ZL 201420371192.2	一种高强度展位弱电箱
25	ZL 201420367547.0	一种气弹簧支撑展位箱的二次防护装置
26	ZL 201420367390.1	一种双盖板展位箱
27	ZL 201420367744.2	一种组装式防水分线盒及线槽
28	ZL 201220130539.5	移动式展位箱
29	ZL 201220130542.7	倒装式展位箱
30	ZL 201220058468.2	轻型钢盖板
31	ZL 201120097046.1	地铁专用分隔式防水槽盒
32	ZL 201120097047.6	展位箱自锁式伸缩撑杆装置
33	ZL 201020196845.X	多单元组合型展位箱
34	ZL 200920283136.2	弹力开启式展位箱
35	ZL 200920038290.3	密封防水地面布线槽盒
36	ZL 200920036568.3	多方向出线的展位配电箱
37	ZL 200820161122.9	耐火展位配电箱
38	ZL 200820161121.4	组合式展位配电箱
		著作权
1	国作登字—2013—L00089771	《展位配电箱大全》
2	国作登字—2013—L00086745	《AFC 地面布线系统》

附录二

大通电气产品概况：AFC 防水管槽、展位配电箱

1. AFC 防水管槽产品介绍

AFC 防水管槽是预埋在地铁站台地面内的布线管道的基础设施，是控制室、售票机、闸机等设备电源、数据电缆布线的通道，这个通道是 AFC 正常运行的基础。由于城市轨道交通以地下运行为主，而地下水的存在使得地下环境一般比较潮湿，冷凝水和地下水会不断侵入地面。如果 AFC 的基础设施——地面管槽一旦进水，AFC 电源及数据电缆必然会泡在水里。所以新型 AFC 防水管槽及其配件就应运而生。由于地铁站台的设计各不相同，地铁人员流量差异较大，售票机、闸机数量也因此不同，这就使得电缆布线在数量上有较大差异。AFC 防水管槽也就派生出不同的规格，因 AFC 防水管槽是预埋在地面内，所以要用扁平的结构形式，一般防水管槽的高度在 50 ～ 80mm 之间，宽度在 200 ～ 400mm 之间。如何解决这一大防水难题，从多年前开始，大通电气先后组织技术人员进行防水管槽的攻关研究，经过多次试验改进，最终研制成功，防护等级可达 IPX7（附图 1 ～附图 3）。

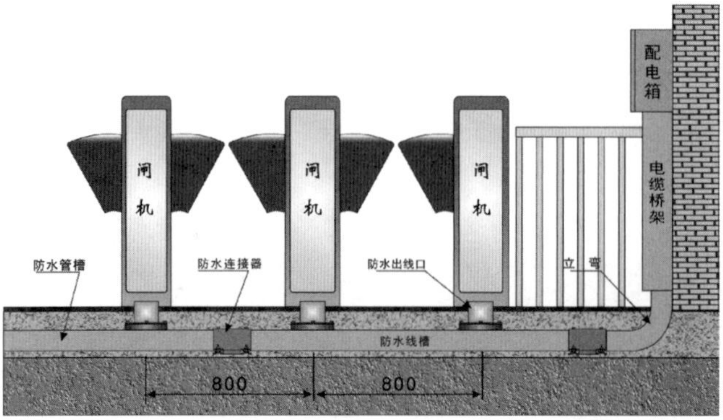

附图 1 AFC 防水管槽与闸机安装大样图

附图 2 AFC 防水管槽预埋在地面找平层里

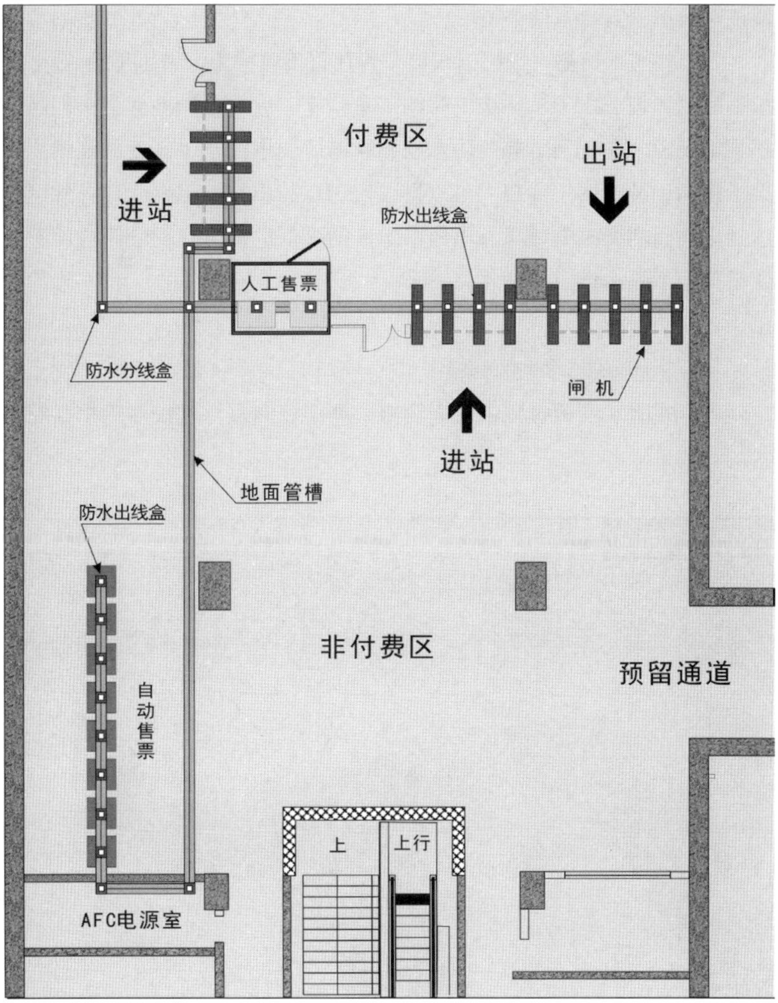

附图 3 AFC 防水管槽在地铁站台地面平布置

所谓的分隔式就是在矩形金属管道中间加一个固定的隔板，分成两个或多个腔体，再整体安装到地面，可根据电缆的性质分别敷设于不同的管道腔体内，来达到强弱电的分腔敷设，同时所配套的分线盒、出线盒也要制作成相同的结构型式，以利于配套使用。从外观上看是一根管槽，其实内部已进行了分隔，达到了强弱电分开屏蔽的目的，这种分隔式的结构现场安装时比较简单，占用地面的空间比较小。

分隔式防水管槽采用优质钢板进行焊接，然后进行热浸镀锌处理，其连接也采用防水连接器，防护等级可达 IPX7。分隔式防水管槽具有整体结构简单、安装方便等特点。

分隔式防水管槽可以把出线口布置在管槽盖面上，特别适合 AFC 闸机下面的预埋。由于土建施工时的误差，施工后的基础地面会出现高低不平的现象。在安装分隔式防水地面管槽后要进行水平高度的测量，如果出现高于地面的出线口，可以换装低一点的出线口组件，这样就可以达到与地面的齐平的效果。出线口组件的高低选配，在安装时应低于大理石平面 10mm 内（附图 4）。

（1）分体式防水地面管槽

分体式防水管槽也是由地面管槽、地面分向盒、连接器等相互连接

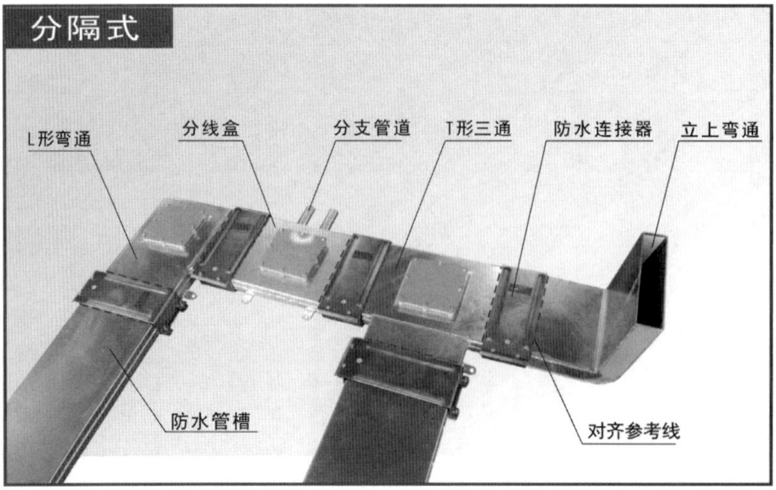

附图 4　分隔式防水管槽与各种配件连接

组装而成的。在设计时突破原有的理念，针对地面分线盒和连接器进行了大胆的创新设计。即，根据预先设计，分线盒焊接多根线槽段，这样，分线盒的每一个与管槽连接的接口，都是一个管槽段，这样连接起来就十分方便了，对盒体与管槽能密封连接打下了基础。

分体式防水管槽一般是把两根矩形金属管道组合在一起，两根矩形金属管道之间的间隙一般为 30 ～ 50mm，一起平行敷设，一根管道敷设强电电缆，另一根管道敷设弱电电缆，共用分向盒及出线盒。这样的结构优点是屏蔽效果好，缺点是安装相对复杂。前期的南京、苏州地铁，是采用分体式防水地面管槽来敷设 AFC 电缆的（附图 5，附图 6）。

（2）AFC 防水管槽技术要求

为了分线盒体和地面管槽的钢度要求，钢板厚度选用公称 3mm。AFC 防水管槽及配件必须采用机器人焊接，焊缝平直均匀，无气孔及砂孔，焊缝布置于管槽侧面的中间位置。所有与电缆接触的接口应无毛刺。分向盒、出线盒盒体外应设置安装支架，方便固定。分向盒内必须配置屏蔽板，以防止强电对弱电产生干扰。之后，可按照“热浸锌 AFC 防水管槽”制造的技术标准来进行，并要求底金属无锈点。AFC 防水管槽标准长度为 2.5m，壁厚 3mm，宽度为 200 ～ 400mm 之间，高为 50 ～ 80mm 之间（附图 7，附图 8）。

（3）分向盒—出线口组件 1

分向盒、出线盒的操作口采用模压一体化铸件与 O 形密封圈配合使用，密封防水。铸件操作口内径尺寸有：200mm×200mm，

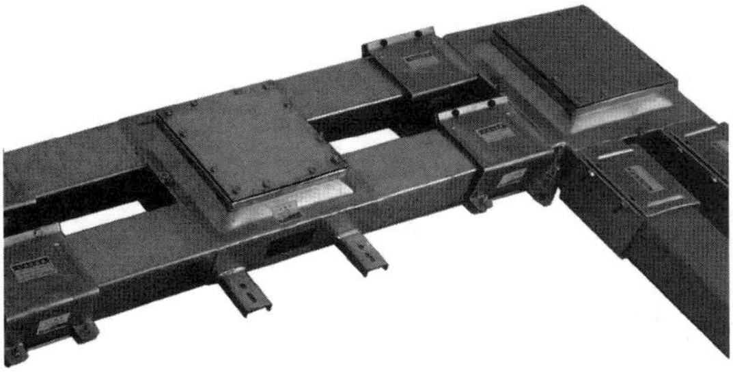

附图 5　分体式防水管槽与各种配件连接

附图 6　分隔式防水管槽

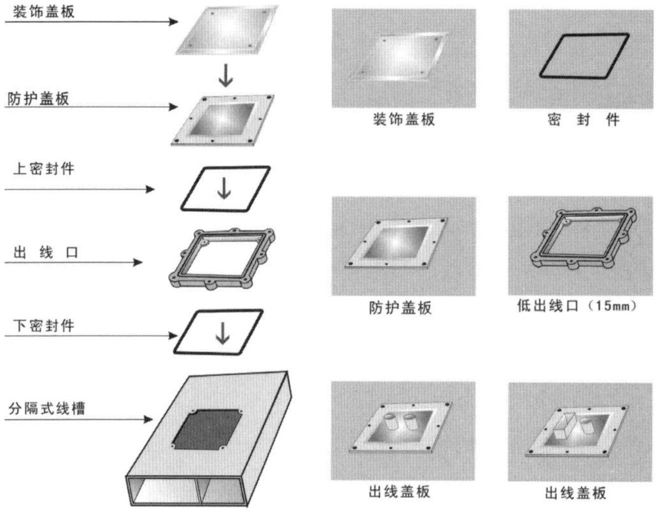

附图 7 出线盒结构

附图 8 出线口（单位：mm）

200mm×130mm，140mm×140mm；高度为 20mm。外露的连接螺丝，不得直接采用从线槽的外部穿孔于管槽内部连接，防止水从螺丝孔内渗入管槽内。分线盒设置封闭型防护盖；出线口防护盖设置带出线孔，且出线的孔高出地面≥ 50mm。

（4）分向盒—出线口组件 2

分向盒—出线口的组件均采用整体模压结构，在出线口组件的上下两个平面，都设计有凹槽，凹槽内装有由硅胶制作的密封圈，出线口组件内设置有 4 ～ 6 个螺丝连接孔，该孔通过螺丝与管槽的出线开口连接。出线口组件外框四周也设置有 8 只与防护盖板连接的螺丝孔，出线口组件下部内圈，设置有防刮伤电缆的护口。这样在施工时就能防止刮伤电缆防护外套。

（5）分向盒—出线口组件 3

防护盖板有多种形式。第一种：封闭型防护盖板。此防护盖板在施工时盖住出线口，防止施工过程中的杂物积水进入地面线槽内部，当施工结束后，封闭型防护盖板除不需要出电缆的出口外，都要更换其他带出线小孔的盖板。第二种：带出线孔防护盖板。当地面施工结束后敷设电缆的过程中，电缆从出线口出来进入售票机、闸机就要盖上带有小出线孔的防护盖板，这种盖板出线孔有用圆形钢管或方形钢管的一小段，焊接在防护盖板上，高度都应高于地面，防止地面水的进入（附图 9，附图 10）。

（6）防水连接器

防水连接器由上下两片组成，斜对角方向安装螺栓。当螺栓收紧时，就会有一个垂直的夹紧力，由于巧妙的设置有 135°斜坡结构，把垂直的力转换成含有横向力的合力，所以，连接器上下两片，就会产生向内的四个面收缩力来收紧橡胶带，这样就保证了线槽与分线盒有效的密封连接。连接器不仅可以用于管槽与分线盒的连接，也可以用于管槽与管槽的连接，防护等级高于 IPX7。由于连接器内衬有高性能的橡胶垫，伸缩性能优良，每只连接器的连接，其实就是一个软连接，在具有防止热胀冷缩的功能的同时，也可在高低不平的地面上安装，丝毫不影响其防水

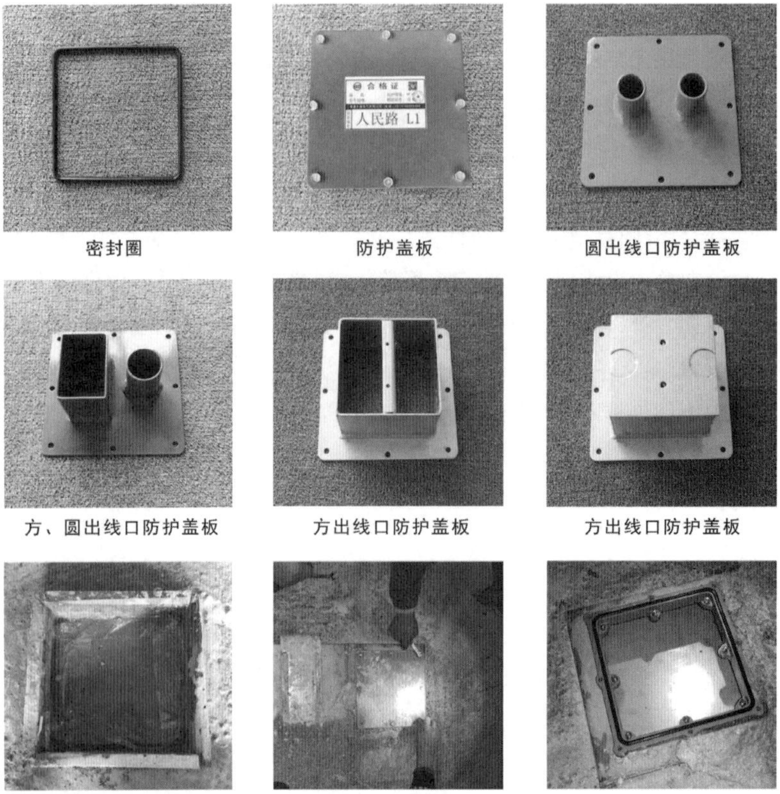

密封圈　防护盖板　圆出线口防护盖板

方、圆出线口防护盖板　方出线口防护盖板　方出线口防护盖板

出线口预埋保护　出线口、防护盖板　出线口

附图 9　分向盒出线口组件

性能，同时具备伸缩节的功能，不需要再另配伸缩节（附图 11）。

（7）防水连接器解决方案

连接器是连接管槽和管槽、管槽和分向盒的重要关键部件，在设计时要计算好在螺丝拧紧时密封胶带的变形量，所有的配件均为模具化成型，减少了手工加工的误差，从而使每个部件均达到设计要求。从多个工程质量跟踪情况看，完全达到防浸水之目的（附图 12）。

（8）管槽接地的连续性

分线盒、管槽每一处连接都采用连接器连接，防水连接器应自带接地装置，只要在连接器上设置接地的联通，整个管道系统的接地连续

公共区分向盒装饰面板的做法

出线口敷设电缆

永久防护盖

不锈钢嵌大理石装饰盖

不锈钢装饰盖

大理石装饰盖

不锈钢包大理石装饰盖

附图 10 分向盒装饰面板

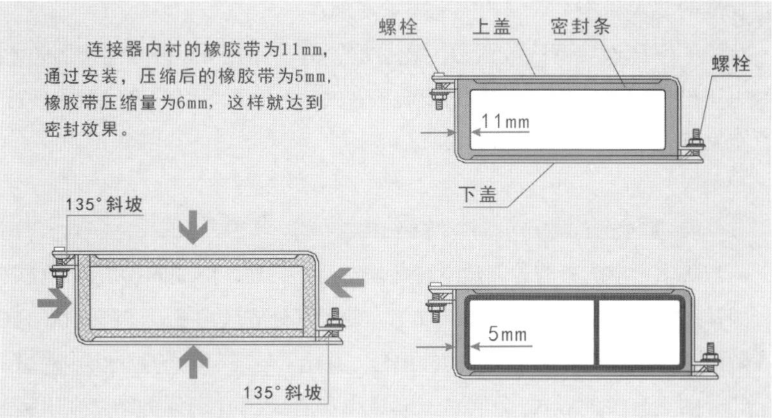

附图 11 防水连接器原理

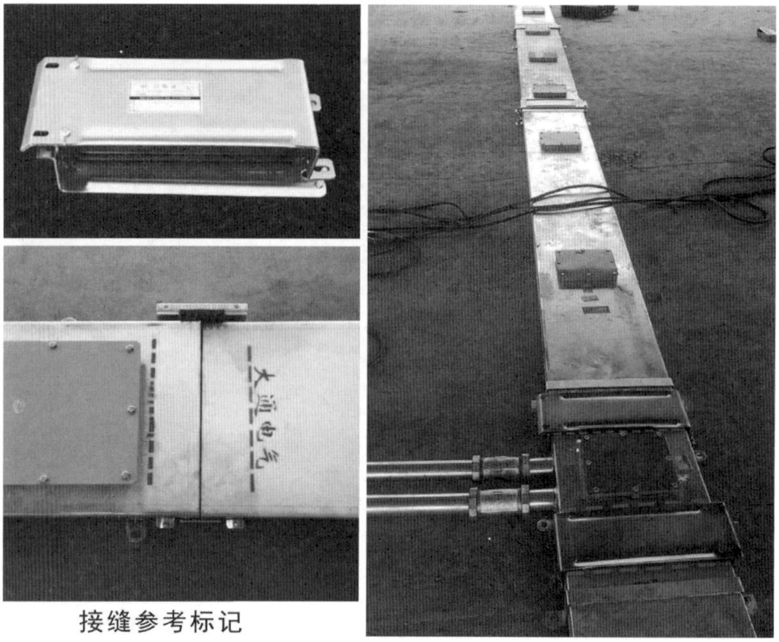

附图 12 防水连接器安装

性就得到了保证。每一个接头的接地电阻应符合《电控配电用电缆桥架》（JB/T 10216-2013）的要求，即接地电阻在有跨接点处电阻应小于 50mΩ。AFC 防水管槽就是在施工现场测试，一般都在 10mΩ，完全满足标准的要求和施工现场的实际技术要求。

为了保证连接器的收紧力，连接器紧固件采用 8.8 级。连接器防水胶采用硅橡胶进行模压，橡胶回弹力达 95%。相同规格的产品及配件应具有互换性（附图 13，附图 14）。

（9）防水分向盒——防护等级 IPX7

与防水管槽配套的分向盒，特别是弯通、三通、四通的拐角，设计成了圆弧结构，运用液压设备拉伸加工，使拐弯处的硬角变成了圆弧状，这在敷设电缆时就不易刮伤电缆的外护套，避免了电缆可能产生的漏电隐患。

分向盒有多种形式，分向盒一般是和弯通、三通、四通等结合在一起，这是因为电缆在敷设时易于在地面管槽内操作，不然因地面管槽拐弯太

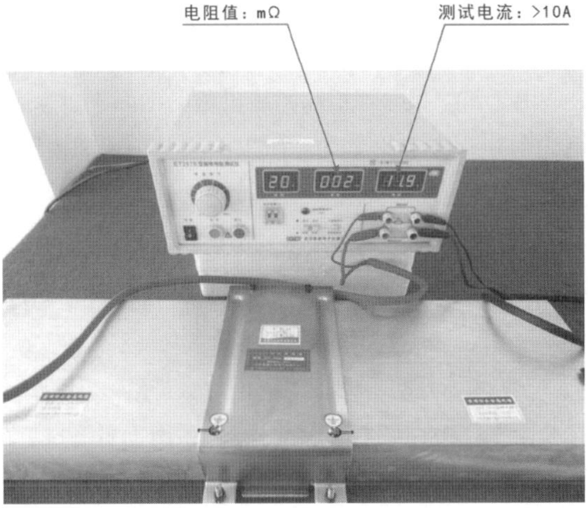

附图 13 防水连接器自带接地装置电阻测试

防水连接器规格	防水连接器规格	防水连接器规格	防水连接器规格
DT-P08/100×50	DT-P08/300×60	DT-P08/350×60	DT-P08/400×60
DT-P08/150×50	DT-P08/300×70	DT-P08/350×70	DT-P08/400×70
DT-P08/200×50	DT-P08/300×80	DT-P08/350×80	DT-P08/400×80

不锈钢接地弹簧

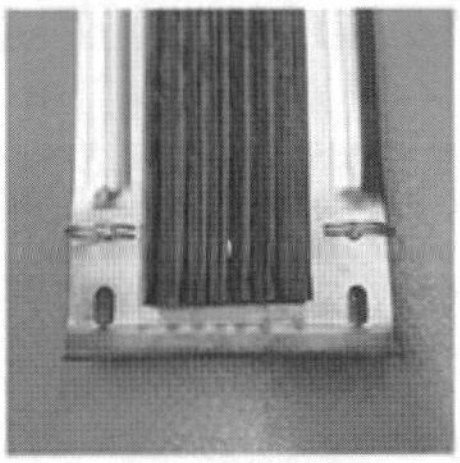
接地弹簧搭接面

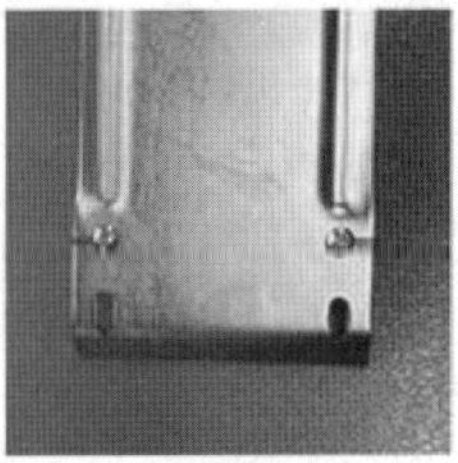
弹簧固定点

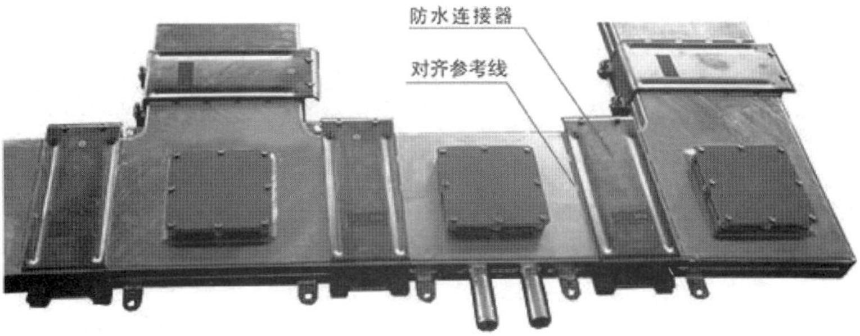

附图 14 防水连接器选型

多，在敷设电缆时就拉不动电缆线了，一般分向盒的操作口，在今后运行中是不出电缆线的，所以，分向盒一般是用封闭型防护盖板密封的。出线盒一般适用于售票机、闸机和网络设备的地面下，今后运行使用时，有电缆从出线盒开孔位置出电缆，所以出线盒一般要换装带出线小孔的盖板（附图 15，附图 16）。组装式 AFC 防水地面线槽在安装过程中方便快捷，该产品研制成功后在全国八十几个地铁工程中得到应用，现场安装的最终效果完全达到了 IPX7 整体防护要求，彻底解决了防水问题。

（10）AFC 防水管槽配件的加工

AFC 防水管槽的其他配件如分线盒，均采用优质钢材，在数控激光切割下，料配件精度准确，误差极小，合体尺寸一致性好，再加上机器人焊

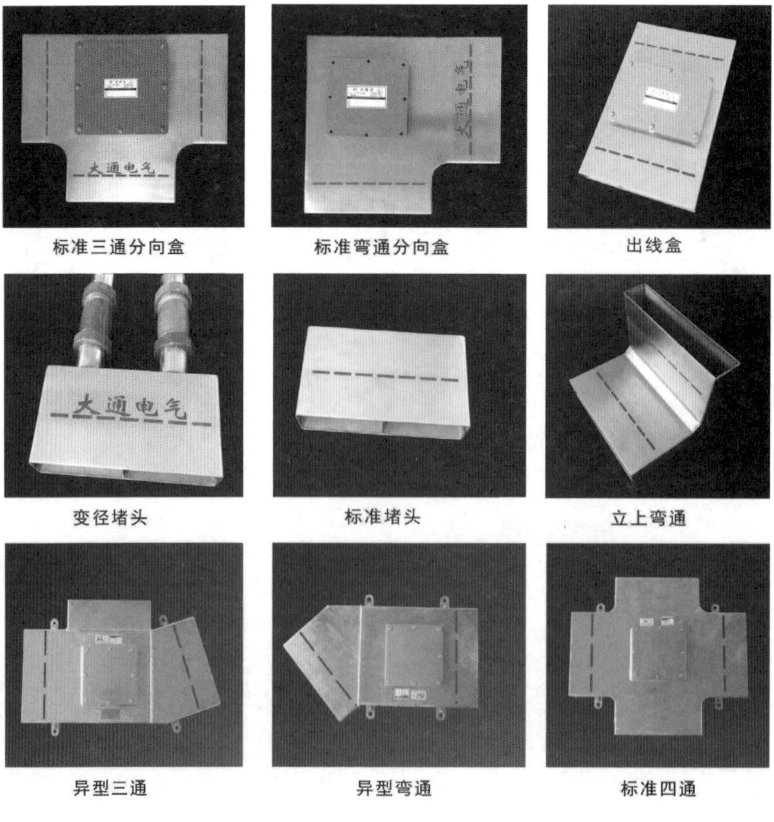

附图 15 防水分向盒及其配件

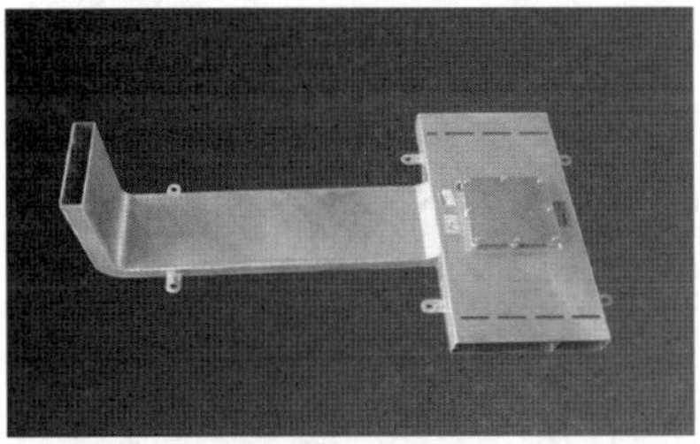

异形三通

异形三通

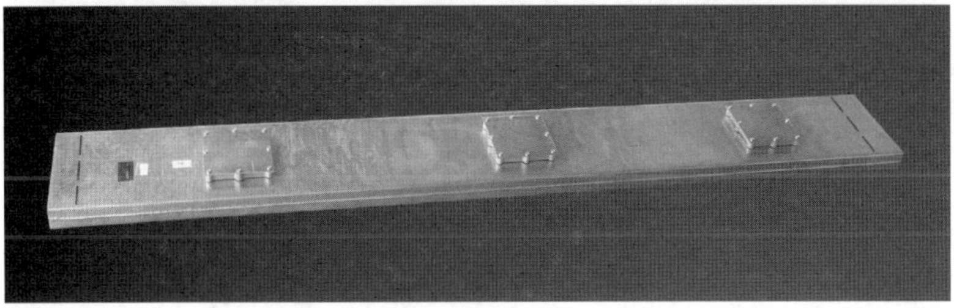

组 合 管 槽

附图 *16* 异型三通及组合管槽

接整体配合精度，在联合组装后密封防水效果显著提高。

AFC 防水管槽在生产时，如果采用传统单位人工焊接，一条 2.5m 长的焊缝会经过多次的起弧、收弧，也就是说人工焊接不可能在 2.5m 长的焊缝上连续焊接的，中途会有很多的焊缝接头，在这个焊缝接头中难免存在虚焊的问题。为了避免人工焊接会产生气孔、砂孔的问题，AFC 地面管槽必须采用焊接机器人进行自动焊接，这样才能保证焊接质量，避免因人工焊接产生砂孔而造成日后漏水情况的发生。如果采用机器人焊接，由于是不间断连续焊接，焊缝比较平直，不会产生气孔，而且变形量小，所以，采用机器人焊接不仅能提高 AFC 防水管槽的防水效果，而且能大大提高生产效率，减轻操作工人的劳动强度（附图 17，附图 18）。

附图 17 防水管槽配件生产

机器人焊接防水管槽　　不锈钢焊缝效果

附图 18 机器人焊接防水管槽

（11）AFC 防水线槽规格

管槽及分线盒的加工，采用数控激光切割机进行加工，确保了加工的精度。矩形地面管槽的四只 R 角应与连接器的 R 角相吻合。除对管槽内壁焊缝的毛刺进行拉毛处理外，主要是对焊缝进行 X 线探伤，发现管槽细微毛孔要进行补焊处理，然后再进行热浸锌的表面处理，以达到 IPX7 的防护等级标准。密封防水管槽、连接器的研制成功，填补了国内管槽、分线盒连接防护等级达到 IPX7 的空白。

只要有 AFC 防水管槽密封做得好，电缆才不会泡在水里，安全隐患就会消除（附图 19 ～附图 21）。

（12）闸机分向盒出线方法

土建单位在敷设大理石时，不得损坏凸出地面的出线盒，每到各类出线盒出口处应留孔（开孔一定要准确），开孔尺寸应与各类分线盒口外径尺寸相吻合。当工程需要做敷线施工时，打开盒体防护盖，保护好防护盖的所有配件，而后敷设导线。当各类导线敷设好后，然后装入屏蔽隔板。盖上防护盖，做好密封。然后盖上不锈钢盖板，做好密封即可，全套工序完成（附图 22 ～附图 24）。

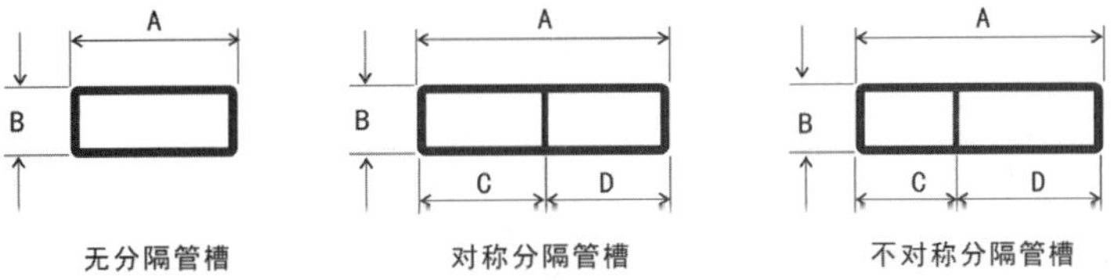

附图 19 防水管槽分隔

二分隔线槽选型表

对称分隔线槽		不对称分隔线槽	
线槽规格 A×B	分隔尺寸 C+D	线槽规格 A×B	分隔尺寸 C+D
DC-100×50	—	—	—
DC-150×50	—	—	—
DC-200×50	(100+100)	—	—
DC-300×60	(150+150)	XC-300×60	(100+200)
DC-300×70	(150+150)	XC-300×70	(100+200)
DC-300×80	(150+150)	XC-300×80	(100+200)
DC-350×60	(175+175)	XC-350×60	(100+250)
DC-350×70	(175+175)	XC-350×70	(100+250)
DC-350×80	(175+175)	XC-350×80	(100+250)
DC-400×60	(200+200)	XC-400×60	(150+250)
DC-400×70	(200+200)	XC-400×70	(150+250)
DC-400×80	(200+200)	XC-400×80	(150+250)

附图 20 防水管槽选型表（单位：mm）

附图 21 防水管槽在现场安装

附图 22 出线盒和闸机的配合

组装式 AFC 防水地面管槽在安装过程中方便快捷，该套产品研制成功后在南京地铁，苏州地铁、无锡地铁、武汉地铁、重庆地铁、郑州地铁、宁波地铁等工程中得到应用，现场安装的最终效果完全达到了 IPX7 整体防护要求，解决了防水问题。

附图 23 出线盒在闸机内出线的位置

附图 24 出线盒的出线口在地面预留

2. 展位配电箱及相关产品介绍

（1）会展中心展位布电

展位配电箱是展览中心唯一直接提供给参展商使用的设备，使用的人员及参展商品变化频繁，地面配电箱的安全性、通用性、方便性要求甚高。对地面配电箱是安装在公共场所的地面上，湿度大、灰尘多、物体冲击、人流踩踏，所以展位配电箱的外壳及内部器件防护等级要高。取电部件必须采用防护等级较高的工业用连接器。微型断路器操作手柄都装在专用防护罩内，有效防止水和灰尘的侵蚀，消除安全隐患。弱电模块接口也安置在装有外壳防护等级为 IP54 的防护罩内，防止因水和灰尘进入而造成短路，避免系统瘫痪。同时，因展品进出展厅时，有汽车碾压、装卸车施工，所以，展位配电箱盖板承载能力要强，一般要大于 50kN/m^2 。展位配电箱盖板与箱体连接处需设计密封装置，有效防止水和灰尘进入展位配电箱箱体内（附图 25，附图 26）。

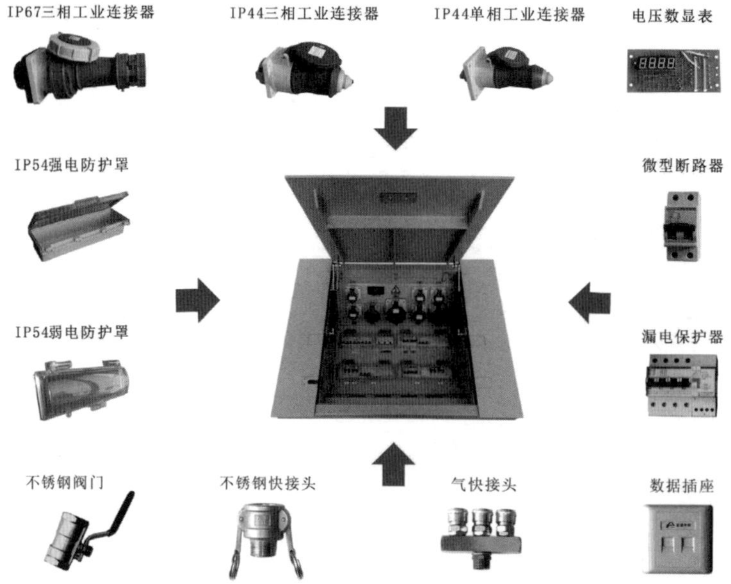

附图 25　展位配电箱成套设备

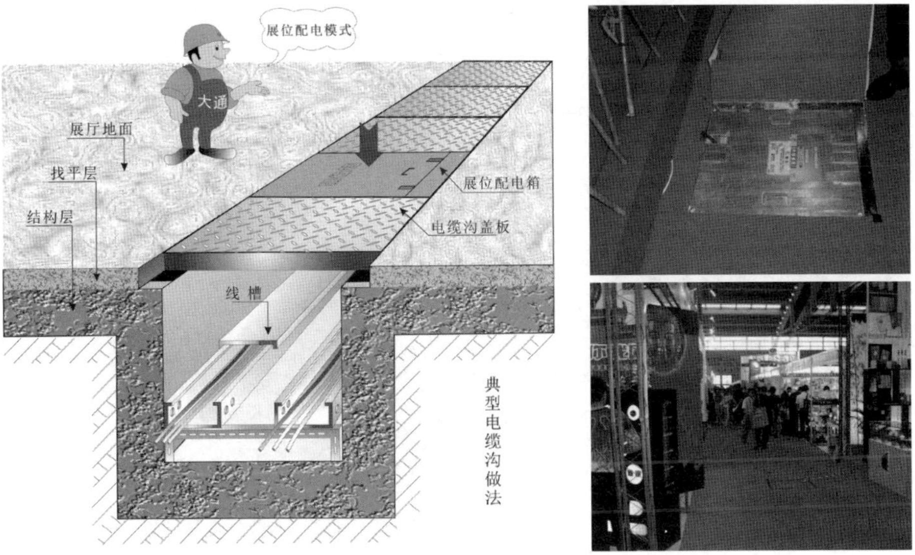

附图 *26* 展位配电箱在展厅地面安装使用示意

（2）展位配电箱：载重、防水、防尘

展位配电箱安装于大型国际会议展览中心展览厅内的地面，展览会议期间将会有汽车装卸、机械施工，车轮会碾压展位配电箱的盖板，所以展位配电箱的盖板必须要达到相应的承载能力，展位配电箱的盖板选用 8mm 厚的钢板或不锈钢板制作，在盖板的内侧焊接有加强筋以提高承载能力，箱体承载框架采用行钢焊接后进行表面防腐处理。根据需要，盖板的载荷分别有：70kN、50kN、30kN、10kN 等规格（附图 27）。

展位配电箱安装于展厅地面，箱内部配置断路器及漏电开关、电源插座、弱电模块等电气元件，极易受灰尘和潮湿的侵蚀。所以，我们设计出科学合理的结构，提高了外壳防护等级，盖板完全可以承受水的冲击，保证不会有一滴水进入箱内部。接线盒都采用密封的方式，小型断路器、漏电开关外露的操作手柄，都装有 IP54 的透明防护罩，弱电插口也装置有 IP54 的透明防水面罩。电源插头采用防护等级为 IP44 以上的工业连接器，这样从多方面采取防护措施，保证了产品应有的性能特征，即使水喷溅到电器上也不会影响正常使用（附图 28 ～附图 30）。防护等级有 IP44、IP54、IP67。用户可根据不同场合的要求选用。

附图 27　展位配电箱安装在地面可以承受一定的载荷

附图 28　展位配电箱可以防尘防水

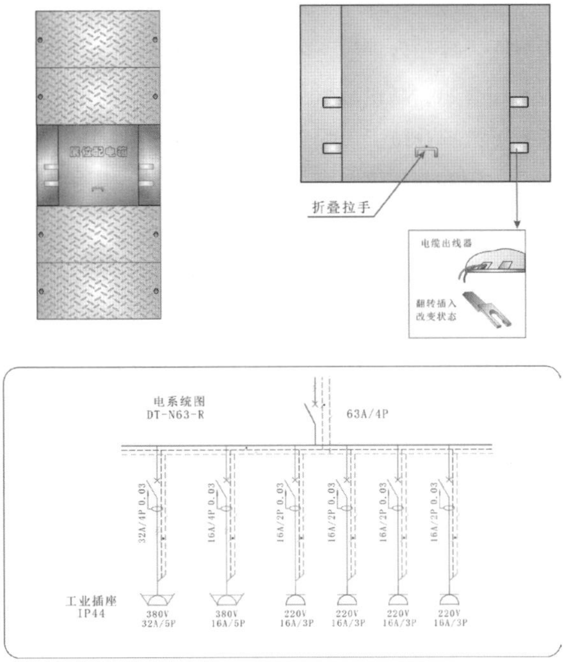

附图 29　插接式出线口展位配电箱 1

展位配电箱选型表：

型　号	电流等级	电回路（380V/220V）
DT-N32-R	32 A	1~4 路
DT-N40-R	40 A	2~6 路
DT-N63-R	63 A	4~8 路
DT-N80-R	80 A	4~9 路
DT-N100-R	100 A	4~9 路
DT-N125-R	125 A	4~12 路
DT-N160-R	160 A	6~12 路
DT-N225-R	225 A	6~12 路

附图 30　插接式出线口展位配电箱 2

性能特点：

① 盖板材质为高强度钢板，表面为耐磨喷塑或 304 不锈钢拉丝。

② 盖板荷载有 $50kN/m^2$ 、$30kN/m^2$、$15kN/m^2$ 可选。

③ 盖板有折叠提升拉手，配合机械撑杆撑起，方便操作。

④ 出线口安置在两侧副盖板上，可从封闭状态拔出，翻转插入为出线状态，适合公共场所行人的安全。

⑤ 强、弱电箱分别设置，防止干扰。最多可容纳 9 个强电插座回路；弱电可容纳 12 个数据接口。

⑥ 室内地面专用。参考尺寸：780mm（长）×600mm（宽）×300mm（深），可根据工程要求确定其尺寸。

（3）翻盖出线式展位配电箱 1（型号：DT-N250-F，见附图 31）

性能特点：

① 盖板材质为高强度花纹钢板，表面为耐磨喷塑或 304 不锈钢拉丝。

② 盖板荷载有 $50kN/m^2$ 、$30kN/m^2$ 可选。

展位配电箱选型表：

型　号	电流等级	电回路（380V/220V）
DT-N32-F	32 A	1~4路
DT-N40-F	40 A	2~6 路
DT-N63-F	63 A	4~8 路
DT-N80-F	80 A	4~9 路
DT-N100-F	100 A	4~9 路
DT-N125-F	125 A	4~12 路
DT-N160-F	160 A	6~12 路
DT-N250-F	250 A	6~12 路

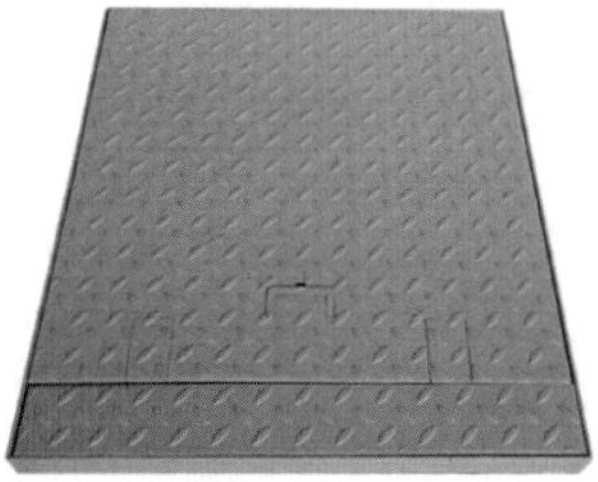

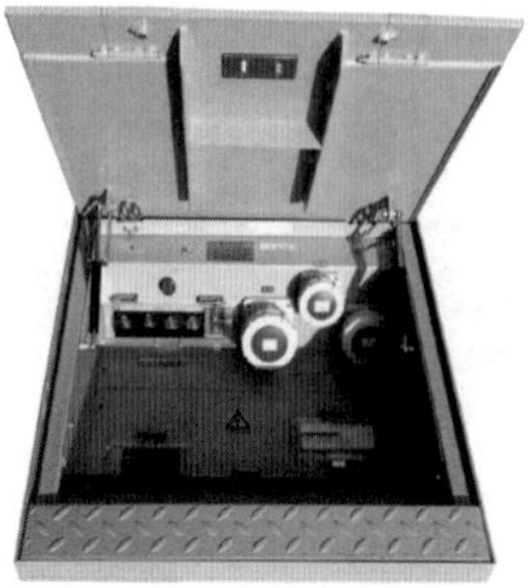

附图 31　翻盖型展位配电箱 1

③ 盖板有折叠提升拉手，配合机械撑杆撑起，方便操作。

④ 出线口安置在主盖板上，出线口翻盖式，有磁吸装置，适合公共场所行人的安全。

⑤ 强、弱电箱分别设置，防止干扰。强电回路可设置大电流接线端子，弱电可容纳 8 个数据接口。

⑥ 室内地面专用。参考尺寸：700mm（长）×600mm（宽）×300mm（深），可根据工程要求确定其尺寸。

（4）翻盖出线式展位配电箱 2（型号：DT-N160-F；见附图 32，附图 33）

性能特点：

① 盖板材质为高强度钢板，表面为耐磨喷塑或 304 不锈钢拉丝。

② 盖板荷载有 $50kN/m^2$ 、$30kN/m^2$、$15kN/m^2$ 可选。

③ 盖板有折叠提升拉手，配合机械撑杆撑起，方便操作。

④ 出线口安置在主盖板上，出线口翻盖式，有磁吸装置，适合公共场所行人的安全。

⑤ 强、弱电箱分别设置，防止干扰。最多可容纳 9 个强电插座回路，弱电可容纳 12 个数据接口。主开关采用连杆操作，底箱两侧有门，方便插头及电缆在地沟内穿行。

⑥ 室内地面专用。参考尺寸：700mm（长）×600mm（宽）×300mm（深），可根据工程要求确定其尺寸。

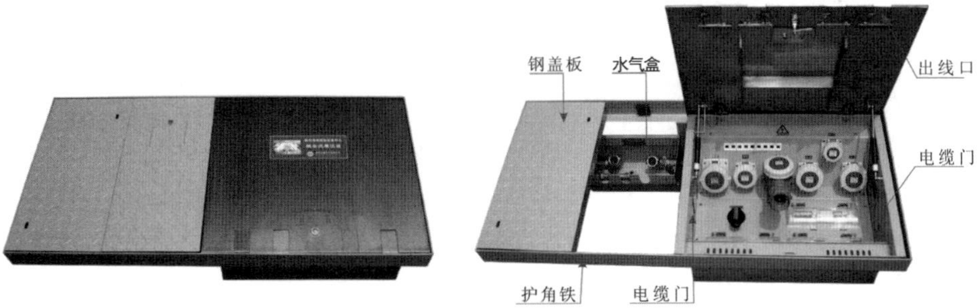

附图 32 翻盖型展位配电箱 2a

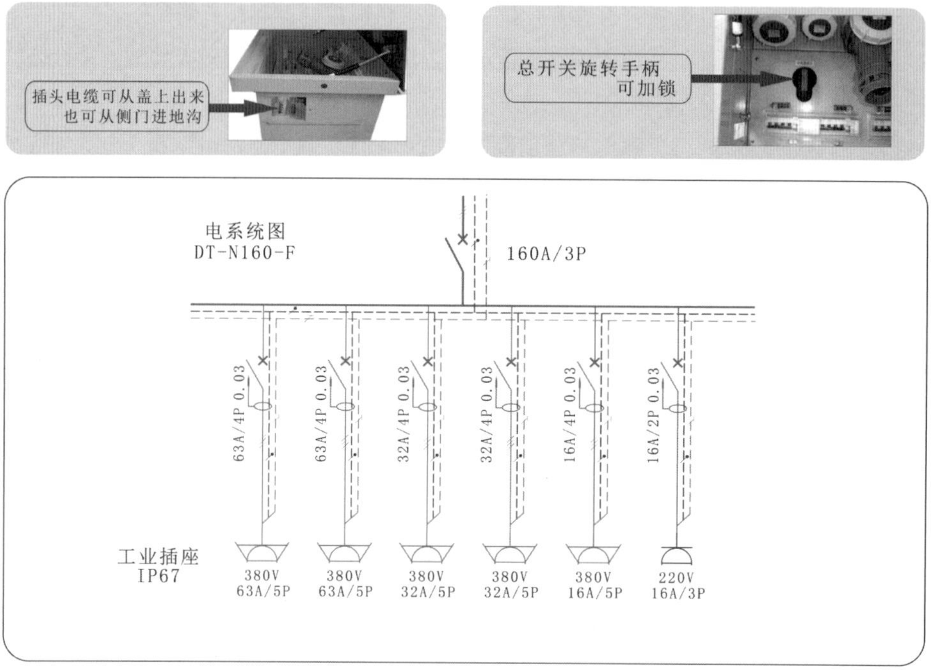

附图 33　翻盖型展位配电箱 2b

（5）翻盖出线式展位配电箱 3（型号：DT-N100-F，附图 34）

性能特点：

① 盖板材质为高强度花纹钢板，表面为耐磨喷塑或 304 不锈钢拉丝。

② 盖板荷载有 $50kN/m^2$ 、$30kN/m^2$ 可选。

③ 盖板有折叠提升拉手，配合机械撑杆撑起，方便操作。

④ 出线口安置在主盖板上，出线口翻盖式，有磁吸装置，适合公共场所行人的安全。

⑤ 强电元件布置为阶梯式，最多可容纳 8 个强电插座回路；弱电可容纳 8 个数据接口，弱电箱设置两侧。

⑥ 室内地面专用。参考尺寸：700mm（长）×600mm（宽）×300mm（深），可根据工程要求确定其尺寸。

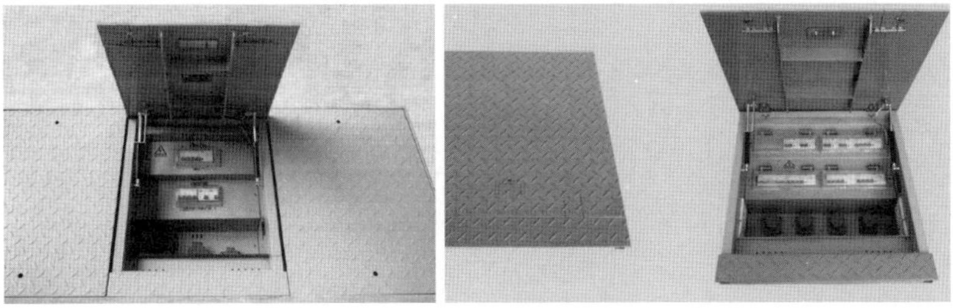

附图 34　翻盖型展位配电箱 3

（6）翻盖出线式展位配电箱 4（型号：DT-N80-F；附图 35，附图 36）

性能特点：

① 盖板材质为高强度钢板，表面为耐磨喷塑或 304 不锈钢拉丝。

② 盖板荷载有 50kN/m^2 、30kN/m^2 可选。

③ 盖板有折叠提升拉手，配合机械撑杆撑起，方便操作；盖板上另设置三角锁。

④ 出线口安置在主盖板上，出线口翻盖式，有磁吸装置，适合公共场所行人的安全。底箱两侧有门，方便插头及电缆在地沟内穿行。

⑤ 强、弱电箱分别设置，防止干扰。最多可容纳 9 个强电插座回路，弱电可容纳 8 个数据接口。

⑥ 室内地面专用。参考尺寸：700mm（长）×550mm（宽）×200mm（深），可根据工程要求确定其尺寸。

（7）移动式展位配电箱

目前，所有的会展中心展厅内使用的展位箱，都是固定在地面内的。有安装在电缆沟中的，有安装在电井内的，也有地埋的。这样就永久固定在一个地方。在召开展览会时，由于平面格局的变化，这些展位箱，有的可能就在过道上，也有的可能压在展会的宣传造型内，有的可能压在展品下，这样就影响了正常使用。移动式展位箱，包括外箱、移动箱。移动箱放置在外箱内并可锁住，不需移动时，可直接插入插头使用；需要移动时，可把移动箱体拿出来，插上插头使用。外箱包括可载重的盖板、框架总成、底箱。室内地面专用，参考尺寸：700mm（长）×550mm（宽）×300mm（深），亦可根据工程要求确定其尺寸（附图 37，附图 38）。

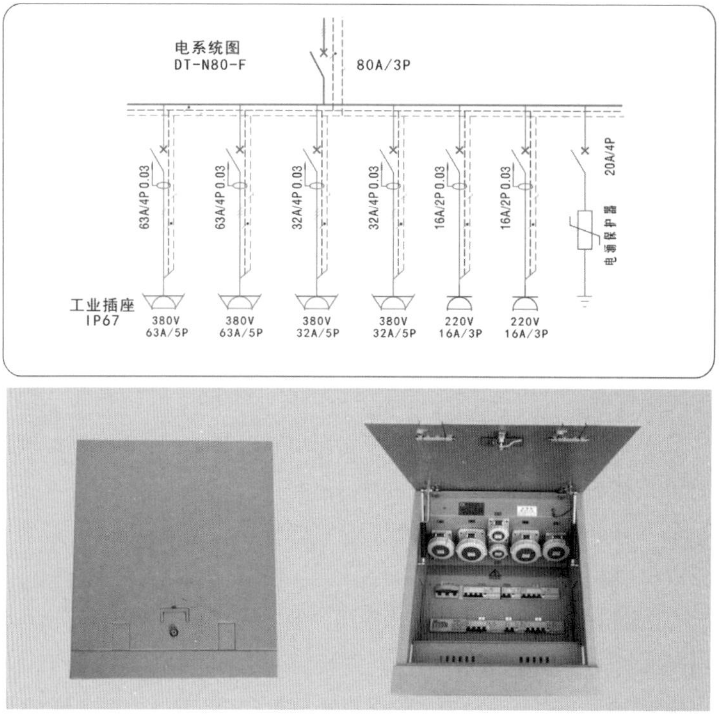

附图 35 翻盖型展位配电箱 4a

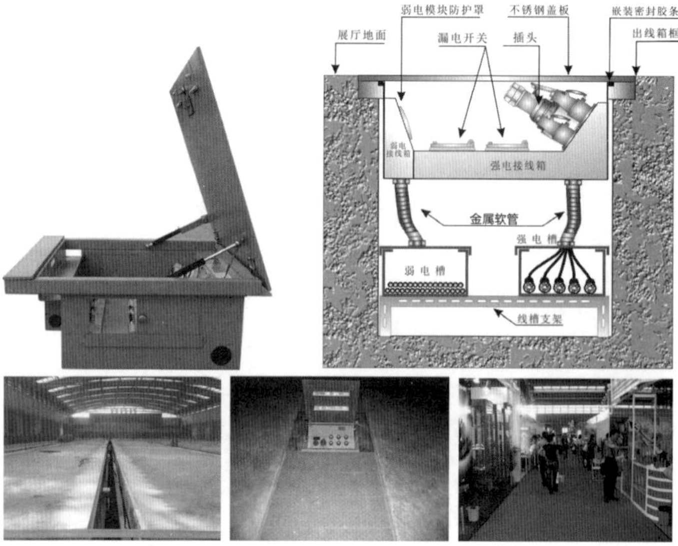

附图 36 翻盖型展位配电箱 4b

移动式展位配电箱选型表：

型　　号	电流等级	电回路（380V/220V）
DT-N32-YD	32 A	1~4 路
DT-N40-YD	40 A	2~6 路
DT-N63-YD	63 A	4~8 路
DT-N80-YD	80 A	4~9路
DT-N100-YD	100 A	4~9路
DT-N125-YD	125 A	4~12路
DT-N160-YD	160 A	6~12 路

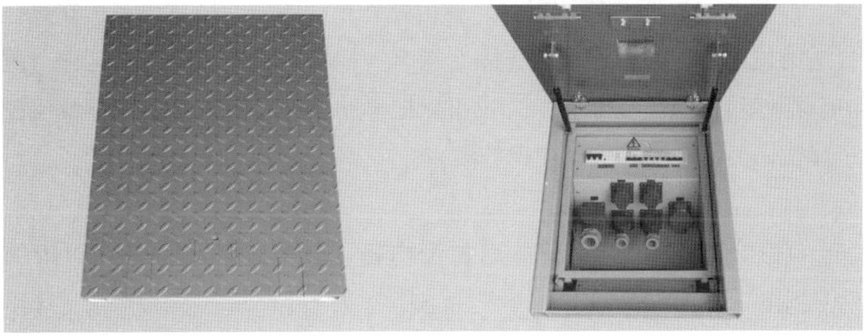

附图 *37* 移动式展位配电箱

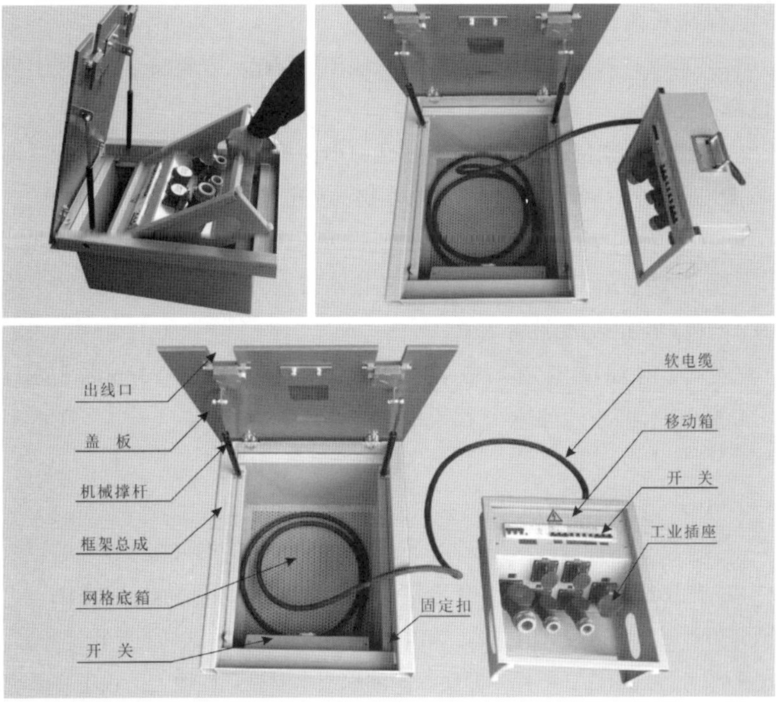

附图 *38* 移动式展位配电箱内部结构

性能特点：

① 移动式展位箱结构合理，现场使用灵活多变。

② 移动式展位箱安装时固定在地面内，可在电缆沟内或电井内安装，也可地埋。

③ 在开展会时，固定箱如果在合适的位置，就可以直接打开盖板，插入插头使用。

④ 展位箱在不合适位置时，就可把外箱内的移动箱拿出来，安置在合适的位置上，因为移动箱与固定箱有一根较长的连接电缆，这样，既可以把移动箱摆放在地面上，也可以把移动箱挂起来取电。这样就保证了展位箱灵活多变、方便使用的要求。

（8）水、电、消防一体展位配电箱（型号：DT-N63-SDX；附图39～附图41）

性能特点：

① 盖板材质为高强度花纹钢板，表面为耐磨喷塑。

② 盖板荷载有 $50kN/m^2$。

③ 盖板有折叠提升拉手，配合机械撑杆撑起，方便操作；盖板上另设置三角锁。

④ 出线口安置在主盖板上，出线口小盖板有磁吸装置，适合公共场所行人的安全。底箱两侧有门，方便插头及电缆在地沟内穿行。

⑤ 强、弱电箱分别设置，防止干扰。强电插座回路数根据要求确定。

⑥ 一路 DN25 水快装接头，一路排水口，一路 DN80 高压消防水接头，一个地漏，另配置聚水槽。

⑦ 室内地面专用。参考尺寸：550mm（长）×550mm（宽）×400mm（深），可根据工程要求确定其尺寸。

（9）水、气、电拼装箱

为了防止地面渗漏水和灰尘的侵蚀，展位专用的电气部分设计了防水结构，有效地防止水的进入，保证了用电的安全。为了满足展厅的需要，水、气箱设计了一个拼接式的结构，和电气箱拼装在一起，这样的结构就使水、电形成了各自的独立单元，即使水阀漏水或水喷溅到地面上，也不会影响到电器箱的安全，这样就消除了安全隐患（附图42，附图43）。

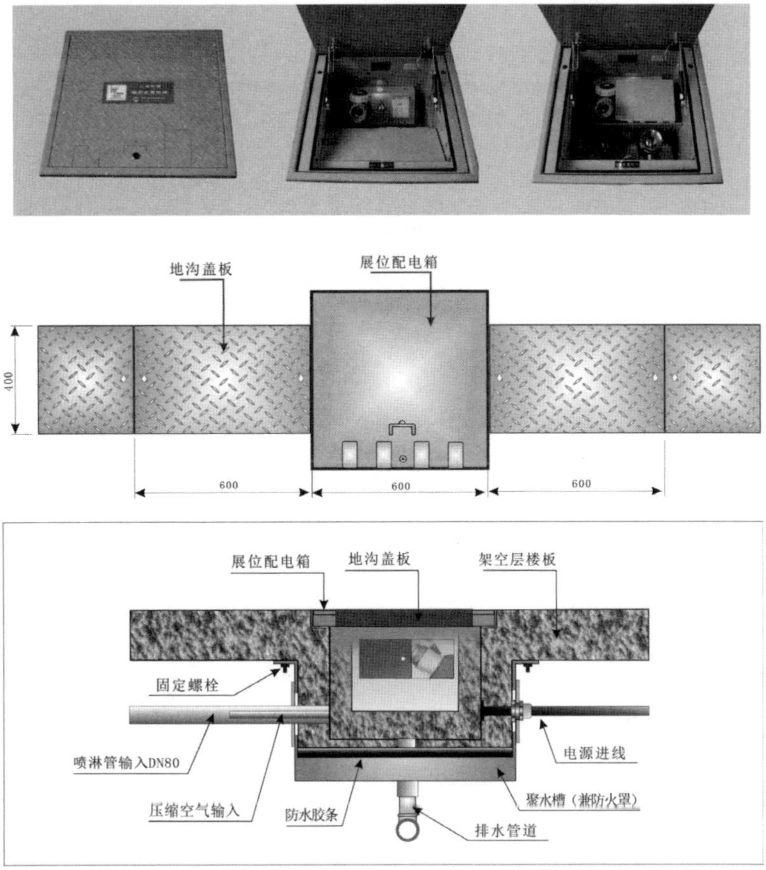

附图 39 水电消防一体展位配电箱

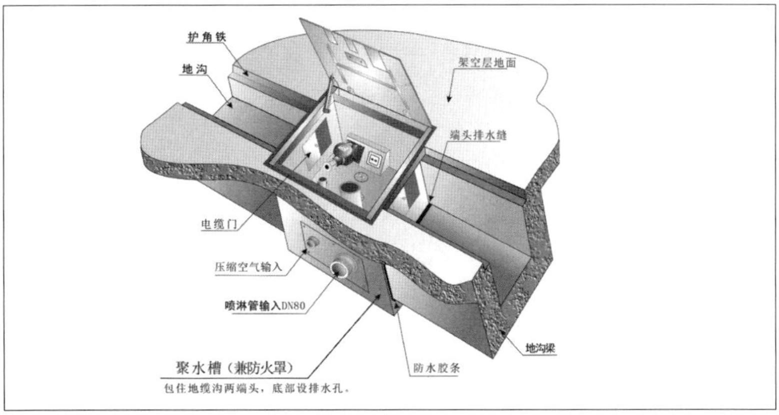

附图 40 水电消防一体展位配电箱安装示意

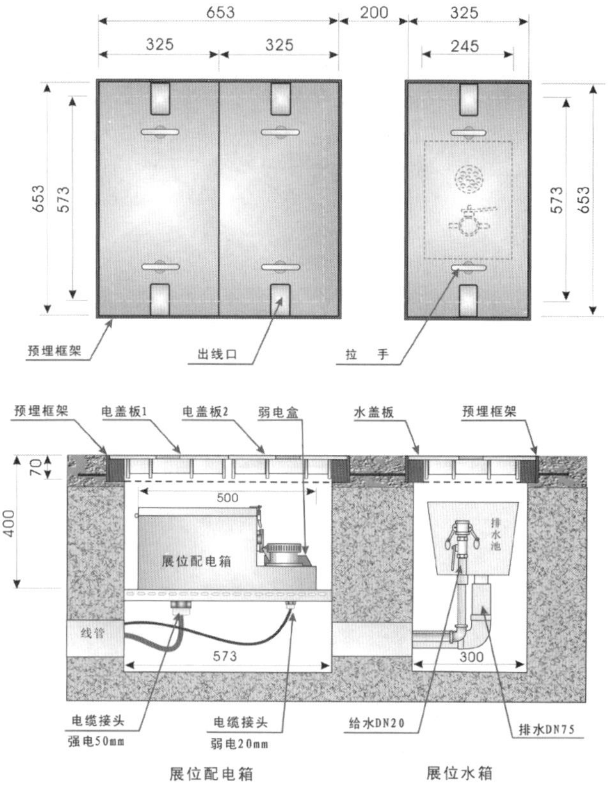

附图 41 水电分体展位配电箱

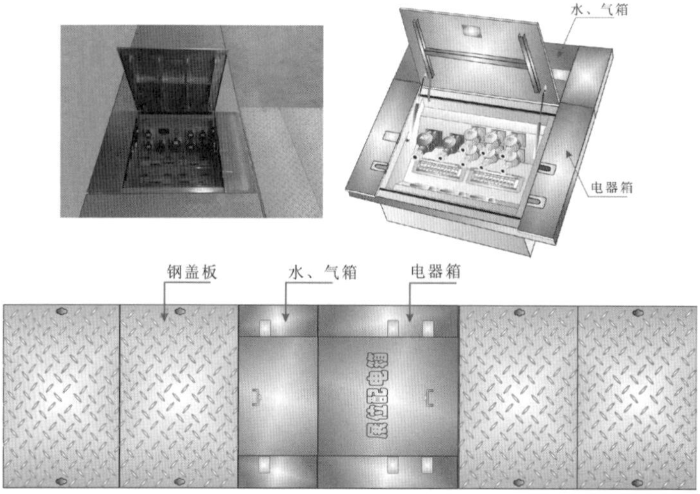

附图 42 水电分体展位配电箱安装示意

水、电、气分体展位配电箱选型表：

型　号	电流等级	电回路（380V/220V）	水快接口(DN20)	气快接口(DN12)
DT-N32-SF	32 A	1~4 路	1~2路	1~2路
DT-N63-SF	63 A	4~8路	1~4路	1~4路
DT-N80-SF	80 A	4~9 路	1~4路	1~4路
DT-N100-SF	100 A	4~9 路	1~4路	1~4路
DT-N125-SF	125 A	4~12路	2~6路	2~6路
DT-N160-SF	160 A	4~12 路	2~6路	2~6路

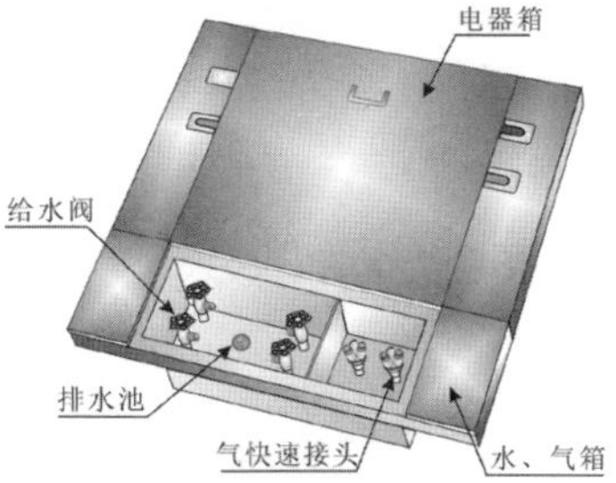

附图 13 水电分体展位配电箱水箱

（10）一体盖板式水、电、气一体展位配电箱

性能特点：

① 盖板材质为 304 不锈钢拉丝。

② 盖板有折叠提升拉手，配合机械撑杆撑起，方便操作。

③ 盖板荷载 50kN/m^2；出线口小盖板有磁吸装置，适合公共场所行人的安全。

④ 电箱底箱与水箱底相互独立；在电箱内，强、弱电有独立的接线盒。

⑤ 一路 DN20 水快装接头，一路排水口，一只地漏；水与电有防水胶进行隔离。

⑥ 室内地面专用。参考尺寸：700m（长）×600mm（宽）×300mm（深），可根据工程要求确定其尺寸。

（11）分体盖板式水、电、气一体展位配电箱（附图 44，附图 45）

性能特点：

① 盖板材质为高强度钢板，表面为耐磨喷塑或 304 不锈钢拉丝。

② 水、电箱盖板相互独立，组装在同一框架总成机构内。

③ 盖板有折叠提升拉手，配合机械撑杆撑起，方便操作。

④ 盖板荷载 $50kN/m^2$。出线口小盖板有磁吸装置，适合公共场所行人的安全。

⑤ 电箱底箱与水箱底相互独立；在电箱内，强、弱电有独立的接线盒。

⑥ 一路 DN20 水快装接头，一路排水口，一只地漏；水与电在结构上进行了隔离。

⑦ 室内地面专用。参考尺寸：700mm（长）×600mm（宽）×300mm（深），可根据工程要求确定其尺寸。

附图 44 水电气展位配电箱一体化盖板

水、电、气一体展位配电箱选型表：

型　号	电流等级	电回路（380V/220V）	水快接口(DN20)	气快接口(DN12)
DT-N32-SDQ	32 A	1~4 路	1~2路	1~2路
DT-N63-SDQ	63 A	2~8 路	1~4路	1~4路
DT-N80-SDQ	80 A	4~8 路	1~4路	1~4路
DT-N100-SDQ	100 A	4~9路	1~4路	1~4路
DT-N125-SDQ	125 A	4~9 路	1~4路	1~4路
DT-N160-SDQ	160 A	4~12 路	1~4路	1~4路

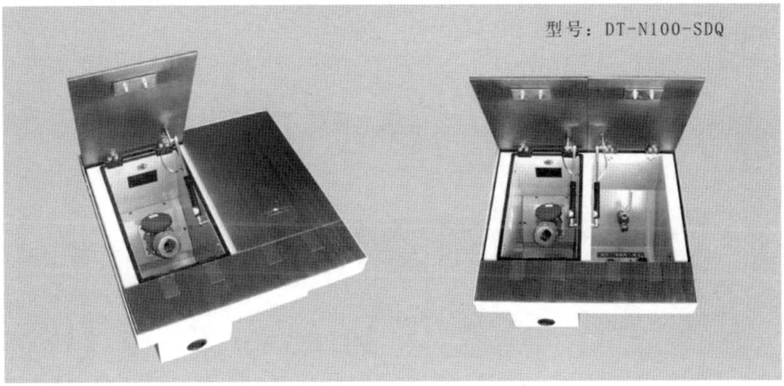

附图 45　水电气展位配电箱分体盖板

（12）组合式展位配电箱（型号：DT-N100-ZH；附图 46，附图 47）

组合式展位配电箱，适用 AC380V、AC220V、50Hz 系统。为了有效利用展厅的空间，又能够安全用电、用水，组合式展位配电箱就显现出了更大的优势。不仅能把多种用途的接口组装到一个总箱中，又能很好地把水和电分隔开来。保证了用电的安全。组合式展位配电箱解决其技术问题所采用的技术方案是：把多种用途的各种插口分类分别布置在相邻的又相互封闭的箱体中。给水、排水、压缩空气，布置在其中一个箱体内；电源插头，开关，信息模块布置在另一个箱体内，这样构成了一个双箱组合，各自有可独立打开的门，门上设置有出电缆或出管道的口，门上另设有可拎起的把手，门打开后有机械的支撑装置。这样既能把多种不同用途的插口组合在一起，又能水电隔离。

性能特点：

① 盖板材质为高强度钢板，表面为耐磨喷塑或 304 不锈钢拉丝。

② 水、电箱盖板相互独立，组装在同一框架总成机构内。盖板可分别打开使用。

③ 盖板有折叠提升拉手，配合机械撑杆撑起，方便操作。

④ 盖板荷载 50kN/m^2；出线口小盖板有磁吸装置，适合公共场所行人的安全。

⑤ 电箱底箱与水箱底相互独立；背对背布置在框架内，在电箱内，强、弱电有独立的接线盒。

⑥ 可装多路水快装接头，一路排水口，一只地漏，在结构上隔离水与电。

⑦ 室内地面专用。参考尺寸：700mm（长）×600mm（宽）×300mm（深），可根据工程要求确定其尺寸。

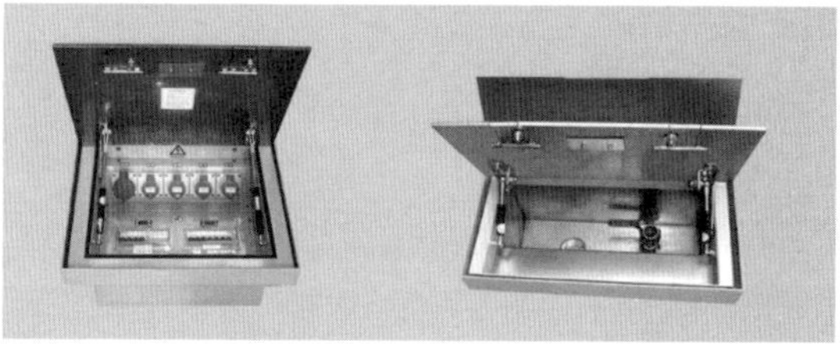

附图 46 组合式展位配电箱

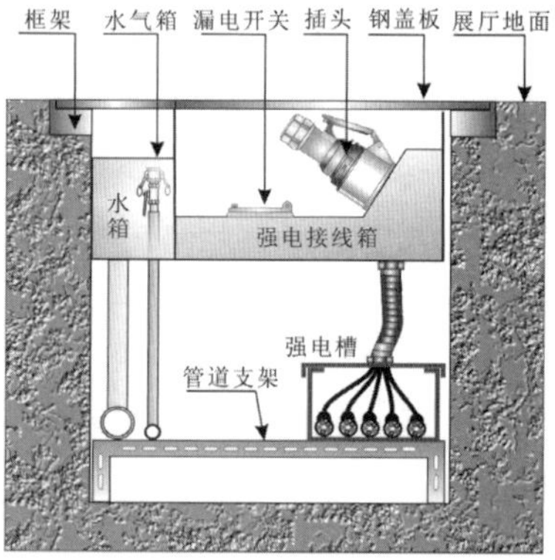

组合式展位配电箱选型表：

型　号	电流等级	电回路（380V/220V）	水快接口(DN20)	气快接口(DN12)
DT-N32-ZH	32 A	1~4路	1~2路	1~2路
DT-N40-ZH	40 A	1~4路	1~2路	1~2路
DT-N63-ZH	63 A	2~8路	1~4路	1~4路
DT-N80-ZH	80 A	4~8路	1~4路	1~4路
DT-N100-ZH	100 A	4~9 路	1~4路	1~4路
DT-N125-ZH	125 A	4~9路	2~4路	2~4路
DT-N160-ZH	160 A	4~12路	2~6路	2~6路

附图 47 组合式展位配电箱安装示意

（13）展位水、气箱（型号：DT-S；附图 48，附图 49）

展位水气箱适用于展厅地面，和展位电气箱相互独立。既可以和电箱组装在一起，也可独立安装。箱体盖板选用优质钢材，进行防锈处理，也可选用不锈钢材料。盖板上设置有出管口，使用时把管口打开即可，使用完毕后，应将出管口小门关上，以免灰尘掉入箱内。

水箱材料一般选用 2mm 不锈钢材料制作。箱内可以组装多路给水接口。给水接口一般选用 DN20 不锈钢快开阀门与不锈钢快速接头相连，在不借助工具的情况下实现给水的连接。排水一般采用地漏的方式，管径一般选用 DN50。给水压力一般情况下小于 0.5MPa。压缩空气接口，选用 DN15 不锈钢快开阀门与多联装压缩空气快速接头相连接，压缩空气压力一般小于 1.2MPa。

性能特点：

① 盖板材质为高强度钢板，表面为耐磨喷塑或 304 不锈钢拉丝。

② 盖板有折叠提升拉手，配合机械撑杆撑起，方便操作；盖板上另设置三角锁。

展位水、气箱选型表：

型　号	水快接口(DN20)	气快接口(DN12)
DT-S-1-1	1~2	1~2
DT-S-2-2	1~4	1~4
DT-S-3-3	1~4	1~4
DT-S-4-4	1~4	1~4

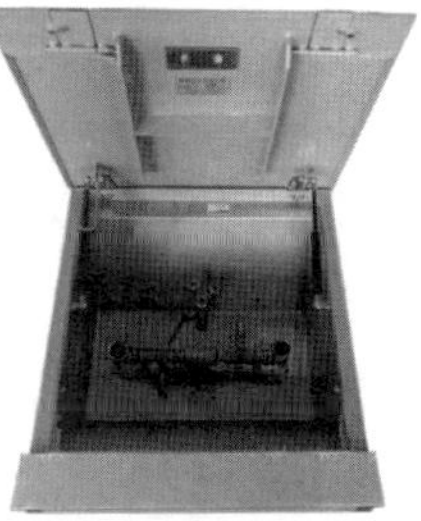

附图 48　展位水、气箱

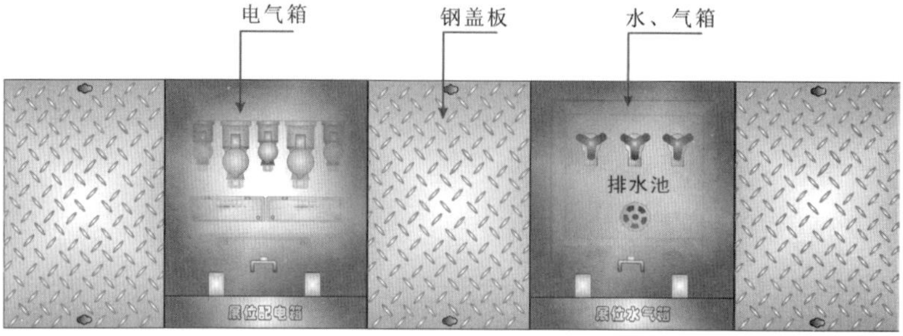

附图 49 展位配电箱与展位水、气箱安装在电缆沟里

③ 盖板荷载 50kN/m^2；出线口小盖板有磁吸装置，适合公共场所行人的安全。

⑤ 可装多路 DN20 水快装接头，多路压缩空气快装接头，一只地漏。

⑥ 室内地面专用。参考尺寸：700mm（长）×600mm（宽）×250mm（深），可根据工程要求确定其尺寸。

（14）沟内安装型水、气盒（附图 50）

箱体采用 2mm 厚钢板制作，表面防锈处理，也可采用不锈钢制作，盖板采用推拉结构。箱内配置 DN20 给水接口，由不锈钢快开阀门和快装接头组成。并配置排水接口，规格为 DN50。

压缩空气快装接口，由 DN15 不锈钢快开阀门和 DN12 快接头组成。

① 以上两种接口无需借助工具，就可实现对接。

② 给水介质为普通自来水，适用水压小于 0.5MPa。

③ 压缩空气适用于小于 1.2MPa。

④ 该水、气箱独立安装于地沟内。安置在电缆沟盖板下，固定于电缆沟墙壁，外形参考尺寸：300mm（长）×200mm（宽）×150mm（深）。

附图 50 简易展位水气箱

（15）双盖型侧插式展位配电箱（附图 51，附图 52）

性能特点：

① 盖板材质为高强度钢板，表面为耐磨喷塑。或 304 不锈钢拉丝；盖板荷载 50kN/m^2。

② 强电、弱电箱盖板相互独立，组装在同一框架总成机构内。盖板可分别打开使用，当需要用电时必须拿开展位箱两边的钢盖板，才能进行取电插头的操作。（与有出线口的地沟钢盖板配合使用）

③ 强电、弱电底箱互为独立；背对背布置在框架内，在电箱内，强、弱电有独立的接线盒。

④ 室内电缆沟专用。参考尺寸：700mm（长）×450mm（宽）×300mm（深），可根据工程要求确定其尺寸。

侧插型展位配电箱选型表：

型　　号	电流等级	电回路（380V/220V）
DT-N63-CC	63 A	6 路
DT-N80-CC	80 A	6 路
DT-N100-CC	100 A	6 路
DT-N125-CC	125 A	6 路
DT-N160-CC	160 A	6 路

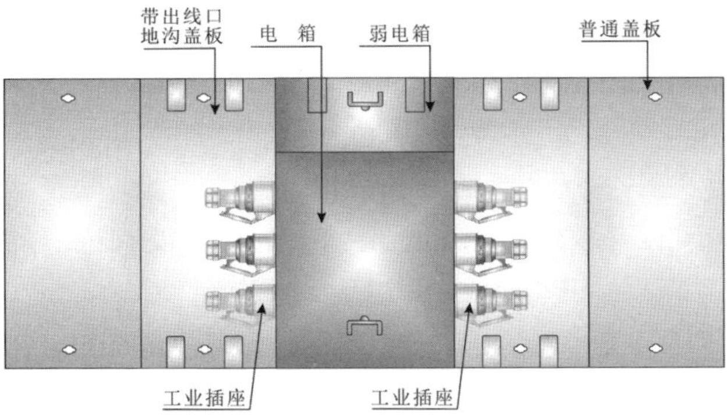

附图 51 侧插型展位配电箱 1

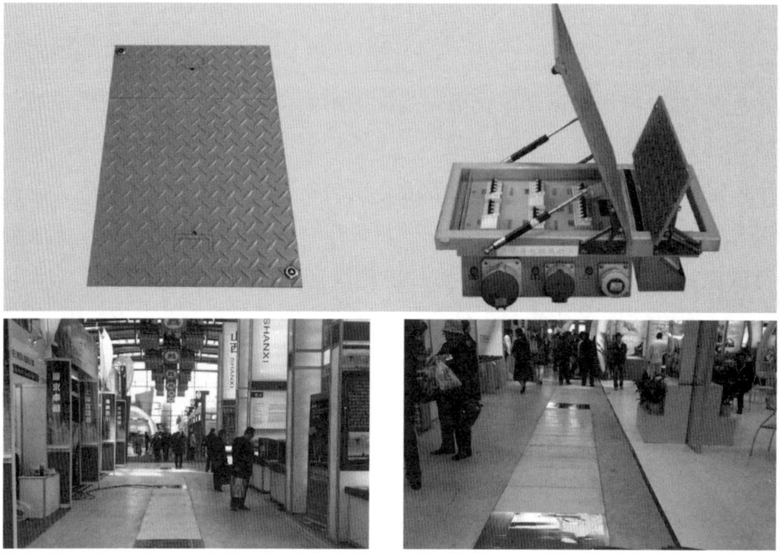

附图 52　侧插型展位配电箱 2

（16）四单元型展位配电箱 1（型号：DT-N63-DY；附图 53，附图 54）

一台展位配电箱一般要为 2 ～ 6 个标准展位提供电源、信息源等插口，现有的展位配电箱一般只有一只较大的盖板，所有的插口都在一个盖板内布置，因展览现场比较复杂，布展的器具压住展位箱盖板的概率比较高，当需要操作展位配电箱时，打开盖板就比较困难，甚至无法打开。

性能特点：

① 四单元型展位配电箱目的在于提供一种结构合理、使用灵活方便的展位箱。四单元型展位箱，包括箱体、箱盖。箱盖为由四个独立开闭的小箱盖组合而成的组合体形式。

② 每个小箱盖所对应的一个展位的插口；一般设置一个三相 380V/32A，一个单相 220V/16A 为一组。

③ 小箱盖上设有出线口、拉手。小箱盖与箱体之间通过铰链连接。小箱盖与箱体之间设置机械支撑装置。

④ 四单元型展位箱结构合理，每个小箱盖所对应的箱体内部插接件插口为与一个展位对应的插口；这样即使其中一只或几只小箱盖被压住，其他小箱盖同样可以打开操作，使用方便。

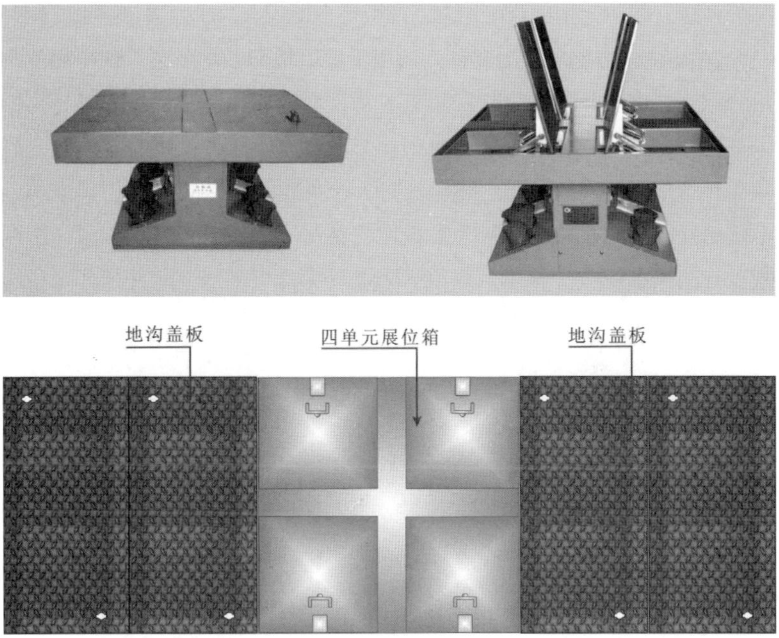

附图 53　四单元地沟型展位配电箱 1

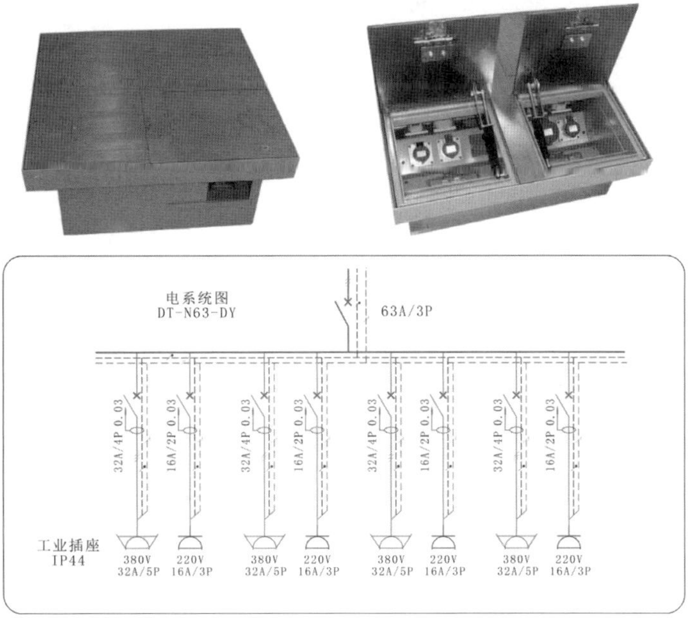

附图 54　四单元地沟型展位配电箱 2

（17）四单元型展位配电箱 2（型号：DT-N63-DY，附图 55）

DT-N63-DY 型展位配电箱，适用于展厅地面预埋安装，四个展位共用一只展位配电箱。该展位配电箱分别设计有四个独立的电气单元，每个单元内都配有 380V/16A、220V/16A 工业连接器各一只。布展时，展览器具可以横跨在展位配电箱上。每一个展位可分别单独使用其中一只电气单元。它的优点是：因为盖板比较小，所以展览器具和参展品压在箱盖上的概率就大大减少，避免了因电气箱盖板被压，无法操作电箱的情况。

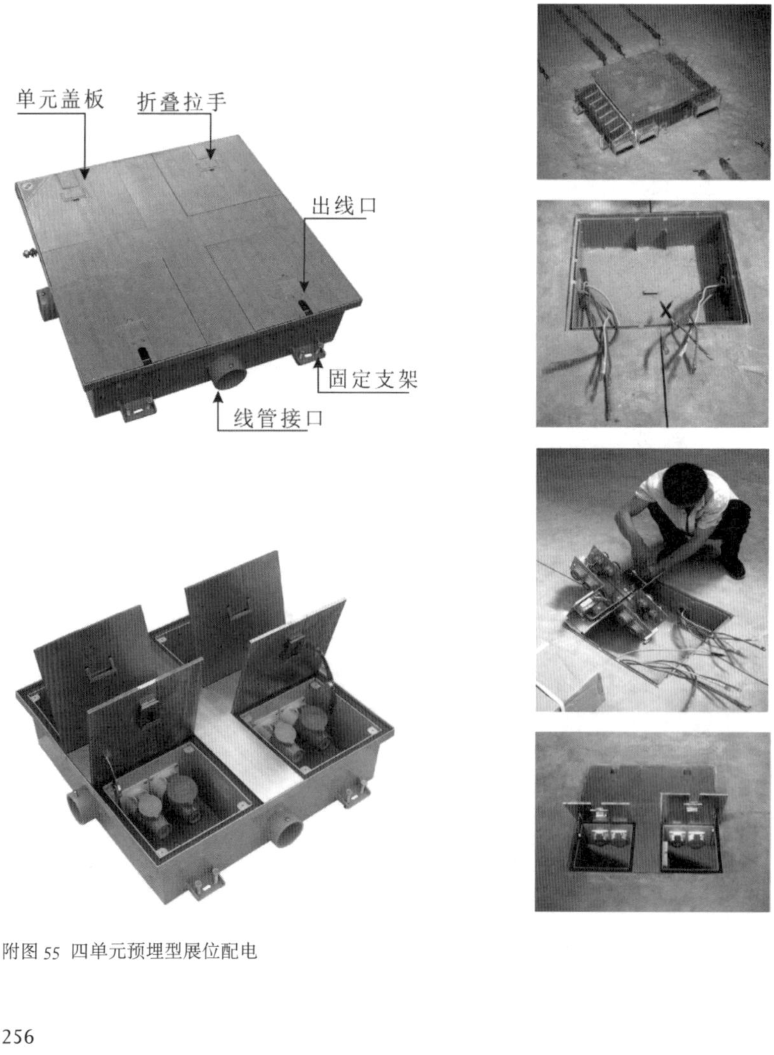

附图 55 四单元预埋型展位配电

（18）地埋型展位配电箱（附图 56，附图 57）

地埋型展位配电箱，适用于无法制作电井或电缆沟的展厅，也适用于架空层内。地埋型展位配电箱一般预埋于找平层内，找平层的高度有一定的要求，一般为 8 ～ 16cm 即可预埋。地埋型展位配电箱在安装时，一般把底盒先进行预埋，同时敷设好强电线槽及弱电线槽，而且与地面进行固定。需要特别注意的是，安装预埋底盒要进行防护，不得有大量混凝土进入底盒内，否则难以清理，影响之后的安装工作。当地面做好后就可进行电缆的敷设，然后再进行电气组件的安装。地埋型展位配电箱因为深度限制，容量不宜选得过大，一般总电流选择在 100A 以下。

地埋型展位配电箱选型表：

型　号	电流等级	电源回路（380V/220V）
DT-N32-DM	32 A	1~4 路
DT-N40-DM	40 A	2~6 路
DT-N63-DM	63 A	4~8 路
DT-N80-DM	80 A	4~9 路
DT-N100-DM	100 A	4~9 路

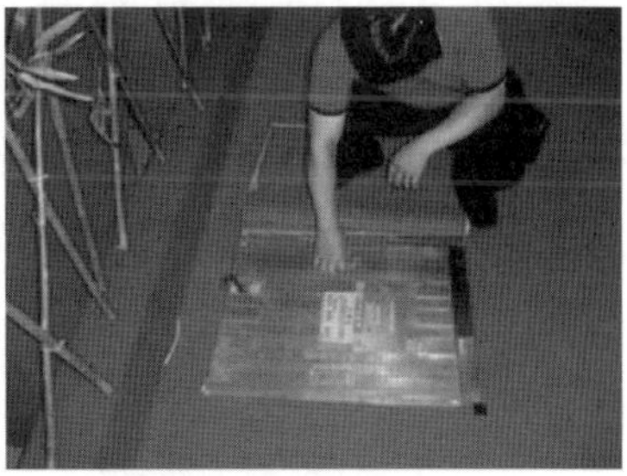

附图 56 预埋型展位配电箱

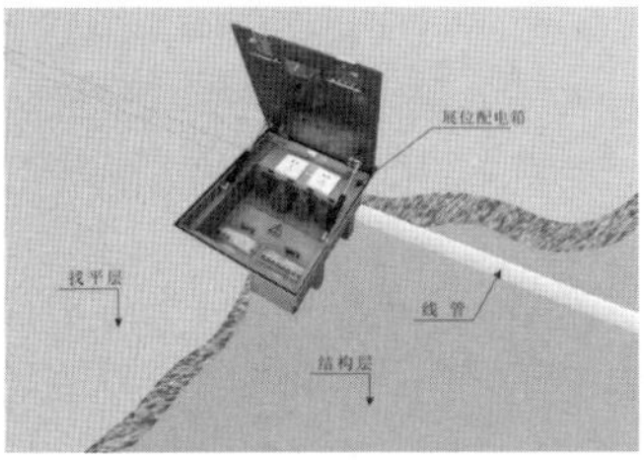

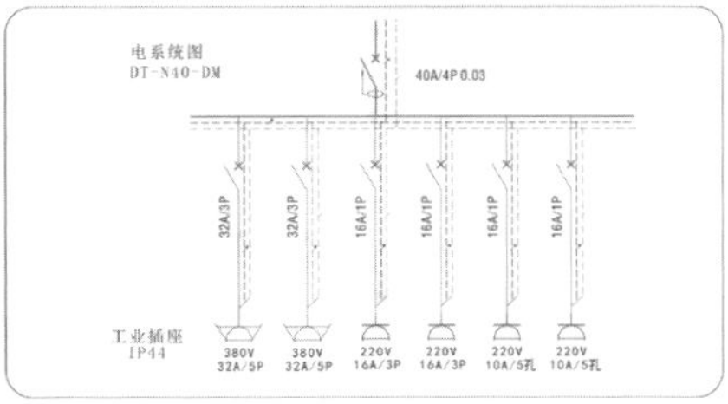

附图 57 预埋型展位配电箱安装在地面找平层里

（19）沟内型展位配电箱（附图 58 ～附图 60）

性能特点：

① 箱体采用 2mm 冷板制造，抛丸后进行喷塑，也可采用 304 不锈钢制作。

② 箱内断路器卡于专用的导轨内，悬装于壳体内，散热性能优良，保证电器元件处于安全的温度范围内。

③ 取电接口采用 IP67 的工业连接器，利于频繁插拔，稳定可靠，而且可提供大容量的电流接口。

④ 箱体各个部位都设置有优良的密封装置，有效防止地面灰尘、水和潮气的侵蚀，保证达到 IP67 的防护能力。

⑤ 箱内元器件均采用国际知名品牌，确保设备运行在稳定的状态下。

⑥ 电源的总容量、回路数量可根据用户的要求进行确定。

⑦ 由于该产品防护等级高，既可以安装在室内也可以安装在室外的地面内，雨淋后不会影响产品的使用性能。

⑧ 箱体独立安装于地沟内。安置在电缆沟盖板下，固定于电缆沟墙壁，外形参考尺寸：600mm（长）×300mm（宽）×150mm（深），也可根据工程要求确定其尺寸。

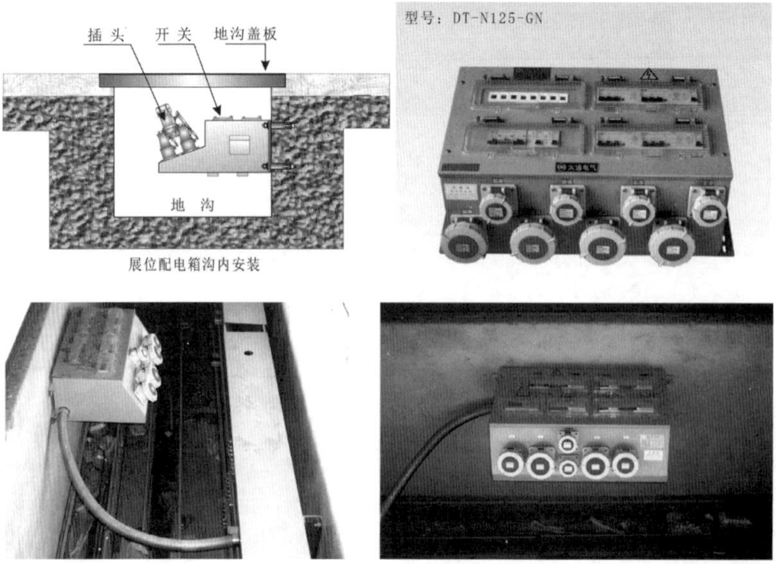

附图 58　沟内型展位配电箱（1）

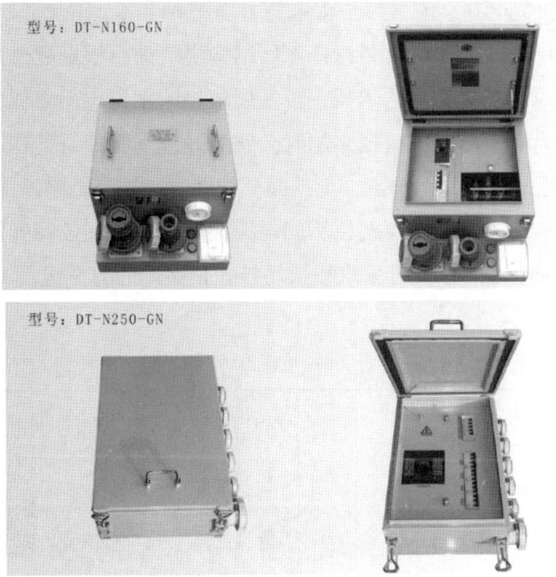

附图 59　沟内型展位配电箱（2）

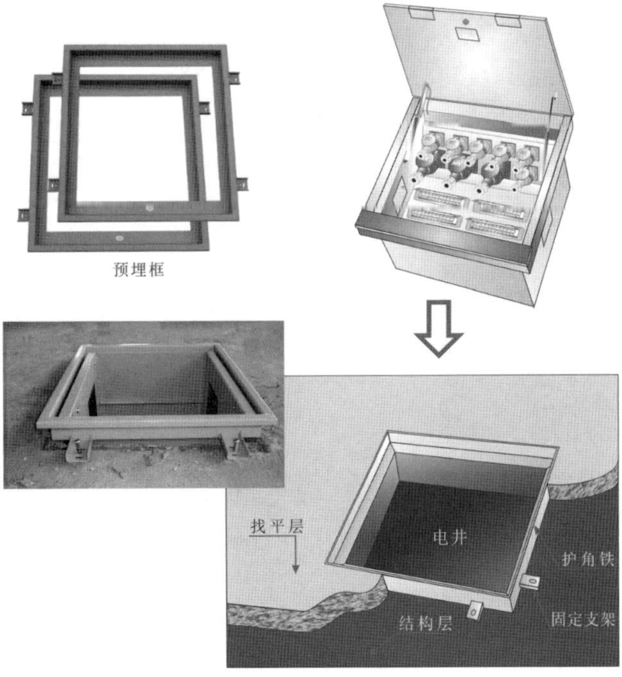

附图 60　沟内型展位配电箱（3）

（20）开放型电井：安装展位配电箱（附图 61）

开放型电井，在制作时只要在楼面层结构浇筑前，根据配制展位箱的配套尺寸，制作一个简单的木模，放入展位箱的定位点，完成后留有一个方形的空洞就行。在浇筑找平层时，安装好预先制作好的钢制预埋框架，需要注意，预埋钢制框架，上平面应与地面齐平，调整好水平度。在安装展位箱时，只要把进入展位箱的电缆接好后，把展位箱安置在预埋框架内即可。电缆的敷设可采取桥架吊挂在顶棚内的方法进行。

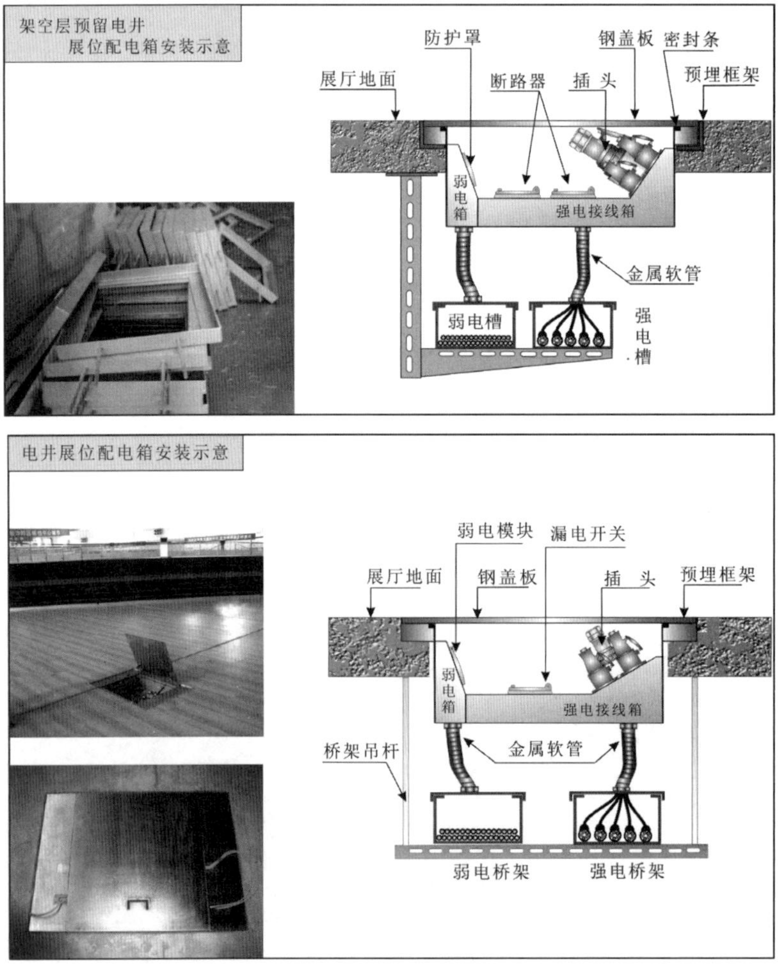

附图 *61*　电井型展位配电箱的安装

（21）标准电缆沟盖板（附图 62）

钢盖板在制作时采用轻质钢结构。钢盖板在四周一般都留有飞边利于焊接，但为避免造成飞边重叠，就必须设计防叠装置，以免影响地面的平整度。钢盖板在制作时要选用优质花纹板为面板，面板剪切好后要进行平整处理才能焊接，整个钢盖板焊接好后也会变形，所以还必须采用液压机平整，然后进行抛丸、喷塑、烘烤。因为喷塑是经过高温烘烤的，表面耐磨性能强于油漆。

载荷强　　重量轻

常用沟盖板选型表

名称	规格型号	长	宽	高	荷载 kN/m²
90钢盖板	DT-G900×500	900	500	88	50
				68	45
				48	25
80钢盖板	DT-G800×500	800	500	88	70
				68	50
				48	30
70钢盖板	DT-G700×500	700	500	88	80
				68	60
				48	50
60钢盖板	DT-G600×500	600	500	88	100
				68	70
				48	50

附图 62　标准电缆沟盖板

（22）展厅标准电缆沟（附图 63）

绝大部分会展中心大都采用电缆沟的方式进行电路的布置，采用电缆沟的优点在于，各种插接箱布置灵活，维护方便。同时在管沟内除了布置电缆槽外，也可布设其他管道，如消防管道、给水管道及压缩空气管道。所有的管道系统都可延伸到展厅的每一处，所以电缆沟的运用比较广泛。一般展厅的电缆沟设置有主电缆沟和支电缆沟，主电缆沟与配电室或相应管道的总控制室连接。支电缆沟内一般布设终端设备，如展位配电箱、水气箱等。支电缆沟一般设置在标准展位的中间，间距一般为 9m。

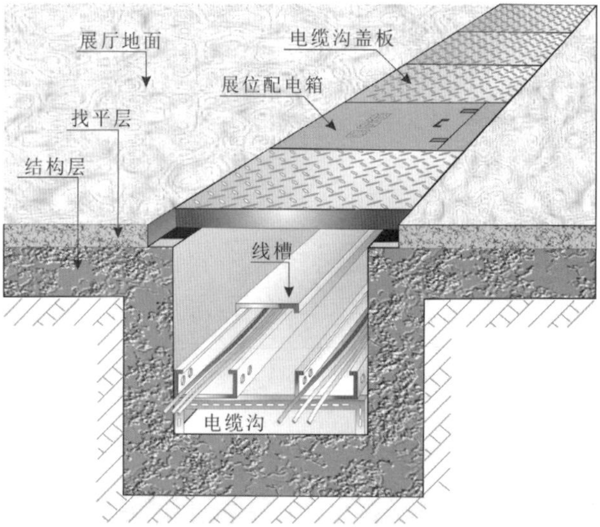

电缆沟基础

完成后电缆沟

附图 63　标准电缆沟盖板的安装

（23）Z 形护角铁的做法（附图 64）

① 护角铁采用钢板制成，每段长度 2.5m。接头电焊。表面进行防腐处理。

② 每米焊接一根长度 300mm 的螺纹钢拉接筋。

③ 护角铁与地面结构层采用 L 形固定片连接，固定片上开有横向和竖向的腰孔，以便进行高度与宽度的调节。

④ 护角铁内边和钢盖板接触面, 必须粘贴橡胶条以达到减震之目的。

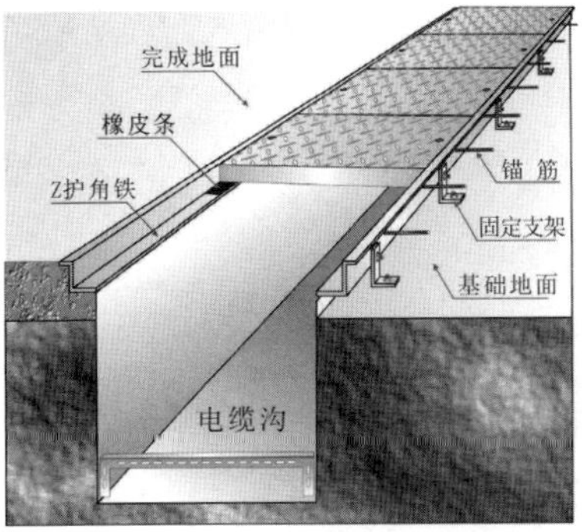

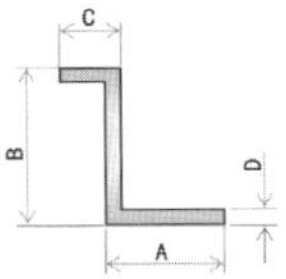

Z 形护角铁

尺寸 型号	A	B	C	D
DT-H90	54	94	34	4
DT-H70	54	74	34	4
DT-H50	54	54	34	4

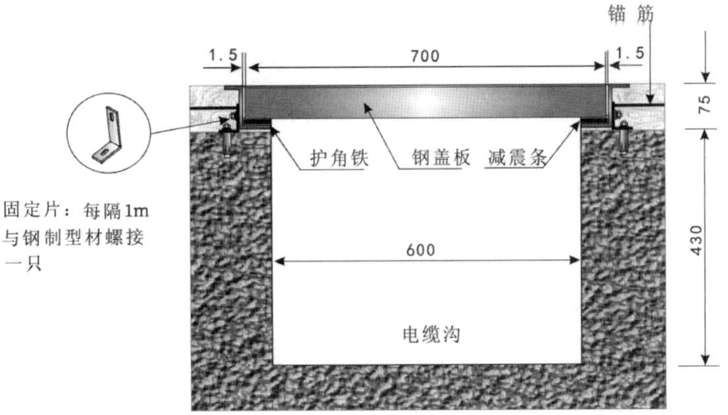

附图 64　电缆沟 Z 形护角铁的做法（单位：mm）

（24）L 形护角铁的做法（附图 65）

一般展厅布线都采用电缆沟的模式。电缆沟在制作时一般都要埋设护角铁。在过去的会展工程中，工程人员对电缆沟护角铁的制作都没有引起足够的重视。很多的会展工程电缆沟高低不平、宽窄不一，严重影响美观和使用。

电缆沟护角铁一般选用比较平直的优质等边角铁或不等边角铁。护角铁的内径高度一般都要大于 50mm。也就是说要选用 56 号以上的角铁。太小的护角铁会使展位箱的承载框、钢盖板的高度受限制，影响整体的荷载。一般选用 56 号角铁为宜。

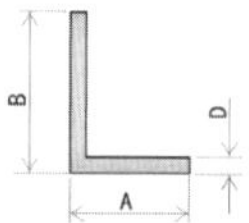

L 形护角铁

尺寸 / 型号	A	B	D
DT-H90	63	100	8
DT-H70	50	75	5
DT-H50	56	56	5

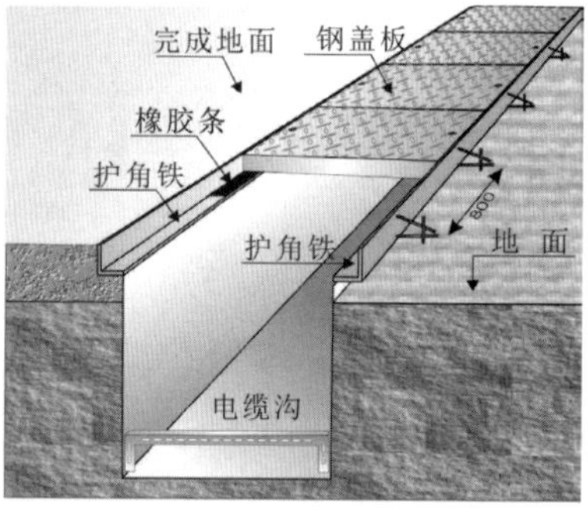

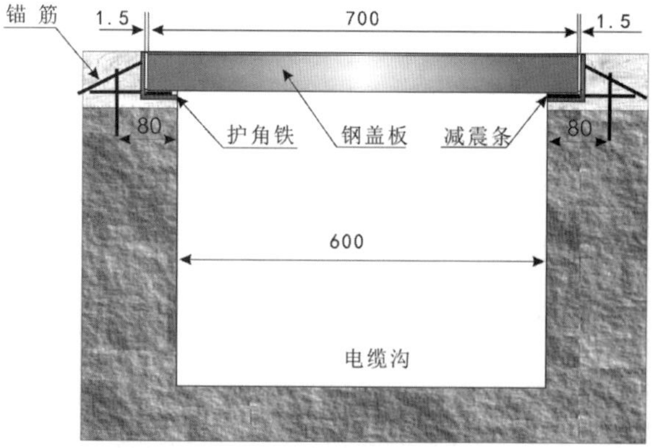

附图 65 电缆沟 L 形护角铁的做法（单位：mm）

（25） 电缆沟护角铁安装（附图 66）

① 电缆沟宽度应符合要求，沟口台阶尺寸要求达到精确水平，如尺寸有误差要进行调整，否则达不到预期的效果。

② 在电缆沟内布置电缆桥架，敷设电缆，并在电缆桥架上开孔。

③ 连接金属软管及其配件，穿入电缆（根据现场实际情况留下足够的电缆长度）。

④ 根据设计图纸，进行展位出线箱布点定位。每一只展位出线箱配有四只 L 形固定连片，采用 M8 的膨胀螺栓与电缆沟侧壁固定。

⑤ 打开强、弱电接线盒面板，装上金属软管接头，接入电缆及其配件，查看无误后再把强、弱接线盒置于展位地面出线箱体内，最后盖上接线盒面板即可。

附图 66　电缆沟护角铁的安装步骤

护角铁在敷设时，要根据地平标高进行施工。一般护角铁上平面与地面齐平，护角铁的支架可以做成 L 形铁片，也可现场植筋。植筋一般选用 ϕ10mm 的螺纹钢，一组为三支。其中一支植入地面内，另外两支与护角铁形成三角形的焊接，这样在浇筑水泥地面时就不会产生移动。电缆沟两边的护角铁距离要大于展位箱和地沟盖板的尺寸，一般 ≥ 2mm。两根护角铁的不平整度要＜ 2mm。

当护角铁安装好后，在未做地面之前要进行检验，用一块标准尺寸的钢盖板，在护角铁内进行拖动，同时注意两边的间隙，一般间隙不大于 2mm，否则就要进行调整，直至达到尺寸要求，否则，当地面全部做好后就无法进行更改；如果缝隙太小，钢盖板就无法安装在护角铁内，缝隙太大影响美观。如果要达到预期的效果，每个步骤都得保证尺寸的准确性（附图 67，附图 68）。

附图 *67* 电缆沟护角铁的安装

附图 *68* 电缆沟护角铁的安装效果

附录三

AFC 行业术语和缩略语

术语

自动售检票系统 基于计算机、通信、网络控制等技术，实现城市轨道交通售票、检票、计费、收费、统计、清算等管理全过程自动化的系统，简称 AFC 系统。

票务清分系统 用于发行和管理城市轨道交通车票，对线网内不同线路的票、款进行结算和清算，并具有与城市轨道交通线网内乘用消费的其他付费卡进行清算功能的系统。

中央计算机系统 用于监控和管理城市轨道交通单线路或多线路自动售检票系统的计算机系统。

车站计算机系统 用于车站级票务处理、运行管理和客流统计的计算机系统。

车站终端设备 安装在城市轨道交通线路各车站，进行车票发售、进站检票、出站检票、充值、验票分析等交易处理的设备。

自动售票机 用于自主发售、赋值有效车票，具备自动处理支付和找零功能的设备。

半自动售票机 用于人工辅助发售、赋值有效车票，具备补票、退票、查询、更新等票务处理功能的设备。

自动充值机 用于对储值卡进行自助充值，并具有查验交易和余额等信息功能的设备。

自动检票机 对车票进行检验和处理，并放行或阻挡乘客出入付费区的设备。

单程票 在限定时间内一次性使用的车票。

储值卡 具有储值功能，可重复充值使用的车票。

进站 从非付费区到付费区通过的行为。

出站 从付费区到非付费区通过的行为。

付费区 在车站内进站检票机与出站检票机及护栏之间的封闭区域，包括运营的列车车厢内区域。

非付费区 付费区以外的区域。

缩略语

票务清分系统 ACC（AFC Clearing Center System）

线路中央计算机系统 LC（Line Central Computer System）

线路计算机工作站 LCWS（Line Computer Work Station）

多线路中心计算机系统 MLC（Multi-line Central Computer System）

车站计算机系统 SC（Station Computer System）

车站计算机工作站 SCWS（Station Computer Work Station）

票卡处理单元 TPU（Ticket Processing Unit）

自动售票机 TVM（Ticket Vending Machine）

半自动售票机 BOM（Booking Office Machine）

闸机 AGM（Automatic Gate Machine）

政府和社会资本合作 PPP（Public–Private–Partnership）

项目管理办公室、项目管理中心或项目管理部 PMO（Project Management Office）

近场通信 NFC（Near Field Communication）

图书在版编目（CIP）数据

凝铸精魂：大通电气 AFC 防水布线系统发展历程 / 吴永锋，卢国平著．-- 上海：同济大学出版社，2022.3

（中国轨道交通 AFC 行业里的追梦者）

ISBN 978-7-5765-0108-7

Ⅰ．①凝… Ⅱ．①吴… ②卢… Ⅲ．①城市铁路－轨道交通－售票－铁路自动化系统－概况－中国 Ⅳ．① U293.22

中国版本图书馆 CIP 数据核字（2022）第 017516 号

凝铸精魂：大通电气 AFC 防水布线系统发展历程

吴永锋　卢国平　著

出 品 人　金英伟

统　　筹　闻鼎传媒

责任编辑　尚来彬　　　责任校对　徐春莲　　　装帧设计　张　微

出版发行　同济大学出版社 www.tongjipress.com.cn

（地址：上海市四平路 1239 号　邮编：200092　电话：021-65985622）

经　　销　全国新华书店

印　　刷　上海安枫印务有限公司

开　　本　710mm×960mm　1/16

印　　张　17

字　　数　340 000

版　　次　2022 年 3 月第 1 版　2022 年 3 月第 1 次印刷

书　　号　ISBN 978-7-5765-0108-7

定　　价　88.00 元